미래 유망직업을 위한 학생부 완성

약대바이오계열 진로 로드맵_심화편

정유희·안계정·추민규 지음

미래 유망직업을 위한 학생부 완성
약대바이오계열 진로 로드맵_심화편

펴낸날 2021년 1월 10일 1판 1쇄

지은이 정유희·안계정·추민규
펴낸이 김영선
책임교정 이교숙
교정·교열 양다은
경영지원 최은정
디자인 박유진·현애정
마케팅 신용천

펴낸곳 (주)다빈치하우스-미디어숲
주소 경기도 고양시 일산서구 고양대로632번길 60, 207호
전화 (02) 323-7234
팩스 (02) 323-0253
홈페이지 www.mfbook.co.kr
이메일 dhhard@naver.com (원고투고)
출판등록번호 제 2-2767호

값 16,800원
ISBN 979-11-5874-101-3 (43370)

이 도서의 국립중앙도서관 출판예정도서목록(CIP)은 서지정보유통지원시스템 홈페이지(http://seoji.nl.go.kr)와 국가자료공동목
록시스템(http://www.nl.go.kr/kolisnet)에서 이용하실 수 있습니다.(CIP제어번호 : CIP2020049854)

미래 유망직업을 위한 학생부 완성

약대바이오계열 심화편

진로 로드맵

정유희
안계정
추민규
지음

미디어숲

추천사

　입학사정관 활동을 하면서 눈길이 가는 생활기록부와 자기소개서가 있는가 하면 활동이 부족한 경우도 많았습니다. 대학에서는 많은 것을 원하는 것이 아니라 학생들이 고등학교에서 학업 외에 열심히 노력한 열정을 보고 있습니다. 2~3개의 심화 활동에서 진로역량을 나타내어 지원대학의 관심을 사로잡을 필요가 있습니다. 이 책은 학생들이 관심 있게 읽을 최근 기사 및 도서를 활용하여 심화활동을 잘 제시하고 있어 적극 추천합니다.

　　　　　　　　　　　　　　　　　　국민대학교 입학사정관팀 조은진 사정관

　학력 수준이 비슷한 학생들이라도 대학입학 후 전공과목을 소화해내는 능력에서는 차이가 납니다. 고등학교 때 자신의 진로에 맞는 다양한 심화활동을 한 학생은 어려운 프로젝트가 주어져도 재미있어 하며 발전하는 모습을 보입니다. 학생들이 쉽게 접할 수 있는 시사나 도서, 학교활동 등에 '관심이 있다'에서 그치지 않고 심화 역량을 키운다면 자신의 꿈을 좀 더 쉽게 이룰 수 있습니다. 이 책에 실린 솔루션들이 그 꿈에 다가설 수 있도록 도와줄 것입니다.

　　　　　　　　　　　　　　　　　　경상대학교 물리학과 정완상 교수

　〈진로 로드맵 시리즈〉는 단순한 입시 서적이 아니다. 자신의 적성에 맞는 진로 로드맵을 체계적으로 그려가는 것이다. 이번에 출간되는 〈진로 로드맵_심화편 시리즈〉는 학생들의 지적 호기심을 충족시키는 데 있어서 한 걸음 더 나아가는 모습을 보인다. 학생들의 진로 도우미로서 이 책은 한층 더 많은 인사이트를 제공할 것으로 확신한다.

서정대학교 대외협력처장 조훈 교수

미래 비전과 함께 학생들이 선호하는 약대바이오계열의 경쟁률은 치열할 것이라 예상합니다. 진로 로드맵을 짤 때, 다른 학생들과의 차별화된 학생부와 면접, 자기소개서 준비를 어떻게 구성할지 한 번 정도 생각해 볼 필요가 있습니다. 학교활동에 시사, 논문 그리고 노벨수상자까지 탐구하여 심화된 역량을 나타낼 수 있다면 보다 수월하게 자신을 표현할 수 있을 것입니다. 심화학습이 필요한 학생들은 꼭 참고해야 할 책입니다.

호서대학교 정남환 교수

2022학년도 대입부터 이과 최상위권은 의치한 구도에서 의약치 개념으로 약대 파워가 상당한 영향력을 발휘하게 된다. 약대는 수능도 중요하지만 수능만으로 합격의 당락이 결정되는 구조가 아니다. 학교 교과 내신 최상위권 학생들이 집중 지원하므로 비슷한 교과 성적대가 집중돼 결국 전공 적합성에 맞는 비교과 활동을 얼마만큼 수준 높게 갖췄는지가 결정적 변수가 될 것이다. 처음 도입되는 약대 학부 선발 전환에 따라 이 책은 고등학교 1학년 때부터 약학 계열을 전공하고자 하는 학생들에게는 큰 도움이 될 것으로 보인다. 입시를 여러 해 동안 겪어본 교육컨설턴트로서 이 책은 정말 유용하게 활용할 가치가 높다고 평가한다.

종로하늘교육 임성호 대표

이번에 출간되는 〈진로 로드맵_심화편〉은 사회 이슈 기반의 탐구, 논문 기반의 탐구, 노벨상 수상자 탐구를 시작으로, 학생부와 독서, 마지막으로 자소서와 면접으로 마무리되는 학생부종합전형을 위한 종합서이다. 약학 및 제약, 바이오 관련 학생들의 전공에 대한 역량이 이 책을 통해 한층 높아질 것으로 기대한다.

오늘과 내일의 학교(봉사단체) 정동완 회장

대학입시에 큰 변화가 생기는 이 시점에서 학생들이 가장 집중해야 하는 부분은 바로 학생 개인의 특성과 탐구능력을 잘 나타내는 학생부를 만드는 것이다. 이러한 측면에서 〈진로 로드맵_심화편〉 책을 잘 활용한다면 차별적이면서도 심화된 전공적합성과 탐구능력을 나타낼 수 있는 유용한 활동을 진행할 수 있을 것이다. 또한 이를 잘 녹여내 학생부에 나타낸다면 최상의 학생부를 만들 수 있을 것이다.

대구 영남고 진로부장 김두용 교사

"꿈을 정하래서 정했는데, 그다음엔 어떻게 해야 할지 모르겠어요." 진로진학의 중요성은 계속해서 강조되고 있지만, 맞춤형 진로진학은 교사에게도 학생에게도 어려운 일이다. 잘 짜인 진로 로드맵은 이런 학생들에게 단비와 같은 책이될 것이다. 아직도 진로에 대한 방향성이 불투명하다면 오아시스와 같은 이 책을 읽고 꼭 꿈을 이룰 수 있기를 바란다.

청주외고 김승호 교사

최근 약학대 전형의 변화와 의대 정원 증가, 그리고 코로나 백신 등 변화의 움직임에 따라 이공계열, 약대, 의대계열에 대한 관심이 그 어느 때보다도 높아지고 있습니다. 이 책은 코로나로 인한 등교일 감소와 학생부 기재 축소로 인해 어떤 부분의 역량을 채워야 할지 고민인 학생, 학부모, 교사들의 좋은 지표가될 수 있을 것이라 기대가 되는 책입니다.

거창고 손평화 교사

학생부종합전형을 준비하면서 학부모, 학생이 겪는 가장 큰 어려움은 '어떻게 준비하지?'라는 것입니다. 누구도 자세히 알려주지 않기 때문입니다. '언제 무엇을 어떻게' 해야 하는지에 대한 명쾌한 매뉴얼인 이 책을 통하여 학종을 준비하기 바랍니다. 특히 학생들에게 선호도가 높은 약학, 바이오계열에 대하여 탐구활동, 학생부관리, 독서, 자기소개서, 면접까지 완벽하게 안내해주는 〈약대바이오계열 진로로드맵_심화편〉을 적극 추천합니다. 이 책은 제가 컨설팅을 맡은 학생들에게 처음 선물해 주고 싶은 책이 될 것 같습니다.

코스모스과학학원 원장, 위즈컨설팅 컨설턴트 이범석

현장에서 진로 진학지도에 실질적인 도움을 주었던 〈진로 로드맵 시리즈〉의 '심화편'이 출간된다니 매우 반가웠다. 교내에서 다양한 활동을 진행하지만 학생 개인이 갖는 의미와 후속활동은 자신의 진로에 따라 다를 수밖에 없다. 이 시리즈는 학생 자신의 진로와 그에 대한 활동의 스토리텔링을 엮어줄 수 있는 진짜 지도와도 같은 책이 될 것임을 믿어 의심치 않는다. 또한 여러 관점과 입장에서 연구를 통해 아직 진로에 대해 정하지 못한 학생이나 학부모에게 미래사회 핵심역량과 결부된 진로 선택의 동반자 역할까지 해줄 것이라 생각된다.

벌교고 고호섭 교사

과학고등학교에서 근무하면서 가장 어려운 업무가 학생들의 입시지도였습니다. 대부분의 아이들이 학생부전형으로 가기 때문에 수업을 할 때에도 아이들에게 발표를 시킬 때 어디까지 심화한 내용을 제시해야 할지 몰라서 난감한 적이 많았습니다. 이 책이 조금만 더 빨리 나왔다면 조금 덜 고생했을 것 같고 아이들에게 좋은 정보를 줄 수 있었을 것이라는 생각이 듭니다. 특히 최신 뉴스와 논문 소재로 트렌드에 맞춘 면접문항을 제시한 것이 너무 좋았습니다.

대전동신과학고 전태환 교사

의생명을 희망하는 학생들에게 직접 진로 관련 심화 내용을 찾아 탐구하는 것은 갈수록 어려워지고 있습니다. 이 책에서는 그런 학생들에게 필요한 자료를 바로 찾아 활용할 수 있도록 신문기사, 논문, 노벨상 수상자 탐구활동, 권장도서 등을 엄선하여 제시하고, 그에 따른 학생부 기록 사례, 자기소개서, 면접 문항까지 학생들에게 필요한 모든 것을 담았습니다. 이 책이 진로 로드맵 심화편으로 학생들이 성장할 수 있도록 돕는 정말 좋은 길잡이가 될 것으로 기대합니다.

경북교육청 교육과정컨설턴트 노병태 교사

한국창의재단 교사 및 컨설턴트로 중·고등학교 의생명·바이오·공학 관련 강의활동을 했습니다. 강의 시 심화된 활동을 하고 싶다는 질문들이 쏟아졌지만 1:1로 솔루션을 주기에는 한계가 있었습니다. 이 책을 읽어보니 생명과학 교사로서도 흥미로운 부분들이 많았고, 학생들 스스로 심화된 내용을 찾아 수행평가나 과제탐구보고서를 쓸 수 있을 것 같습니다. 학생, 교사, 학부모님께 도움이 되는 책을 출간해 주셔서 감사합니다.

고성고 생명과학 정재훈 교사

이 책은 약대바이오계열을 희망하는 학생들에게도 도움이 되겠지만 과학고를 진학하고자 하는 학생들이 진로를 탐색하고 면접을 대비하는 데도 도움이 되는 책입니다. 학교생활기록부의 중요성이 날로 커져가고 있는 이때 〈진로 로드맵_심화편〉 책은 교과별 특기사항을 메타인지 독서와 시사와 연계하여 다양한 수행평가 보고서를 작성하는 데 크게 도움이 될 것입니다. 또한 특성화고등학교 학생들이 공사나 대기업 취업 면접 대비 책으로도 매우 좋은 책이라 적극 추천합니다.

항동중 진로진학상담 노성빈 교사

미래정보사회에서는 학생 스스로 자아정체성과 자신감을 가지고 자신의 삶과 진로에 필요한 기초적 능력과 자질을 갖추어 자기 주도적으로 살아갈 수 있는 자기관리 역량이 필요하다. 자연계열에 적합한 진로 로드맵 안내서는 학생들의 다양한 교내외 활동을 통한 폭넓은 기초 지식을 바탕으로 다양한 전문 분야의 지식, 기술, 체험을 체계적으로 활용하여 학생들의 장점을 잘 이끌어낼 수 있는 기록이 가능하도록 도와줄 것이다. 또한 학생의 최대한 꿈과 끼가 잘 드러나도록 성장을 담는 구체적이고 신뢰성 있는 이력서를 갖출 수 있도록 훌륭한 길잡이가 될 것이다.

익산 남성여고 진로부장 이용환 교사

2015개정교육과정이 학교현장에 정착되면서 실제 수험생들의 진로에 맞는 과목을 선택하면서 느끼는 가장 큰 고민은 교과별 관심있는 학습단원을 본인의 학과와 관련된 참고문헌의 검색과 활용에 있다고 볼 수 있습니다. 이러한 현장의 목소리에 부응하여 이 책은 실제 학생부종합전형을 준비하는 많은 수험생들과 학부모님들에게 탐구학술활동을 하는데 매우 유용하면서 질적으로 높은 수준의 자료들을 가이드하고 있습니다. 또한 이러한 자료들이 활용되어 기재되는 학교생활기록부 예시와 자기소개서 작성까지 보여주어 진로선택에 따른 입시로드맵을 찾는 분들에게 필독을 권하고 싶습니다.

강대마이맥 입시전략연구소장 전용준

프롤로그

빠르게 변화하고 있는 시대
진로를 정하기 막연하고 두려운 이 시기,
어떤 진로 교육이 필요한가

인구수가 줄어들고 있다. 누구나 대학을 갈 수 있는 시대가 되었다. 이제는 대학을 가는 것이 중요한 게 아니라, 비정형화되고 복잡한 문제를 어떤 역량으로 해결할 수 있는지 보여줄 수 있는 '창의융합형 인재'가 필요한 때다.

학교, 학원에서 정해진 내용을 배우고 외우는 기존의 학습방식에서, 궁금한 점은 스스로 찾아보고 학습하며 보고서를 쓰거나 친구들과 스터디를 구성하여 탐구하는 활동을 통해 지적능력을 확장해 나가는 시대로 변화하고 있다. 이에 따라 교육부에서는 학생중심수업, 프로젝트형 수업, 거꾸로 수업(플립러닝) 등 다양한 수업을 진행하고 있다.

'100세 시대'라는 말을 넘어 지금 태어나는 아기들은 '150세 시대'를 살아갈 것이라는 연구결과가 나오고 있다. 여기에 발맞춰 정부에서는 학생들이 자신이 배울 과목을 선택하여 스스로 생애 전반에 걸쳐 삶을 설계하고 관리할 수 있는 역량을 키우기 위해 '2015 개정 고등학교 교육과정'을 운영하고 있다. 특히, 자신의 진로와 흥미에 맞는 과목을 선택할 수 있도록 진로선택 과목과 전문교과 과목을 개설하여 미래사회에서 요구하는 인재로 성장하는 다양한 기회를 제공하고 있다.

학생들에게 진로에 대한 폭넓은 이해를 돕고자 '계열별 진로 로드맵' 시리즈가 나오게 되었다. 이번엔 보다 전문적인 내용을 알고 싶다는 독자들의 요청에 따라 '진로 로드맵 심화편' 시리즈를 집필하였다. 이번 '진로 로드맵 심화편'을 통해 학생부부터 면접과 취업까지 포괄적으로 대비하여 변화하는 미래 사회를 이끌어가는 리더로 성장하기를 바란다.

『약대바이오계열 진로 로드맵_심화편』은 학생들이 그저 막연하게 약사를 꿈꾸도록 하는 것이 아니라 '내가 알고 있는 약사는 어떤 분야에서 일하는지', '제약연구원이 되기 위해서 필요한 지식은 무엇인지', '미래 유망할 화장품은 어느 수준까지 발전되고 있는지' 등을 학생들과 같이 고민해 본다.

대부분의 학생들은 본인이 원하는 직업을 갖기 위해 대학 입학에 초점을 맞춰 고등학교 생활을 중요하게 생각하고 있다. 그런데 진로 설계는 현명한 대학생활을 위해 초·중등 때부터 어떤 진로 탐색을 하고 있는지에 따라 로드맵이 달라진다.

현재 특수목적고나 자율형 사립고를 진학하는 학생들은 중학교 때부터 다양한 활동을 통해 생활기록부를 관리하지만, 보통의 학생들은 그렇지 않은 경우가 많다. 그러다가 고등학교에 진학하면 어떤 활동을 해야 할지 모르고 수시 원서를 쓴다.

이런 학생들이 대학에서 원하는 역량들을 어느 정도나 준비할 수 있을까?

대학에서는 학업 역량도 중요하지만, 전공에 대한 이해도와 관심을 바탕으로 본인의 진로를 스스로 결정하기를 원한다. 이 책은 앞으로 유망한 계열별 진로를 더욱 심층적으로 살펴보고자 한다.

- 약대바이오계열 진로 로드맵
- 의·치·한의학계열 진로 로드맵
- 간호·보건계열 진로 로드맵
- AI·SW·반도체계열 진로 로드맵
- 화공·에너지·로봇계열 진로 로드맵

위 5가지 계열별 진로 로드맵은 진로·진학 설계를 위한 최근 시사 및 논문을 활용한 탐구, 노벨상 수상자의 탐구활동, 합격한 선배들의 창의적 체험활동과 교과 세부능력 및 특기사항 엿보기, 독서, 영상, 다양한 참고 사이트 등을 소개하여 진로를 결정하고, 선택된 진로를 구체화할 수 있도록 자세하게 안내한다.

정유희, 안계정, 추민규

일러두기

　이 책에 실린 내용들을 다 공부해야 하는 것은 아닙니다. 관심 있는 분야 2~3개를 심화학습해 전공적합성을 드러내면 됩니다. 또한 이 책을 통해 추가적으로 관심을 가지고 있는 분야를 확장시킬 수 있는 여러 사이트를 살펴보고 이를 활용한다면 충분히 우수한 학생으로 평가받을 수 있을 것입니다.

신문을 활용한 탐구활동
　관심 있는 기사는 읽어보고, 인터넷을 이용하여 추가된 기사를 더 찾아보고, 이 사건이 지금은 해결이 되었는지, 연구결과는 나왔는지 확인해보면서 더 심화된 학습을 할 수 있습니다.

논문을 활용한 탐구활동
　아직도 논문을 이용한 활동은 어렵다고 생각하나요? 논문은 심화활동을 할 때 활용하면 좋습니다. 또한 가고 싶은 대학의 학과 실험실에서 본인이 하고 싶은 연구가 어느 정도 진행되고 있는지도 확인할 수 있습니다. 우선 이 책에서 관심 있는 논문을 읽어보고 궁금하거나 더 알고 싶은 내용은 논문을 더 찾아보는 것도 좋은 방법입니다.

노벨상 수상자 탐구활동

약대바이오 계열의 친구들은 2011년부터 지금까지의 노벨상에 관심을 가져야 합니다. 학생부 연관 활동에도 많이 쓰이고, 노벨상 수상자의 강연을 직접 듣고 활용하는 학생들이 이미 많이 있습니다. 특히 면접에서도 그해 노벨상 수상자 질문은 많이 등장합니다. 수상한 연구의 논문이라면 원문 전체를 찾아보고 깊이 있는 학습을 하는 것도 추천합니다.

창의적 체험활동 기록

나의 생활기록부에 있는 활동을 확인하고, 이전 학년에 했던 활동을 심화활동으로 확장시킬 수 있습니다. 더 알아보고 싶은 점은 다음 학년 탐구활동의 주제로 활용합니다. 이 책에 그 질문하는 방법과 심화 내용들이 잘 구성되어 있으니 이를 활용한다면 자신이 전공하고 싶은 분야와 연계할 수 있을 것입니다.

교과 세특 기록 사례

대학에서 학업 역량을 확인할 때 교과 세특을 많이 반영합니다. 특히 교과별 위계성이 있는 과목들은 학년이 올라갈수록 심화 있는 활동이 필요합니다. 선배들의 학생부 기록을 참고해 본인의 학생부 세특을 확인하여 질문을 통한 심화학습으로 연계하여 탐구하면 좋습니다.

독서로 심화

독서활동은 학생들이 활용할 수 있는 가장 좋은 방법입니다. 교과와 진로에 관련된 독서를 하고, 발표나 토론, 프로젝트에 활용하면 좋습니다. 요즘은 독서 후, 심화활동으로 또 다른 독서를 하거나 논문, 대학강의를 시청하는 학생들도 많아졌습니다. 독서활동 후 반드시 궁금한 내용을 질문으로 만들어 스스로에게 물음을 던지는 과정이 필요합니다.

자소서를 통한 활동

선배들의 합격 자소서를 확인하여 본인의 활동을 점검하는 시간으로 활용할 수 있습니다. 그리고 학생들의 부족한 활동들을 보완하는 시간을 확보할 수 있습니다. 특히 대학에서 할 수 있는 활동을 확인하여 미래를 설계하는 것도 좋은 방법이 될 수 있습니다.

부록 활용법

실전 면접에서 활용할 수 있는 특급 노하우를 알려줍니다. 면접 때 급하게 준비하기보다는 평소에 심화내용들을 정리한다면 실전 면접에 잘 대비할 수 있으며 좋은 결과를 얻을 수 있을 것입니다.

*이 책의 링크주소들은 블로그에 바로가기 클릭으로 편리하게 이용하실 수 있습니다.

자료 모음 블로그 : https://blog.naver.com/youhee77

차례

PART 1 사회 이슈 기반 탐구

학생부 기록 사례 엿보기

독서
심화 탐구

자소서 엿보기

부록

사회 이슈
기반 탐구

신문을 활용한
탐구활동

 가습기 살균제 사건

가습기 살균제 사건 개요

2011년 급성 폐질환으로 입원하는 환자(특히 임산부와 영유아, 노인) 수가 급증하였다. 처음에는 원인을 알 수 없었으나 발병률이 증가하자 역학조사가 진행되었고 가습기 살균제(PHMG, PGH)가 원인물질로 추정되었다. 이들 물질은 피부 독성이 다른 살균제에 비해 적어 가습기 살균제뿐만 아니라, 샴푸, 물티슈 등 여러 제품에 이용되었다. 하지만 이들 성분이 호흡기로 흡입될 때 발생하는 독성에 대해서는 연구가 되지 않은 탓에 피해자가 발생할 때까지 아무런 제재가 이루어지지 않았다.

이후 이 물질을 흡입 시 폐 섬유화를 야기하여 사망에 이르게 한다는 실험결과를 확인하였다. 가습기 살균제는 공산품으로 분류되기 때문에 식품위생법이나 약사법이 아닌 '품질경영 및 공산품 안전관리법'에 따른 일반적인 안전기준만 적용되어 피해를 예방하지 못했다. 가습기 살균제를 판매하면서 제품 하단에는 '인체에 무해하며, 흡입 시에도 안전'이라고 표기하였으나, 살균제의 주원료로 사용된 PGH는 폐손상을 일으키는 독성을 함유하고 있는 것으로 조사 결과 밝혀졌다.

관련 단원	보도자료
화학I_1단원 화학의 언어_화학, 물질의 과학 화학I_3단원 생명의 진화_탄소화합물 화학I_4단원 닮은 꼴 화학반응_생명과학의 특성 생명I_4단원 자연 속의 인간_생물과 환경의 　　　상호작용, 생물의 다양성과 환경 생활과 윤리_1단원 현대 생활과 응용 윤리_ 　　　현대생활과 응용 윤리의 필요성	보건복지부_가습기살균제 1차 동물흡입실험 최종 완료 http://ver.kr/wLEerC 보건복지부_가습기살균제 사용중단 강력 권고 http://ver.kr/SsHEBj

지식채널e	관련 영상
지식채널e 가습기살균제1, 기이한 '폐질환 징조' http://ver.kr/vVUYbk	가습기 살균제 어떻게 사람을 죽였나 http://ver.kr/mQBg9T

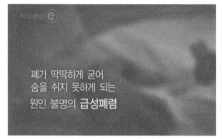

▶ **우리나라에서만 사용되는 살균제였나요?**

PHMG나 PGH는 모두 다른 살균제에 비해 피부·경구(섭취 시 영향)에 대한 독성이 적으며 살균력이 뛰어나고 물에 잘 녹는 성질이 있습니다. 따라서 가습기 살균제뿐만 아니라 물티슈, 부직포 등 사람과 직접 접촉하는 물건의 살균제나 부패방지제 등으로 널리 사용되는 고분자 화학물질입니다. PHMG는 국내에서 유해화학 물질관리법에 따라 국립환경연구원에 유독물이 아닌 물질로 등록돼 있고, 미국에서도 식품의약국(FDA)에 의료기기용 살균제로 인증된 상태이며, 일본·호주·중국 등에서도 살균제로 등록돼 판매되고 있습니다.

PGH 역시 피부에 접촉해도 영향이 크지 않은 살균제로 물리화학적 특성이 알려져 있고, 실제로 다른 살균제나 부패방지제에 비해서 먹었을 경우나 환경에 노출되었을 때의 위험성이 적은 편이라 비교적 안전한 살균제로 알려져 사용되어 왔습니다.

▶ **그렇다면 왜 이 살균제가 문제가 되었나요?**

우리나라에서 쓰이는 가습기는 대부분 초음파 가습기였습니다. 초음파 가습기는 초음파를 발생시켜 물 분자 사이의 수소결합을 끊어서 물 분자들을 효과적으로 기화시키는 원리로 만들어집니다. 이러한 초음파 가습기에 균을 죽이는 (인체 세포를 죽일 수 있는) 살균제가 들어가서 초음파에 의해 작은 입자로 쪼개지고, 이 미세한 입자가 폐를 통해 혈관으로 들어가 퍼지게 하는 원리입니다. 따라서 수용액 상태의 살균제로 이용할 때는 크게 문제가 되지 않았으나, 이것을 '흡입'하게 되면서 강력한 폐 독성을 일으키게 된 것입니다.

⊙ 발사르탄 파동 사건

발사르탄 파동 사건 개요

고혈압 치료제로 사용되는 원료의약품 중 하나로, 중국산 발사르탄 사용 의약품 판매 및 유통이 중지되었다. 문제가 된 발사르탄 제제는 중국 '제지앙화하이'사에서 만든 것으로, 발암물질인 'N-니트로소디메틸아민(NDMA)' 불순물이 검출되었기 때문이다. NDMA는 WHO 국제암연구소(IARC)에서 2A(인간에게 발암물질로 작용 가능) 물질로 분류된 발암물질이다.

국내 제네릭 의약품은 허가 전에는 양질의 고가 원료를 사용했지만 허가 후에는 품질 보장이 어려운 중국, 인도 등의 저가 원료로 변경하여 한국에서만 큰 문제가 발생하였다. 이러한 문제는 허가 후 원료 변경 시 제제 특성만 보는 자료만 제출하면 되기 때문에 발생한 것이다. 까다롭게 의약품을 관리해야 함에도 서류만으로 원료선 변경이 가능해 제약사에서 이를 악용한 인재라고 할 수 있다.

▶ **발사르탄 제제를 처방받은 환자가 혹시나 하고 투약을 중단하게 되면 어떻게 되나요?**

해당 발사르탄 제제를 처방받은 환자가 임의로 복용을 중단해선 안 됩니다. 고위험군이나 심혈관질환자는 혈압약 중단에 따른 뇌졸중, 심근경색, 심부전 등의 심각한 문제에 빠질 확률이 높기에 해당 의약품을 처방받은 병원이나 의원 등의 의료기관에 반드시 상담을 한 후 재처방을 받는 것이 좋습니다.

▶ 제네릭 의약품의 생동성 시험이 개편되어야 하는 이유는 무엇인가요?

현재 시판되는 제네릭 의약품은 오리지널 의약품 효능의 80~125% 범위 내에 있으면 허가가 됩니다. 하지만 생동성 시험 없이 판매 허가된 이력이 있는 의약품이 있다는 점이 문제입니다. 국내에 제네릭 의약품의 수가 늘어난 원인은 '위탁·공통 생동성 시험'을 적용하여 식약처의 판매 승인을 받는 과정에서 제약사 수에 제한이 없다는 데에 있고, 바로 이 점이 문제라고 할 수 있습니다. 의협은 생동성 시험에 엄격한 기준을 마련하여 철저한 시험을 통과한 제품만을 판매 승인할 수 있도록 해야 합니다.

▶ 제네릭 의약품 품질은 믿을 수 있나요?

네, 믿을 수 있습니다. 식약처는 또다시 발사르탄과 같은 사태가 발생하지 않도록 하기 위해 식약처는 공동 생동 품목 허가 수를 제한하기 위해 '1+3' 방식을 도입합니다. 1+3 방식은 공동 생동 허용 품목을 원래 제조업체 1곳과 위탁제조사 3곳 이내로 제한하여 안전성을 확보하는 것입니다. 그리고 제조되는 의약품도 GMP(Good Manufacturing Practice)의 엄격한 기준으로 관리하고 있습니다.

▶ 생물학적 동등성 시험은 어떻게 이루어지나요?

건강한 지원자를 모집하여 원 개발 의약품과 제네릭 의약품을 복용한 실험군과 바꿔 투약하는 대조군으로 실험을 진행합니다. 그리고 혈액을 채취하여 약물의 농도, 약효 지속시간 등을 측정한 후 통계 처리하여 동등성을 확인하고 있습니다.

📍 라니티딘 사건

라니티딘 사건 개요

위점막세포 산 분비 억제제 중에서 부작용이 적어 위장약으로 널리 사용된 라니티딘에서 발암우려물질인 NDMA가 검출되었다.

식약처는 라니티딘 원료의약품을 사용한 국내 유통 완제의약품 전체에 대해 제조·수입 및 판매를 잠정적으로 중단했으며, 처방을 제한하도록 조치했다. 또한 라니티딘 중 NDMA 발생원인 조사위원회와 라니티딘 인체영향 평가위원회 등을 구성하여 보다 정확한 원인과 영향 등을 분석하였다.

라니티딘 사태로 인해 제약회사의 회수 시스템, 사전예방 조치, 원료의약품 안전관리체계 재정립에서의 문제가 대두되고 있다. 발사르탄 사태 이후로 상대적으로 전문의약품의 회수, 반품은 상대적으로 빨라졌지만 일반의약품의 반품은 어렵다는 것이 약국의 입장이다.

전문의약품의 경우 직거래사의 담당자가 돌아다니면서 회수를 빠르게 진행하지만, 품목 도매 등을 거쳐 들어온 일반의약품은 반품이 어렵다고 밝혔다. 또한 반품되는 재고에 대한 비용 정산에 대해서도 제약사와 약국과의 갈등이 나타나고 있다. 이에 따라 국제일반명(INN) 제도 도입의 필요성도 제기되고 있다.

▶ 국제일반명(INN) 제도는 무엇인가요?

의약품 허가 시, 의약품 명칭을 INN+회사명+제형 3요소로 표기하도록 세계보건기구(WHO)에서 권고하는 제도입니다.

대웅제약 알비스정 → 대웅 라니티딘정

일동제약 규라정 → 일동 라니티딘정

▶ 전문의약품과 일반의약품의 분류 기준은 어떻게 되나요?

전문의약품은 반드시 처방전이 있어야 구입이 가능한 약품으로 부작용의 위험성이 일반의약품에 비해 상대적으로 크기 때문에 의사의 처방에 따라 사용해야 합니다. 반면 일반의약품은 처방전 없이도 약국에서 구입할 수 있으며, 안전성과 유효성을 인정받으며 부작용이 적은 의약품입니다.

▶ 편의점에서 구매가 가능한 일반의약품은 무엇이 있나요?

　일반의약품 중에서 가벼운 증상에 시급하게 사용하며 환자 스스로 판단하여 사용할 수 있는 의약품은 편의점에서 구입할 수 있습니다. 단, 12세 미만의 어린이나 초등학생은 편의점에서 구입할 수 없습니다. 13종이 주로 판매되고 있는데 진통제 5종류, 감기약 2종류, 소화제 4종류, 파스류 2종류가 있습니다.

 인보사-케이주 허가 취소 사건

인보사-케이주 허가 취소 사건 개요

인보사-케이주는 세계 최초의 골관절염 세포유전자 치료제로, 2017년 국내에서 시판 허가를 받았다. 인보사-케이주는 약물주사를 통해 수술 없이 치료할 수 있다는 점에서 획기적인 치료제로 알려졌다. 인보사는 연골세포가 담긴 1액과 연골세포 성장을 돕는 유전자(TGF-ᵝ1)를 함유한 2액으로 구성된 골관절염 치료 주사제이다.

하지만 미국 FDA에서 임상 3상을 진행하던 중, 제출 자료와 다르게 제2액에서 신장세포 특이유전자가 발견되어 최근 FDA로부터 임상이 중단되었다. 또한 허위 보고 및 식약처의 부실 허가 논란을 증폭시켰다. 신장세포는 빠른 체내 증식으로 암을 유발할 수 있으므로 세포치료제로 사용될 수 없는데 이를 활용하여 문제가 된 것이다.

관련 단원	보도자료
생명 I_2단원 세포와 생명의 연속설_세포와 세포분열, 유전 생명 II_2단원 유전자와 생명공학_생명공학 생활과 윤리_3단원 과학 기술, 환경, 정보윤리_과학 기술과 윤리 정치와 법_5단원 사회생활과 법	식약처, 인보사케이주 허가 취소 http://ver.kr/7X5KUs 식약처, 인보사케이주 투여환자 안전관리 대책 발표 http://ver.kr/jAMz5H
KOCW	관련 영상
단국대학교 응용대사체학 및 대사체정보학 I http://ver.kr/z8kucu	세계 최초 유전자세포치료제의 실체 http://ver.kr/UxFgnf

▶ **인보사-케이주 치료제는 무엇이 문제인가요?**

인보사-케이주는 연골세포로 등록 허가하였지만, 신장유래세포로 제조 및 판매하여 약사법을 위반한 것이 문제입니다.

▶ **인보사-케이주 치료제 효능은 없는 건가요?**

국내에서 유통된 유전자 골관절염치료제 '인보사'의 2액(형질전환세포) 성분 역시 미국과 마찬가지인 신장유래세포로 나타났습니다. 연골 유래세포라고 이름을 잘못 붙였을 뿐, 인보사의 비임상시험부터 상업화까지 고의적으로 성분이 바뀌거나 외부로부터 오염되지는 않았습니다. 또한 미국 FDA가 임상 보류를 해제하고 신장유래세포로 환자투약을 포함한 임상 3상 시험을 계속해도 좋다고 2020년 4월 공식문서를 수령한 것을 보면 약효에는 큰 문제가 없다고 생각할 수 있습니다.

▶ **연골재생세포 치료제 장단점은 무엇인가요?**

연골재생세포 치료제는 이미 손상된 무릎 연골이 아닌 건강한 늑연골 세포조직을 사용해 환자의 나이와 연골 상태에 상관없이 고령환자에게도 사용 가능한 4세대 세포 치료제입니다. 특히, 무릎 연골 손상 및 골관절염 환자 치료 효과까지 얻을 수 있는 장점이 있습니다. 단점으로는 65세 이상 고령환자에게 연골 손상이 발생했다면 연골만 닳은 것이 아니라 주변 근육, 인대, 연골판 등도 같이 고려하여 치료해야 한다는 것입니다. 또한 연골 손상의 중증도, 연골 손상의 깊이에 따라 수술하는 것이 더 좋은 방법이 될 수 있습니다.

염 변경 의약품 특허소송 사건

염 변경 의약품 특허소송 사건 개요

2019년 1월 대법원은 과민성방광치료제인 '솔리페나신' 개량신약 특허권 침해 판결을 통해 염 변경 의약품이 오리지널의 특허권 연장을 침해했다는 판결로 개량신약을 출시하는 데 어려움이 생겼다. 즉, 솔리페나신 개량신약이 인체에 흡수되는 유효성분의 약리작용에 의해 나타나는 치료 효과나 용도가 오리지널 약과 동일하다면 특허권을 침해하는 것으로 판단한다는 내용이다.

이로 인해 제약사들의 염 변경 개량신약 출시가 어려워졌으며, 이미 염 변경 의약품을 출시한 제약사들의 경우 손해배상 소송을 당할 우려가 생겼다. 대표적인 예로, 금연치료제 '챔픽스'(화이자)와 항응고제 '프라닥사'(베링거인겔하임)가 있다. '챔픽스'의 경우 지난해 11월 첫 변론이 진행된 이후 2월 선고가 예정되었으나, 대법원의 솔리페나신 판결이 나오면서 선고가 연기되었다.

이후 제약업계에서는 개량신약 출시를 위해 염 변경으로 인해 개선된 부분이 있다는 점을 입증하고자 노력하고 있다. 한 제약사 관계자는 '염 변경에 의해 유통기한이 연장된 개선점을 입증하기 위해 자료를 제출하는 등 다양한 노력을 기울여왔다'면서 '좋은 것은 분명하나, 그 차이가 솔리페나신 사건에서 말하는 만큼의 차이인지는 법원이 판단할 부분'이라고 말했다.

▶ 개량신약이 무엇인가요?

화학 합성의약품을 개량한 의약품으로 오리지널 신약과 비슷한 효과를 나타내며, 부작용 및 체내 흡수력 등을 종합적으로 판단하여 새로 허가받아 치료제로 인정받는 약을 말합니다.

▶ 염이란 무엇이며, 염 변경 개량신약은 앞으로 출시되기 힘든가요?

산과 염기가 반응하여 물과 염을 만들어내는데, 염은 소금과 같은 이온결합 물질을 의미합니다. '챔픽스'(바레니클린, 금연보조 치료제)는 국내 21개사를 상대로 제기한 챔픽스 염 변경 의약품의 특허 회피 항소심에서 화이자 제약사에 패배했습니다. 이것이 '베시케어'(솔리페나신) 판결에 이어 '염 변경'이 더 이상 개량신약으로 인정되지 않는 시금석이 되었고, 따라서 염 변경 제네릭사가 개량신약을 판매할 수 없게 되었습니다.

▶ 신약과 신의료기술개발을 위한 투자에 대해 어떻게 생각하나요?

의약품 및 의료기기 등 바이오헬스 산업은 미래 성장가능성과 고용 효과가 높은 유망 신산업입니다. 2030년까지 자동차(1.5%), 조선(2.9%), 바이오헬스(4.0%)로 경제 성장률[산업은행 통계조사결과]을 예상하고 있습니다. 또한 제약 및 의료기기 등의 제조업과 의료서비스 분야에서 최근 5년간 17만 개 일자리가 증가하고 있습니다. 따라서 세계시장 선도기업 창출 및 산업생태계를 조성할 방침의 목적으로 국가 바이오 빅데이터를 구축해야 합니다.

관련 단원	보도자료
화학I_4단원 닮은 꼴 화학반응_산과 염기, 생명 속의 화학 생명II_2단원 유전자와 생명공학_생명공학 화학II_5단원 인류복지와 화학_의약품과 녹색 화학	대법원_존속기간이 연장된 특허발명의 효력범위에 관한 사건 http://ver.kr/SMU3Ts

관련 영상	KOCW
개량신약, 미래시장을 열어간다 – 동국제약 / YTN 사이언스 https://youtu.be/o−vpRd3JObk	제약공학개론_대구가톨릭대학교 https://bit.ly/2Uvn64j

제약공학개론

대구가톨릭대학교 최윤식

주제분류	의약학)약학)제약학
강의학기	2014년 1학기

국내 및 전세계 제약산업의 현황에 대해 이해하고

📋 약물 재창출 면접

약물 재창출을 통해 치료제를 개발하는 이유는 무엇인가요?

이미 시판된 것으로 동물과 사람으로부터 안전성을 확보하였으므로 개발 비용이 적게 들고, 빠르게 약품을 개발할 수 있는 이점이 있습니다. 특히 인공지능의 발전으로 항원과 잘 대응할 수 있는 약물을 더 잘 찾을 수 있어 개발하는 데 많은 이점이 있습니다.

약물 재창출을 통해 개발된 약물도 물질특허를 인정받을 수 있나요?

약물 재창출은 물질 특허가 아니기에 물질 특허 20년을 보장받을 수 없습니다. 하지만 특허기간이 만료된 상태에서 물성 및 제제 개량을 통해 독점권을 3~7년 정도 인정받을 수 있습니다.

의약분업 의사 약국 편법운영 사건

대형병원 편법약국 운영 사건 개요

약사법 제20조에 따르면, '약국을 개설하려는 장소가 의료기관의 시설 안 또는 구내인 경우'에는 약국을 개설할 수 없다. 따라서 의료기관 부지나 건물에 약국 개설이 명백하게 금지되어 있다. 하지만 의료기관 및 관련자가 병원 및 인근 부지 또는 건물을 매입한 뒤 약국을 개설 또는 임대하여 수입을 창출하는 등 불법을 저지르는 경우가 있다. 이렇게 법의 빈틈을 노려 개설된 약국을 편법약국이라고 한다. 2016년 천안 단국대 병원이 주변 상가를 매입한 후 약국 임대를 추진하여 논란이 되었는데 논란 직후 충남약사회, 천안약사회, 대한약사회가 강하게 반발하여 약국이 개설되지 않게 되었다. 2017년 창원 경상대 병원 역시 유사한 방식으로 편법약국을 개설하여 2곳을 정상 영업하다가 약사법 위반으로 해당 약국이 개설 허가 취소 판결이 내려졌다. 2019년에도 계명대학교 병원 앞 5곳의 편법약국이 개설된 적이 있다.

▶ **대형병원이 편법적으로 약국을 운영하는 이유는 무엇 때문인가요?**

대형병원 근처 약국은 통상 월 4억 정도의 매출(2012년 기준)을 올리고 있습니다. 여기서 수익 부분을 세부적으로 살펴보면 처방에 따른 조제 수익이 약 94.8%를 차지하고, 일반약(한약포함)과 기타 제품의 비중은 5.2%로 처방약의 비중이 매출의 대부분을 차지하고 있습니다. 그래서 대형병원 이사장 및 병원장의 땅에 약국을 설립하여 부가적인 수익을 창출하려는 것입니다.

▶ **의약분업 예외지역이 있나요?**

의약분업 예외지역은 의료기관 또는 약국이 개설되지 않은 읍·면·도서지역 또는 의료기관과 약국이 개설은 되어 있으나 거리가 1km 이상 떨어져 있는 등 해당 지역주민이 의료기관과 약국을 함께 이용하기 어렵다고 시장·군수·구청장이 인정하는 읍·면·도서지역 등을 말합니다. 특히 고속도로휴게소, 공항, 대형마트 등에 입점한 일부 약국은 행정구역상 의약분업 예외 적용을 받고 있으나, 지역주민 이용율이 저조하고 외지인의 방문이 많아 무자격자 조제·판매 등이 우려된 곳은 해지 권고 대상에 포함되었습니다.

▶ **최근 한약학과 폐지와 한약제제 판매로 인한 문제가 불거지고 있는데 그 이유는 무엇 때문인가요?**

한약사제도 이후 26년이 지나 한약제제 분업으로 한방의약분업의 정부 시도에 약사회는 한약학과를 폐과하여 약국에서 양약과 한약을 같이 판매하려는 움직임으로 문제가 불거졌습니다. 한약 조제권은 한약사들의 권리이므로 한방의약분업에 성실히 임해 한약사와 협업을 통해 국민건강이라는 사회적 약속이 지켜지길 바랍니다.

⊙ 임신 14주까지 낙태 허용 사건

임신 14주까지 낙태 허용 사건 개요

정부가 낙태죄 자체는 유지하되 임신 14주까지는 낙태를 허용하는 법률 개정안을 2020년 10월 7일 입법 예고한다. 헌법재판소가 작년 4월 임신 초기 낙태까지 처벌하도록 한 형법상 낙태죄에 대한 헌법불합치 결정을 내리고 2020년 연말까지 관련 법 조항을 개정하라고 한 데 따른 것이다.

법무부에 따르면, 7일 입법 예고될 형법·모자보건법 개정안은 임신 초기인 14주까지는 임부의 임신 중단(낙태)을 처벌하지 않는 것이 골자다. 성범죄, 산모 전염병 등에 따른 임신·출산 등 특정한 사유가 있는 경우엔 임신 중기(中期)인 24주까지도 임신 중단이 가능하다는 내용도 포함된다.

▶ **낙태죄 헌법불합치 결정의 의미는 무엇인가요?**

형법 제269조 제1항의 자기낙태죄와 제270조 제1항의 의료인낙태죄(이하 '낙태죄')에 관한 태도를 2012년의 합헌에서 헌법불합치로 변경되면서, 2020년 말을 시한으로 관련 입법을 촉구했습니다. 헌재 결정은 어느 한쪽의 손을 일방적으로 들어준 것이 아니라, 국민 다수의 뜻을 받아들인 것입니다. 우리 국민 다수 의식의 흐름인 것을 헌법재판소도 읽은 것이고, 태아의 생명과 임부의 자유가 충돌하는 낙태 논쟁은 우리 동시대인들의 통념에 의해 매듭지어야 할 법적 논쟁의 결과로서 헌법불합치가 된 것으로 생각합니다.

▶ 법 개정에 앞서 법 체계가 필요하다고 하는데 그 의미가 무엇인가요?

모자보건법 제14조의 내용을 형법으로 가져와서 낙태죄 조항을 일원화로 개정해야 합니다. 형법상 낙태는 태아의 독자 생존 가능성을 불문하지만, 모자보건법상 임신중절수술은 독자 생존 불가능을 그 개념요소로 합니다. 현재 허용되는 임신중절수술을 24주 이내로 제한하는 규정이 모자보건법도 아니고 그 하위 법령에 있다는 것도 잘못된 것입니다.

▶ 왜 임신 14주까지는 낙태를 허용하였을까요?

임신 초기 14주 이전 낙태는 임부의 안전성을 확보할 수 있으며, 사회적 사유에 의한 낙태도 허용 가능한 시기로 판단이 됩니다. 또한 14주 이전은 자궁이 커져서 자궁이 만져지고 몸을 편하게 받칠 수 있는 임산부용 속옷을 입어야 할 정도로 몸의 변화를 감지할 수 있기에 충분히 임신 여부를 확인할 수 있는 시기입니다.

관련 단원	보도자료
생명Ⅰ_1단원 생명과학의 이해_생명과학의 이해 생명Ⅱ_3단원 생명의 진화_생명의 기원과 다양성 생활과 윤리_2단원 생명, 성, 가족윤리_삶과 죽음의 윤리 사회문화_5단원 현대의 사회변동_현대 사회의 변화와 대응방법	정부24_낙태죄 관련 입법개선 절차 착수 https://bit.ly/3puYqXT

관련 영상	KOCW

'태아 생명권' vs '여성 자기 결정권'…팽팽한 낙태죄 줄다리기의 역사 / 비디오머그
https://www.youtube.com/watch?v=EnQzS7_WMe0
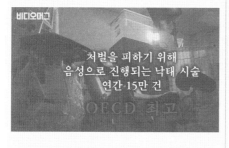
	세계인구성장(23)-낙태에 대한 생물학과 역사_숙명여자대학교
	http://www.snow.or.kr/lecture/basic_sciences/biology/3964.html

	세계인구성장(23)-낙태에 대한 생물학과 역사
	숙명여자대학교 로버트 웨이언
	    주제분류 │ 자연과학 〉수학 · 물리 · 천문 · 지리 〉기타
	    등록일자 │ 2017.10.20
	    제공처: 예일대학

📍 DTC 유전자검사 항목 56개로 확대

DTC 유전자검사 확대 개요

세계 헬스케어 시장이 개인 맞춤형 유전체 분석 의학에 집중투자 중인 가운데 국내 유전체 분석·진단 사업이 지나친 규제로 경쟁력을 잃고 있다는 지적이 지속되고 있다. 전 세계 의료 패러다임이 치료에서 예방으로 빠르게 뒤바뀌고 있는데도 아직까지 유전체 관련 과다 규제 및 법 규정 미비, 사업 이해도 미흡으로 인해 글로벌시장 경쟁력 약화를 우려하는 목소리가 곳곳에서 제기되고 있다. 국외에서의 뜨거운 연구 투자 분위기와는 달리, 국내의 경우 뛰어난 수준의 유전체 시퀀싱 전문 업체가 존재하는데도 규제로 갇혀 제 능력을 모두 펼치지 못하는 상황이다. 시퀀싱 기업들이 얽매인 규제는 2005년 제정된 '생명 윤리 및 안전 관련 법'이다. 해당 법에 의하면 17개 항목에 대한 유전자 분석 검사를 제한하고 있다.

특정 질환이 발병할 가능성이 있는지 여부를 미리 알 수 있는 '유전자 분석'이 대중화 단계를 맞고 있다.

기존 수천만 원 하던 유전자 분석 비용이 최근 수십만 원 수준으로 크게 떨어지면서 이용자가 급증하고 있다. 업계에서는 2018년 한해 12만 여 명이 유전자 분석 서비스를 이용한 것으로 추산한다. 글로벌 조사업체 모도 인텔리전스에 따르면, 지난해 글로벌 유전자 검사 시장 규모가 전년보다 10% 증가해 7조 3,000억 원을 넘어섰다고 한다.

▶ DTC(direct-to-consumer) 유전자검사가 뭔가요?

DTC 유전자검사는 의료기관을 방문하지 않고 소비자가 직접 유전자검사를 받을 수 있는 검사입니다. 유전자형과 체중, 운동 능력, 수면 등과 같은 복잡한 표현형과의 연관성을 바탕으로 맞춤형 영양소와 건강보조식품을 추천받을 수 있으며, 맞춤 식품과 운동 등의 서비스를 제공받을 수 있습니다.

▶ DTC(direct-to-consumer) 유전자검사가 가능한 검사항목은 무엇인가요?

체질량 지수, 중성지방 농도, 콜레스테롤, 혈당, 색소 침착, 탈모, 모발 굵기, 피부 노화, 비타민C 농도, 카페인 대사를 확인할 수 있습니다.

▶ DTC(direct-to-consumer) 유전자검사의 한계는 무엇인가요?

개인의 특성과 건강 상태는 유전자형 외에도 식습관이나 운동과 같은 생활 습관 또는 환경의 영향을 많이 받기 때문에 DTC 유전자검사에서 예측된 결과가 현재 개인의 상태와 다를 수도 있습니다. DTC 유전자검사는 질병을 진단 또는 치료하기 위한 목적이 아니므로 자신의 검사 결과를 해석할 때 이러한 한계점을 인지하는 것이 중요합니다. 의학적 소견이 필요한 경우에는 반드시 의료 기관을 방문하여 의사와 상담하는 것이 더 중요합니다.

Q 유전자 검사를 하면 젊음을 유지할 수 있나요?

A 아직은 힘들지만 기술개발로 젊은 상태를 유지하면서 120세까지 살 수도 있습니다. 우리나라는 개인정보 보호와 의료계의 반발, 까다로운 규제에 막혀 성장이 정체되고 있습니다. 반면 '23andMe'는 100달러라는 저렴한 비용으로 500만 명(2018년 4월 기준)에 이르는 사람이 자신의 유전정보를 확인하였으며, 연구용으로 기부한 인원도 80%나 됩니다. 전 세계 다양한 인종의 유전형뿐만 아니라 표현형 데이터베이스(질병, 약물반응, 유전질환, 일반적인 특징 등)를 보유하여 제약사에 신약개발 및 임상시험 등에 도움을 주고 있습니다. 우리나라도 하루 빨리 규제가 풀려 다양한 정보를 활용하여 서비스를 제공해야 바이오 및 디지털 셀스케어 분야에서 우수한 실적을 내면서 국가 경쟁력을 높일 수 있습니다.

📑🔍 **학생부 관리 팁과 학생부 세특 예시**

영어나 독서 지문에 DTC지문을 읽고 이와 관련된 내용을 추가적으로 조사하여 발표하고, 독해 방법 등을 활용한 사례

영어 수업시간에 DTC(Direct to Consumer) 지문 독해 후, 영화배우 안젤리나 졸리가 유전자 검사를 통해 유방암과 자궁암에 걸릴 위험이 높다는 것을 알고 유방과 자궁을 절제하여 질병을 예방하였다는 내용을 소개함. 23andMe라는 회사에서 100달러로 우리 몸의 다양한 유전정보를 확인할 수 있다는 정보를 소개해주어 학생들의 이해도를 높임. 또한 우리나라에서 가능한 유전자 검사항목을 알려주는 등 관련 지식을 학생들이 이해하기 쉽게 독해함.

생명탐구동아리에서 천연화장품 제조 실험을 하면서 천연성분이 모든 사람에게 다 적합한 것은 아니라는 생각에 맞춤형 화장품을 제조할 수 있는 방법에 궁금증을 가지고 피부유전자 조사를 통한 탐구활동을 추가적으로 실시하고 보고서를 제출한 사례

생명탐구동아리에서 천연화장품 제조 실험으로 올리브오일, 코코넛 오일에 허브오일을 개인 피부상태에 맞게 넣어 제조해보면서 피부 트러블에는 대응할 수 있지만, 더 다양한 유전정보에 맞는 천연화장품이 필요하다고 인식하게 됨. 피부 유전자검사 결과로 기미, 주근깨, 색소침착, 여드름, 피부노화, 피부염증, 태양 노출 후 반응, 튼살, 각질 등의 여러 유전자를 통해 맞춤형 화장품 제조가 가능하다는 것을 알게 됨.
특히, 천연화장품의 유통기간이 짧다는 단점을 보완할 수 있는 방안에 궁금증을 가지고 동아리원들과 추가적으로 토론을 진행하면서 진공 화장품 용기에 대한 탐구활동을 진행하는 열정을 보임.

📍 디지털 치료제 허용

▶ **디지털 치료제 도입이 필요한 이유는 무엇인가요?**

빅데이터 및 인공지능 기술을 적용한 디지털 치료제는 안전성과 임상적 유효성을 확보하여 행동 교정이 쉽지 않은 분야와 건강정보 이해능력의 편차가 심한 분야인 암, 심뇌혈관 등 중증 만성질환 분야에서 치료 효용성을 극대화할 수 있습니다. 하지만 독립적인 치료 효과가 없어 단독으로 사용할 수 없고, 기존 치료제와 병용해 치료 효과의 향상을 지원해 줄 수 있습니다.

▶ **디지털 치료제로 개발이 필요한 분야는 어떤 것이 있을까요?**

행동 중재(Behavior Intervention)를 통한 치료 효과 개선이 큰 부문에 디지털 치료제가 활용될 수 있습니다. 예를 들면 다음과 같습니다.

- 신약개발이 쉽지 않은 중추신경계 질환 분야 – 치매, 알츠하이머, 뇌졸중, ADHD(주의력 결핍 및 과잉 행동 장애) 등
- 식이, 영양, 수면, 운동, 복약 등 생활습관 관련 행동교정을 통해 치료 효과

를 거둘 수 있는 만성질환 분야 – 암, 고혈압, 당뇨, 호흡기질환 등
- 심리적 요인을 고려한 인지적 접근 방식의 상담과 행동 교정을 결합한 인지행동치료에 효과가 큰 신경정신과 분야 – 금연, 약물중독, 우울증, 불면증, PTSD(외상 후 스트레스 장애), 자폐증 등 중추신경계 질환

▶ 디지털 치료제로 활용되고 있는 약품으로 무엇이 있나요?

미국 FDA의 승인을 받은 해외 디지털 치료제는 WellDoc의 BlueStar(2형 당뇨), Voluntis의 Insulia(2형 당뇨) 및 Oleena(암), Proteus Digital Health의 Abilify Mycite(조현병), Propeller Health의 RESPIMAT(COPD 및 천식), Pear Therapeutics의 reSET(약물중독) 및 reSET-O(오피오이드중독), Palo Alto Health Science의 Freespira(PTSD 및 공황장애) 등 8개 제품이 있습니다. 우리나라는 뉴냅비전(뇌 손상 후 시각장애 치료) 치료제가 임상 중에 있습니다.

디지털 치료제 개발

디지털 치료제(Digital Therapeutics, DTx)는 디지털기술과 의료가 접목된 새로운 형태로 개발에 소요되는 시간과 비용이 기존 치료제에 비해 크게 절감된다는 장점이 있어 1세대 치료제 저분자 화합물(알약이나 캡슐), 2세대 치료제 생물제제(항체, 단백질, 세포)에 이은 제3세대 치료제로 주목받고 있습니다.

구분	내용
독립형	Standalone DTx는 다른 약물의 개입 없이 독립적으로 질병을 치료하도록 설계된 것으로, 기존 치료제를 대체하여 단독으로 사용할 수 있고, 다른 치료와 병행하여 사용될 수도 있습니다. 주로 인지행동치료(CBT)에 사용되는 모바일 앱이 대표적입니다.
증강형	Augment DTx는 기존 약리학적 치료요법과 병용하여 치료 효과를 강화하기 위해 만들어진 치료제로 일반적으로 당뇨병과 같은 만성질환 치료 효과 향상을 지원합니다.

보완형	Complement DTx는 기존 치료법을 보완하도록 설계된 디지털 방식으로, 치료약물과 함께 자가건강상태 관리를 개선시키며 질병의 중요요인인 비만, 고혈압 등과 관련된 행동 패턴 및 생활습관을 관리합니다.

출처: GlobalData, Digital Therapeutics (DTx) and their Impact on Healthcare(2019)

만성질환관리, 행동 교정, 복약순응지원, 데이터 수집 및 분석 등 4개 분야로 시장 구분 가능하며, 질환별로는 심혈관질환, 호흡기질환, 신경정신과질환 등 주요 질환에서 높은 성장이 예상됩니다. 2020년 21억 달러에서 2025년까지 69억 달러에 이를 것으로 예상됩니다. 디지털 치료제는 당뇨병, 천식 등 만성질환, 신경질환 분야의 치료 제품 비중이 클 것으로 예측합니다.

디지털 치료제 면접

디지털 치료제가 약으로 인정받을 수 있는 이유는 무엇 때문인가요?
피하주사나 약물이 아니더라도 질병 관리가 가능하면 디지털 치료제 약으로 인정받을 수 있습니다. 디지털 치료제는 합성신약과 바이오의약품에 이어 3세대 치료제로 주목받을 정도로 신약개발이 어려운 뇌신경계와 신경정신과 질환, 약물 중독 등의 분야에서 널리 활용될 것입니다.

디지털 치료제의 효과를 높이기 위해서 필요한 기술은 무엇인가요?
디지털 치료제는 가상현실이나 증강현실 공간에서 인지 행동을 치료하기에, 원활한 영상이 구현될 수 있는 센서 기술과 지연시간이 매우 짧은 통신이 필요합니다.

 파머징 마켓

파머징 마켓 개요

파머징 마켓은 의약이라는 뜻의 'pharmacy'와 떠오른다는 의미의 'emerging'의 합성어로 성장 가능성이 높고 임상 개발 비용은 낮은 신흥제약시장을 말한다. 기존의 제약업계가 주목했던 선진국 시장보다 성장 가능성이 높은 중국, 브라질, 인도 등의 브릭스 국가와 인도네시아, 태국, 베트남 등의 동남아시아 국가 등으로 판로를 확장시켜 나가고 있다.

파머징 국가의 제약시장 규모는 선진국의 1/ 3 정도에 불과하지만 다른 지역에 비해 의약품 사용량이 큰 폭으로 증가하고 있어 앞으로 지속적인 성장세를 이어갈 것으로 예상하고 있다. 'Global Pharmerging Markets 2017-2021' 시장보고서는 세계 파머징 시장이 2017년부터 2021년까지 12.88% 성장할 것으로 예측하고 있다.

파머징 마켓은 선진국 시장보다 1인당 의약품 소비액은 적지만, 전 세계 인구의 절반 이상을 차지하고 있어 성장 가능성이 매우 높다고 예측하고 있다. 또한 파머징 지역의 경제성장에 따른 시장 확대와 인구의 고령화, 의료수요 증가 등으로 제약기업들에 기회요인으로 작용하고 있다.

▶ **국내 제약사들이 파머징 시장을 확대하기 위해 해외 투자를 하고 있는 이유는 무엇 때문인가요?**

파머징을 위해 지분투자, 현지법인과 생산공장, 공동투자 등 다양한 방식을 통해 22조(2018년 기준) 선에서 정체한 국내 제약시장을 확대하여 국가 경쟁률을 높이고 인력을 창출하는 데 이점을 가져다주기에 꼭 필요하다고 생각합니다.

▶ **국내 생산으로 판매해도 되는데 현지에서 생산하려는 이유는 무엇 때문인가요?**

의약품은 품목의 특성상 해당 보건당국의 등록을 마쳐야 수출이 가능합니다. 또한 국가마다 수출 등록제도, 비관세장벽, 인증기관, 관련 법규 등 많은 지식과 정보가 필요합니다. 그래서 현지법인을 설립하거나 지분을 투자하여 이런 문제를 쉽게 해결하기 위해서입니다.

▶ 수출을 전문적으로 할 수 있는 의약품 수출전문가 양성이 필요하다고 생각하나요?

　네, 필요합니다. 식약청에서는 의약품 수출전문가 양성을 위하여 약학대학 등 교육기관과 협조하여 교과목을 신설하여 제약사 직업을 위해 교육을 체계적으로 실시할 수 있는 방안을 마련하고 있습니다.

논문을 통한
심층 탐구활동

DNA 치료 효소의 노화 방지 효과(리 후웨이 차이, MIT 신경과학연구팀)

효소 치료 개요

MIT 신경과학자들은 HDAC1 효소가 기억 및 나이와 관련된 DNA 손상을 복구하는 데 매우 중요하다고 네이처 커뮤니케이션즈(Nature Communications) 저널에 발표했다. 이 효소는 알츠하이머 환자는 물론이고, 보통 나이가 드는 성인에게서도 감소하는 특징이 있다는 결과를 얻었다.

연구팀은 HDAC1을 복원하는 것이 알츠하이머 환자와 노인에게 모두 긍정적인 효과를 줄 수 있다고 주장했다. 연구원들은 건강하게 나이 든 쥐뿐 아니라 알츠하이머에 걸린 쥐를 치료하기 위해 엑시폰을 사용했다. 두 경우에 모두 엑시폰은 생쥐 뇌의 DNA가 산화되는 것을 줄이고, 기억을 포함한 인지 기능을 향상시킨다는 것을 발견했다.

엑시폰은 1980년대 유럽에서 치매 치료 승인을 받았지만 이후 일부 환자에게 간 손상으로 시장에서 퇴출되었다. 그 이후 차이 박사 연구실에서 현재 DNA 손상과 HDAC1이 알츠하이머병과 다른 신경퇴행성 질환의 특징인 뇌의 단백질을 잘못 접은 타우(Tau) 엉킴 형성에 역할을 하는지를 조사하고 있다.

출처 : http://ver.kr/mDxq9e

▶ 신경세포는 재생되지 않고 노화가 된다고 배웠는데, 고령자 뇌의 DNA 손상을 복구하는 치료 효소가 발견되었습니다. 이것이 가지는 의미는 무엇인가요?

　　HDAC1 효소가 기억 및 나이와 관련된 DNA 손상을 복구하는 데 매우 중요한 역할을 한다는 것을 발견했습니다. 노화로 인해 인간은 신경퇴행성 질병이 발생하는 데 HDAC1 효소로 시냅스 가소성 조절능력이 높아지고 기억능력과 공간식별능력이 향상됩니다. 따라서 HDAC1 효소는 노화와 알츠하이머 환자 모두에게 효과가 있어 100세대 건강한 노후의 삶을 살아갈 수 있도록 도움을 줄 수 있을 것 같습니다.

▶ 치매뿐만 아니라 뇌손상에도 효과적으로 치료할 수 있는 방법이 있나요?

신경세포가 손상되었을 때 수술하지 않고도 마이크로 로봇에 신경세포를 담아 몸속 원하는 위치에 전달해 치료할 수 있는 기술이 개발되었습니다. 이 마이크로 로봇은 외부 자기장을 통한 무선제어로 세포나 약물을 낭비 없이 정교하게 전달합니다. 특히 마이크로 로봇 몸체에 해마 신경세포를 배양 후, 신경세포를 실은 마이크로 로봇이 빠르게 움직여 분리된 신경세포들 사이를 연결하여 뇌손상을 치료할 수 있는 장점이 있습니다.

관련 단원	보도자료
화학I_4단원 닮은 꼴 화학반응_생명 속의 화학 화학II_5단원 인류복지와 화학_의약품과 녹색 화학 생명I_2단원 세포와 생명의 연속설_세포와 세포분열, 유전 생명II_1단원 세포와 물질_세포의 특성, 효소 생명II_2단원 유전자와 생명공학_유전자와 형질발현, 생명공학	알츠하이머 환자들의 기억능력을 향상시키는 항암제 https://m.ibric.org/trend/news/subread.php?id=156430 알츠하이머 질환의 새로운 마커 유전자 발견_한국뇌연구원 http://ver.kr/MaU7zZ
관련 영상	**KOCW**
치매의 원인부터 치료까지, 어떻게 연구되고 있을까?_국가과학기술연구회 https://www.youtube.com/watch?v=2RU_YY6WuiM	생명의 탐구와 생활 속 바이오_건국대학교 http://www.kocw.net/home/search/kemView.do?kemId=1285158

생명의 탐구와 생활 속 바이오
건국대학교 임병우

주제분류	자연과학 >생물 · 화학 · 환경 >생명과학
강의학기	2017년 2학기
강의계획서	강의계획서 >

우리 장맛의 비결은 한국형 메주 곰팡이(김남정, 농촌진흥청 농업미생물)

장맛을 결정하는 곰팡이 개요

한해의 장맛은 '메주에 얼마나 곰팡이가 잘 피었는가?'에 따라 결정된다. 장맛을 결정하는 데는 유용 미생물인 메주 곰팡이의 역할이 매우 중요하다는 뜻이다. 장은 콩을 주원료로 만든다. 콩은 단백질 40%, 탄수화물 20%로 구성된 영양이 풍부한 곡물이다. 미생물이 콩의 단백질을 펩타이드와 아미노 산으로 바꾸면 감칠맛이, 탄수화물을 올리고당·이당·단당 등의 당류로 바꾸면 단맛이 난다. 결국 장을 담근다는 것은 미생물이 작용해 콩의 단백질과 탄수화물을 펩타이드·아미노산·당류로 바꾸는 과정을 말한다.

그럼 우리의 장맛은 어떤 미생물이 좌우할까? 이를 알고자 농촌진흥청은 10년간 전국을 돌며 323개의 메주를 수집하고, 1479균주의 곰팡이를 분리해 수집했다. 조사 결과 101종의 곰팡이로 구성돼 있으며, 이 중에는 황국균도 있었지만 털곰팡이·뿌리곰팡이·푸른곰팡이·좁쌀곰팡이·빗자루곰팡이 등이 주를 이루고 있다. 황국균이라는 단일 종이 맛을 결정하는 미소(일본 된장)와 달리 우리 장맛은 털곰팡이 등 다수의 곰팡이가 관여하고 있다. 또한 지역과 메주 띄우는 방법에 따라 주요 곰팡이도 다르다. 지역마다 각기 다른 독특한 장맛이 나는 이유다.

전통 메주에서 국내외에 보고된 기존 균주와는 유전적·형태적으로 명확히 구분되는 한국형 황국균 균주(KACC 93210 Aspergillus oryzae)를 분리하는 데 성공했다. 이 곰팡이는 아플라톡신 등 유해 독소를 생성하지 않는 안전한 곰팡이이면서 전분과 단백질 분해효소를 대량 생산하고, 감칠맛을 내는 아미노산을 기존 균주에 비해 1.5배 많이 만드는 메주 곰팡이로 확인되었다.

출처 : 농민신문 2019. 05. 27 (http://ver.kr/6LfS34)

▶ 집마다 장맛이 다른 이유는 무엇 때문인가요?

　메주 속에 서식하는 미생물의 종류에 따라 다릅니다. 황국균, 털곰팡이, 뿌리곰팡이 등 다양한 곰팡이가 얼마나 존재하는지에 따라 맛이 달라집니다. 또한 지역마다 메주를 띄우는 방법이 달라 서식하는 곰팡이 종류도 모두 다릅니다. 그래서 일정한 장맛을 내기 위해서 메주를 띄우는 방법과 미생물을 통제할 필요성이 있습니다.

▶ 그럼 어떻게 미생물을 통제하는 것이 가장 좋은가요?

　농촌진흥청에서 바실러스 벨렌젠시스와 황국균을 각각 1%씩 넣어주었을 때 기존 메주보다 아미노태 질소의 함량이 3배 높고, 감칠맛을 내는 아스파르트산과 글루탐산도 각각 28배, 9배 높다는 사실을 알게 되었습니다. 이렇게 효능이 좋은 미생물을 통제하여 일정한 맛을 내면서 일본의 미소보다 맛있고 우수한 발효식품으로 거듭날 수 있을 것이라고 생각합니다.

▶ 세균의 좋은 기능에는 어떤 게 있나요?

　장내 환경 개선 효과가 있으며 최근에는 프로바이오틱스와 같은 제품들의 판매가 잘 되고 있습니다. 또한 푸른 곰팡이처럼 페니실린 약으로 개발해 질병을 치료할 수도 있으며, 부패를 일으키는 여러 물질이나 노폐물을 치우는 청소부 역할도 합니다.

Q 어려운 논문을 꼭 읽어야 하나요?

A 꼭 읽을 필요는 없습니다. 그러나 교과서나 책으로 읽은 내용 중 보다 자세히 알아보고 싶은 내용은 논문을 통해 확인할 수 있습니다. 그리고 논문이라는 이름 때문에 엄청 어렵다는 인식을 가질 수 있는데 그렇지 않습니다. 우리가 책을 읽더라도 모든 내용을 다 알지 못하는 것처럼 궁금한 내용만 파악하고 이해한다는 생각으로 접근한다면 큰 어려움 없이 논문을 읽을 수 있을 것입니다.

🔍 학생부 관리 팁과 학생부 세특 예시

집마다 된장의 맛이 차이가 나는 것이 궁금해 스터디를 구성한 후, 그 이유를 조사하고 탐구활동을 진행한 사례

진로스터디를 구성하여 집마다 된장의 맛의 차이에 궁금증을 가지고 탐구활동을 진행하여 세균의 종류에 따라 맛이 달라진다는 것을 알게 됨. 최근 발효식품의 인기가 높아지는데 우리나라의 된장보다 일본의 미소가 더 널리 알려진 점에 안타까움을 느끼게 됨.

된장을 더 잘 알릴 수 있는 방법으로 일정한 맛을 낼 수 있는 방법에 대해 조사하면서 농촌진흥청에서 바실러스 벨렌젠시스와 황국균을 각각 1%씩 넣어주었을 때 기존 메주보다 아미노태 질소의 함량이 3배 높고, 감칠맛을 내는 아스파르트산과 글루탐산도 각각 28배, 9배 높다는 사실을 알게 됨. 이를 더 보완하여 발효식품을 세계 속에 널리 알리고자 하는 포부를 밝힘.

생명과학I 수업시간에 유산균의 종류가 매우 많다는 것을 알고, 한국형 유산균과 외국의 유산균과의 차이점에 궁금증을 가지고 조사하여 보고서를 작성하여 발표한 사례

생명과학I 수업시간에 소화효소만큼 중요한 장내 세균에 대해 배우면서 유산균이 살아서 소장에 가기 위한 방법으로 캡슐로 쌓여 있다는 것을 알게 됨. 이후 다양한 유산균 중 한국형 유산균만의 차별점에 궁금증을 가지고 조사하면서 마늘, 고추, 생강에 강한 한국형 유산균이 장에 잘 정착하며 100배 정도 증가한다는 것을 알게 됨. 또한 잘 정착한 유익균은 유기산, 항생물질을 뿜어내어 장내 환경을 산성으로 만들어 산도를 낮추면 유해균을 죽이면서 장내 환경을 개선해 대장암까지 예방하는 효과가 있다는 내용을 발표하는 열정을 보임.

📍 이식 가능한 인공 간 재건(강경선, 서울대 수의대)

인공 장기 개요

쥐의 간에서 동물세포를 제거해 골조만 남긴 상태에서 사람의 세포를 넣어 인공 간을 만들었다. 여기에 혈관 내피세포에 특이적으로 결합하는 앱타머(Aptamer)를 인공 간 내 혈관구조에 코팅, 혈관 장벽 기능을 유지토록 했다. 앱타머는 특정 단백질에 잘 결합하는 능력을 갖춘 핵산 물질을 말한다.

이렇게 인공 간에 구축된 혈관은 이식 후 사람 혈액을 관류했을 때 혈액 응고가 감소할 뿐만 아니라, 사람의 혈관과 직접 연결했을 때에도 인공 간 안에서 혈전 형성을 크게 억제할 수 있는 것으로 확인됐다. 특히 혈관 기능을 유지하는 데 사용한 앱타머는 면역원성이 낮아 이식 시에도 면역 거부반응을 유발할 가능성이 낮아 향후 상용화 가능성도 높을 것으로 예측했다.

이 연구에서 재건한 혈관화 인공 간이 간 경화, 간암 등 다양한 간 질환 치료에 사용할 수 있는 가능성을 보여주었다. 환자 맞춤형 인공 장기 제작은 이식에 유용하게 활용돼 국내외 환자의 삶의 질 개선과 수명 연장에 기여할 것이다.

출처 : https://www.yna.co.kr/view/AKR20201006174000017

▶ **이식이 가능한 인공 간 재건에 대해 궁금해요. 혈관을 어떻게 해야 생착 효율을 높일 수 있나요?**

혈관 내피세포에 특이적으로 결합하는 앱타머를 인공 간 내 혈관 구조에 코팅하여 혈관 장벽 기능을 유지할 수 있습니다. 특히 인공 간에 사람 혈액을 흐르게 하면 혈액 응고가 감소할 뿐만 아니라 혈전 형성도 억제되어 간 섬유화 환자에게 이식할 경우 증상 완화 효과까지 얻을 수 있습니다.

▶ **앱타머는 무엇인가요?**

앱타머(Aptamer)는 3차원적 형태를 이루어 표적물질에 특이적으로 결합하는 단일가닥 올리고 핵산으로 항체와 유사한 기능이 있어 화학항체(Chemical Antibody)라고 불리는 물질입니다. 항체와 비교해보면 앱타머는 결합 선택성과 결합능력이 우수하고, 항체가 표적하지 못하는 물질도 타깃할 수 있는 장점이 있습니다. 또 낮은 부작용과 저렴한 제조원가로 대량생산이 가능합니다.

▶ 항체를 만들어내는 면역반응을 소개해주세요.

먼저, B림프구와 보조 T림프구가 결합하여 활성화된 B림프구가 됩니다. 이는 형질세포와 기억세포로 분화가 이루어지고 형질세포가 항체가 되어 항원과 결합하여 항원을 약화시키거나 죽이는 역할을 합니다. 이러한 면역반응을 체액성 면역반응이라고 합니다. 이렇게 항원에 대한 정보를 기억세포가 저장하고 있다가 같은 항원에 재침입할 경우 다량의 항체를 생산하여 보다 쉽게 항원을 제거합니다.

⦿ 돌연변이를 타깃하는 효과적인 암 치료(도민재, KAIST 화학과)

암 발생 원인 개요

일반적으로 암 발생 원인을 각종 발암 화학물질과 방사선, 자외선 등에 자주 노출되거나 유전자 손상이 계속되는 등과 같은 외부 요인에서 많이 찾았다. 그러나 과학기술의 발달로 세포를 분자 수준으로까지 연구하게 되자 세포가 암세포로 변하는 이유를 세포 내부에서 찾게 되었다.

우리 몸의 정상세포는 증식을 위해 분열을 하면 할수록 한 번 분열에 걸리는 시간이 차츰 길어지는데, 결국엔 더 분열할 수 없게 되는 것을 노화라고 한다. 따라서 세포의 분열 횟수에는 상한선이 있는데, 그 상한선은 약 20~50회 정도이다. 세포의 노화과정은 염색체 끝에 붙어 있는 텔로미어라는 특별한 구조가 DNA를 보호하는 마개 역할을 한다. 이 텔로미어는 세포분열이 거듭될수록 짧아지다가 더 이상 세포분열이 일어나지 않으면 죽게 된다.

연구 결과에 의하면 20~30대 젊은 사람의 혈액세포에서 텔로미어의 길이는 1만 개의 염기서열인데, 60~70대의 혈액 세포에서는 6,000개의 염기서열 정도로 짧아져 있었다. 세포에는 짧아진 텔로미어를 수리하는 효소인 텔로머레이스가 있다. 주로 생식세포나 줄기세포에서 활동하고 일반세포에서는 활동하지 않는다. 그런데 암세포에서는 이 텔로머레이스가 왕성하게 활동하여 끝없이 증식한다. 이를 악성종양이라고 한다.

우리 몸의 세포에는 암 억제 유전자가 존재한다. 이 유전자는 DNA에 상처를 입은 비정상 세포의 분열과 증식을 막아 세포가 암세포로 변하지 못하도록 한다. 대표적인 암 억제 유전자로 TP53이 있다. 만약 암 억제 유전자가 제 기능을 하지 못하다면, 비정상 세포가 계속 증식하여 암세포가 된다. 연구에 의하면 인간에게 발생하는 암의 절반 이상에서 암 억제 유전자와 그와 관련된 유전자에서 이상이 발견되어 암이 발생하였다. 이로써 암 억제 유전자와 암 발생은 매우 높은 연관성을 가지고 있다는 것을 알 수 있다.

출처 : file:///C:/Users/youhe/Downloads/pdf_0003292.pdf

▶ 암세포와 일반 세포의 차이점은 무엇인가요?

암세포는 밀도의존성이 없어 계속해서 분화하여 세포를 다량 생산하여 악성 종양을 만들어냅니다. 그러나 정상적인 일반 세포는 밀도의존성이 있어 인접한 곳에 세포가 있으면 더 이상 세포분화를 하지 않고 분열을 멈추는 것이 특징입니다.

▶ 우리 몸에 암 억제 유전자가 존재하나요? 있다면 언제 활성화되나요?

네, 존재합니다. 대표적인 암 억제 유전자로는 TP53유전자가 있습니다. P53 암 억제 단백질은 세포의 비정상적인 분열과 증식을 억제합니다. 세포 DNA가 손상되었을 때 복구하는 기능을 수행하기도 하며 DNA가 무제한으로 증폭하는 것을 방지합니다. 정상세포에서 P53은 음성조절자 MDM2에 의해 불활성화되는데, DNA 손상이나 다른 스트레스가 있을 때 다양한 경로로 P53과 MDM2가 분리되며 P53은 활성화됩니다. 활성화된 P53은 DNA repair 단백질을 활성화하고 세포주기를 G1/S에서 멈추게 해 성장을 막습니다. 만약 DNA repair가 불가능하면 세포자살(Apoptosis)을 통해 암을 억제합니다.

관련 단원	보도자료
화학II_5단원 인류복지와 화학_의약품과 녹색화학 생명I_2단원 세포와 생명의 연속설_세포와 세포분열, 유전 생명II_2단원 유전자와 생명공학_유전자와 형질발현, 생명공학	정책브리핑_p53 탈유비퀸 효소발견, 암치료 길 열린다 https://www.korea.kr/news/pressReleaseView.do?newsId=60009011 교육부_노화된 단백질을 복구하는 효소가 암을 촉진한다 http://ver.kr/QQ6E8d
관련 영상	KOCW
암 억제 유전자 P53-피할 수 없을까 가족력의 경고_KBS생로병사의 비밀 https://www.youtube.com/watch?v=TVlfetqynU0 	약물치료학 IV_삼육대학교 http://ver.kr/DWM5St  약물치료학 IV 삼육대학교 양재욱

🔍 슈퍼박테리아 감염 및 그에 관한 대응책(윤영은, 박사후 연구원)

항생제 내성균 개요

항생제 내성균은 항생제를 투여해도 죽지 않고 살아남는 무시무시한 세균이다. 면역력이 약한 사람이 이런 세균에 감염되면 치료 방법이 없어 목숨을 잃을 수도 있다. 항생제가 개발되면서 사람들은 세균 감염으로부터 안전하게 치료를 받을 수 있는 세상이 되었다고 생각했다. 하지만 지금은 어떠한 항생제로도 죽일 수 없는 세균들이 생겨나고 있다.

항생제의 발견은 인간의 수명을 연장시켰고, 외과적 수술을 통한 의료기술의 발전에 큰 도움이 되어 왔다. 그러나 인간들의 항생제 남용과 오용으로 인하여 인간을 죽음에 이르게 하는 슈퍼박테리아도 만나게 되었다. 슈퍼박테리아는 살아남기 위해서 항생제 내성 기전을 만들며 진화하고 있고, 인간은 속수무책으로 그들의 등장에 무너지고 있다. 2015년 중국에서 MCR-1의 발생 이후 남미와 유럽에 서의 발생 보고가 있었고 지난 달에는 미국에서 MCR-1에 감염된 환자가 보고 됐다. 이렇듯 슈퍼박테리아는 전 세계적으로 같이 고민해야 할 인류의 공동과제인 것이다. 세계보건기구의 주도하에 이미 여러 국가 간에 항생제 내성 문제를 인식하고 있는 상황이며 대책 마련에 노력하고 있다. 이러한 동향에 맞추어 국내에서도 국가차원의 대응책을 마련해야 할 것이다. 본 보고서는 슈퍼박테리아의 감염동향에 대해서 알아보고 대응책 마련에 대한 방향을 제시해 보고자 한다.

출처 : file:///C:/Users/youhe/Downloads/pdf_0002539.pdf

▶ 슈퍼박테리아가 증가하게 된 이유는 무엇 때문인가요?

병원에서 여러 종류의 항생제를 사용하여 항생제에 강한 내성균 슈퍼박테리아가 증가하는 것입니다. 또한 사용 후 남은 항생제를 잘 폐기하지 않고 함부로 버려서 물속 생물의 항생제 내성이 높아지고, 고차 소비자인 인간이 이를 먹음으로써 슈퍼박테리아가 증가합니다.

▶ 물속 생물체 항생제 내성에 대해 좀 더 자세히 알고 싶습니다.

한강에 서식하는 물고기의 항생제 내성에 세균의 항생제 저항성 유전자를 전달할 수 있는지를 조사한 적이 있습니다. 페니실린과 같은 베타락탐 항생제는 최대 16배의 저항성을 가지고 있었습니다. 가장 대중적인 페니실린과 세팔로스포린, 카파베넴과 같은 베타락탐계 항생제는 노출된 적 없는 세균에서도 베타락탐 분해효소를 방출하는 내성을 가진 경우가 발견될 정도로 심각합니다. 남은 약을 잘 폐기할 수 있는 방법을 강구할 필요가 있습니다.

▶ 그럼 남은 항생제를 잘 폐기하는 방법은 있나요?

남은 처방약은 약국이나 보건소의 폐약품 수거함에 별도로 버립니다. 또한 일부 지자체에서는 약의 수거율을 높이기 위해서 읍면동 행정복지센터에서 폐약품 수거함을 설치하였습니다. 특히, 사람들의 이용률이 높은 곳에 폐약품 수거함을 확대 설치하면 좋을 것 같습니다.

코로나 바이러스 왜 이리 많아?(국가지정 의과학연구정보센터)

코로나 바이러스 개요

코로나 바이러스는 코로나 바이러스 과에 속하는 바이러스로 그 종류가 다양하고 종류에 따라 감염시키는 동물 종류도 다르다. 인간을 감염시키는 코로나 바이러스는 4종이다. 건조하거나 기온이 내려갈 때 인간 호흡기에서 일반적인 감기를 일으키는데, 이 감기는 주로 상기도에만 영향을 주기 때문에 인간에게 크게 위협적이지는 않았다. 그런데 동물들에게만 감염되는 코로나 바이러스 중 일부가 변이를 일으켜 변종이 되면서 인간까지 감염시키게 되었다.

코로나19가 바로 그와 같은 과정을 거쳐 발생했다. 코로나19와 같은 변종 코로나 바이러스의 대유행은 이번이 처음은 아니다. 2003년 유행했던 사스 바이러스와 2012년부터 2015년까지 유행했던 메르스 바이러스도 다른 동물에 기생하던 코로나 바이러스가 변종을 일으켜 발생했다. 사스 바이러스는 전 세계에서 8000여 명이 감염되어 774명의 목숨을 앗아갔다. 메르스 바이러스도 전 세계적으로 1367명이 감염되어 528명의 목숨을 앗아갈 정도로 치사율이 매우 높았다.
이렇게 변종이 된 사스나 메르스, 코로나19 바이러스는 전염력이 높을 뿐만 아니라 기존의 코로나 바이러스와 달리 폐를 직접 공격할 수 있기 때문에 매우 위험하다. 그런데 사스가 한 해 반짝 대유행을 했다가 사라졌듯이 코로나 바이러스의 변종들은 급작스러운 대유행을 하다가 갑자기 유행을 멈출 수도 있다.

코로나 바이러스는 유전정보를 RNA에 저장한다. RNA는 DNA보다 다른 물질들과 반응하기 쉬운 구조이기 때문에 유전정보가 쉽게 바뀌어 변이가 잘 일어난다. 그래서 RNA에 유전정보를 저장하는 바이러스는 DNA에 유전정보를 저장하는 바이러스보다 변이가 일어날 확률이 1000배나 높다. 이렇게 변이가 잘 일어나기 때문에 코로나 바이러스에 대한 백신을 만들기가 매우 어렵다.

특히 코로나 바이러스 변종들처럼 갑작스러운 대유행 후에 저절로 가라앉는 경우에는 백신 개발이 더욱 어렵다. 백신을 개발하려면 효과와 안정성을 검증하기 위해 엄청난 비용과 시간이 필요하므로 유행이 끝나버리면 개발 의지가 꺾이기 때문이다. 사스의 경우에도 백신 개발이 진행 중이었지만 개발이 완료되기 전에 유행이 끝났기 때문에 개발이 중단되었다.

출처 : http://ver.kr/Euvrzr

▶ 독감과 코로나19 증상은 어떻게 구별되나요?

코로나와 독감의 가장 큰 차이는 증상의 발현 시점입니다. 독감은 갑작스럽게 시작되기 때문에 고열이 시작된 시점을 정확하게 알 수 있는 급성 열성 호흡기질환입니다. 반면 코로나는 처음 증상이 경증이라 발현 시점을 특정하기 어렵습니다. 보건당국이 역학조사에 애를 먹는 이유 중 하나입니다.

▶ 코로나19 바이러스는 전염률은 높지만 치사율이 낮은 이유는 무엇인가요?

에볼라 바이러스처럼 치사율이 90% 이상인 것은 확산 속도가 늦습니다. 그 이유는 숙주인 사람이 너무 아파 이동하기 힘들고 전염시키기 힘들기 때문입니다. 또한 에볼라 바이러스는 감염자 신체에서 흘러나온 체액에 의해 주로 감염되기에 그 체액을 만지지 않으면 확산되지 않습니다. 반면에 코로나19 바이러스는 숙주 치사율이 낮고 다른 숙주로 빠르게 전파하는 성질이 있습니다. 따라서 전염력과 숙주 치사율은 반비례 관계라고 할 수 있습니다.

▶ RNA바이러스 백신 개발이 힘든 이유는 무엇 때문인가요?

인플루엔자 바이러스에 대한 장기 면역력이 생기지 않는 1차적인 원인은 유전정보로서의 RNA의 불안정성에 있습니다. 일반적으로 DNA에서 RNA로 전사, 그리고 RNA에서 단백질로 번역되는 세포중심설로 이루어지는데, RNA를 지니는 인플루엔자 바이러스는 자손을 만들기 위해 RNA로부터 RNA를 복제해야만 합니다. RNA라는 물질 자체가 불안정하기도 하지만, RNA 복제효소가 복제 오류를 잘 수선하지 못하기 때문에 다양한 돌연변이를 만들어내 백신을 개발하더라도 오래 사용하기 힘들다는 단점이 있습니다.

▶ 바이러스 이름을 명명할 때 H1N1이 의미하는 것은 무엇인가요?

우리 몸의 면역체계는 주로 바이러스의 껍질에 존재하는 두 가지 단백질을 항원으로 인식합니다. 인플루엔자 바이러스는 헤마글루티닌(HA)과 뉴라미니데이즈(NA)라는 두 종류의 껍질 단백질을 가집니다. HA는 세포에 침투하기 위해서, NA는 복제를 마친 바이러스가 세포에서 빠져나오기 위해 필요합니다. 서로 다른 종마다 사이알릭 산의 구조가 조금씩 다르며, 한 종 내에서도 기관과 조직의 세포별로 세포막에 존재하는 사이알릭 산의 구조가 다른 특징이 있습니다.

💬 학부모 질문

Q 독감백신은 왜 매년 맞아야 하나요?
A 독감 바이러스는 변이가 잘 되는 RNA바이러스입니다. 그래서 작년에 유행한 바이러스와 올해 유행할 바이러스가 달라서 매년 맞아야 합니다.

🔍 학생부 관리 팁과 학생부 세특 예시

예방접종을 맞는 것이 좋다고 하지만 백신을 맞더라도 그 질병에 걸릴 수 있는데 왜 맞아야 하는지 궁금해 조사를 한 후 소감문을 작성한 사례

건강예방교육을 통해 예방접종을 맞는 것이 그 병을 예방할 수 있다는 것을 알게 됨. 예방접종마다 주기적으로 맞아야 하는 것과 평생 예방이 되는 것이 있는데 그 이유가 궁금하여 추가적으로 조사하여 이를 게시하는 열정을 보임. 특히 상처로 쉽게 감염될 수 있는 질환으로 감염 후 수일 내 온몸의 근육이 굳어버리는 합병증으로 20% 사망률을 보이는 파상풍 백신을 10년에 한 번씩 접종해야 함을 알려줌.

팬데믹의 역사 개요

인간과 동물이 함께 생활을 하기 시작한 농경시대 시기부터 바이러스는 인류와 함께 생활해왔다. 인류의 발전에 발맞춰 바이러스 또한 숙주를 찾아 끊임없이 발전해왔다. 인류의 역사에 큰 영향을 미칠 만한 팬데믹급 전염병이 몇 차례 있었고 지금도 진행 중에 있다. 근 100여 년의 역사에서 인플루엔자 바이러스는 여러 차례의 변형을 통해서 끊임없이 인간을 괴롭혀왔고, 인간은 아직까지 인플루엔자 바이러스와의 전쟁에서 완벽한 승리를 거두지 못하고 있다. 하지만 인간은 바이러스와의 싸움에서 이기기 위해 바이오 및 제약 관련 산업을 빠르게 변화, 발전시키고 있으며 시대적 흐름에 맞춰 전염병을 관리하기 위해 세계보건기구 그리고 각각의 나라에서는 실정에 맞는 기구들을 만들어서 전염병을 관리 및 통제하기 위해 노력하고 있다. 많은 부분들이 아직은 부족한 실정이지만 인류가 바이러스를 이기기 위해서 많이 노력하는 만큼 미래에는 인류가 바이러스를 정복하게 되는 좋은 결실을 맺을 수 있을 것으로 기대한다.

하지만 감기처럼 관련된 바이러스의 종류가 매우 많은 경우에는 백신과 치료제의 개발이 무척 어렵다. 게다가 바이러스 유전자인 RNA는 DNA보다 안정성이 낮기 때문에 숙주 세포 안에서 복제될 때 구조가 쉽게 바뀔 수 있다. 따라서 해마다 새로운 독감 바이러스 백신을 접종받는 이유도 이 때문이다. 또한 변이가 일어나면 바이러스가 원래 감염시키지 못했던 생물종까지 감염시킬 수도 있다.

예를 들어 조류 인플루엔자 바이러스는 원래 조류에만 감염되었는데, 이 바이러스에 변이가 일어나 조류뿐만 아니라 포유류도 감염되기 시작했다. 결국 사람에게도 전염되어 2003년부터 중국을 비롯한 동남아시아와 아프리카 지역에서 이 바이러스 때문에 수백 명이 목숨을 잃기도 하였다. 과학자들은 변이를 일으키는 바이러스에 맞춰 새로운 백신과 치료제들을 꾸준히 개발하고 있다. 바이러스도 계속해서 변이를 일으켜 살아남기 때문에 인간과 바이러스의 끝없는 전쟁은 계속되고 있다.

출처 : http://ver.kr/GzLY9Y

▶ **코로나19와 같은 신종 바이러스가 왜 지속적으로 발생할까요?**

네, 앞으로도 지속적으로 발생할 것입니다. 지구온난화로 뉴질랜드 동토가 녹아내려 700년 된 순록의 배설물을 발견했는데 지금까지 발견되지 않았던 바이러스가 발견되었습니다. 이처럼 수백 년 전의 바이러스가 살아나고 그 항원에 대한 저항력이 없어 새로운 바이러스에 감염될 수도 있습니다. 또한 잘 발달된 교통수단으로 전 세계에 일시적으로 전파될 수도 있습니다.

▶ 자주 변이가 일어나는 바이러스에 효과적으로 대응할 수 있는 백신을 개발할 수 있나요?

네, 범용백신이 있습니다. 자주 변이를 일으키는 부분이 스파이크 단백질입니다. 그러나 바이러스 중심부에 있는 코어단백질은 변이가 거의 없다는 점에 주목하여 여기에 대응하는 백신을 개발한다면 변이를 걱정하지 않고 백신을 오랫동안 사용할 수 있을 것입니다. 사스, 메르스 등과 같은 코로나계열 바이러스에 모두 효과적으로 대응할 수 있기에 더 넓게 사용할 수 있는 장점이 있습니다.

 세포 사멸의 분자 기전들(민경우, 한국비엠아이)

세포 자살, 아포토시스 개요

우리의 죽음은 우리 몸을 이루는 60조 개 세포들의 죽음과 연결된다. 반대로 우리 몸의 세포들이 죽으면 우리도 죽음을 맞이할 수 있다. 그런데 세포는 우리 몸이 건강할 때도 매일 수많은 세포들이 스스로 죽음을 선택하는 아포토시스(apoptosis)를 일으킨다. 반면에 타의적인 세포의 죽음은 '네크로시스(necrosis)'라고 한다. 이는 화상이나 심한 충격, 또는 독극물 등으로 인해 크게 세포가 손상을 당하면 어쩔 수 없이 죽음을 선택하게 되는 것이다. 이 경우에는 물이 세포 밖에서 세포 안으로 급격히 유입되어 세포가 터져 죽는 것이다.

피부세포가 노화되면 아포토시스가 일어나는데, 세포의 노화는 시간이 아니라 세포분열 횟수에 따라 정해진다. 예를 들어 인간세포의 경우에는 50~60회 분열을 하면 아포토시스를 일으킨다. 아포토시스는 세포의 노화 외에 호르몬, 바이러스, 방사선 등의 다양한 자극으로 세포가 비정상이 되었을 때도 일어난다. 이렇게 노화되거나 비정상이 된 세포들이 스스로 죽음을 선택하는 이유는 개체 전체가 정상 상태를 유지하기 위해서이다. 따라서 아포토시스는 생명을 유지하기 위한 죽음이라고 할 수 있다. 예를 들어 우리 몸에서는 다양한 이유로 매일 암세포가 발생하는데, 아포토시스 덕분에 암세포가 자살을 하기 때문에 암에 걸리지 않는 것이다.

출처 : http://ver.kr/ctuYmb

▶ 생명유지에 '아포토시스'가 필요하나요?

네, 생명유지에 꼭 필요합니다. 아포토시스는 세포의 노화뿐만 아니라 호르몬, 바이러스, 방사선 등의 다양한 자극으로 세포가 비정상이 되었을 때도 비정상화된 세포들이 스스로 죽음을 선택하여 개체 전체가 정상적인 상태를 유지하는 데 매우 중요합니다.

▶ 아포토시스는 어떻게 일어나나요?

세포가 바이러스에 감염되면 면역세포는 비정상세포의 표면에 단백질을 결합하면서 비정상세포에서 카스파아제가 활성화됩니다. 카스파아제는 세포 안에 있는 여러 단백질과 DNA를 잘게 쪼개어 정상적인 기능을 하지 못하고 죽음을 맞게 됩니다. 일부 필요한 것은 재활용이 됩니다.

▶ 그럼 모든 세포에 아포토시스가 일어나나요?

아닙니다. 생명을 유지하는 데 매우 중요한 역할을 하는 심근세포, 뇌 신경세포 등은 아포토시스가 일어나지 않습니다. 신경세포는 주변 신경세포와 연결이 되어 있어 아포비오시스(비재생계 세포가 죽는 것) 시작되면 시냅스 연결이 줄어들고 세포가 수축되면서 연결이 모두 끊어져 죽음을 맞이합니다.

🔍 질병 관점에서 본 오토파지 유전자들의 생물학적 기능들(이승규, 비엠에스)

오토파지 개요

우리 몸은 약 60조 개의 세포로 구성되어 있다. 세포 안에서는 매일 활동에 필요한 에너지와 물질대사가 일어나면서 노폐물과 같은 쓰레기가 발생한다.

이런 쓰레기가 세포 안에 계속 쌓이면 세포는 기능이 떨어지고 결국에 죽고 만다. 그래서 세포 안에는 쓰레기를 치우고 재활용하는 시스템이 존재하는데, 그것을 '오토파지'가 담당한다.

오토파지(Autophagy)를 통해 리소좀에서 세포질 내 카고(cargo)를 분해하는 메커니즘은 세포, 조직, 유기체의 항상성 유지에 중요하고, 진화적으로 보존된 오토파지 연관 유전자들(ATG, Autophagy-related gene)에 의해 조절된다. 오토파지를 조절하는 유전자 변이들은 신경 퇴행, 염증 질환, 암 등의 질병에 명확한 인과관계가 있다. 오토파지는 비정상적 세포조직, 세포 내 미생물, 병원성 단백질을 선택적으로 표적하기 때문에, 이 과정에 이상이 있으면 질병이 생길 수 있다. 이외에도, ATG 유전자들은 막수송과 신호전달 경로에서 다양하게 중요한 생리적 역할을 한다. 본 분석물은 질병 및 노화의 병리 이해와 치료 전략의 관점에서 오토파지 유전자들의 생물학적인 기능을 논의한다.

출처 : http://ver.kr/5ZYDHQ

▶ 오토파지가 제대로 작동하지 않을 경우 어떻게 되나요?

오토파지가 제대로 일어나지 않으면 기능이 저하된 세포소기관과 오래된 단백질 등의 쓰레기들이 세포 안에 쌓여 세포의 항상성이 무너지게 됩니다. 예를 들어, 오토파지 시스템에 이상이 생겨 불량 미토콘드리아를 제거하지 못하면 이 활성산소가 뇌에 쌓여서 파킨슨병이 발생할 수 있습니다. 또한 오토파지와 관련된 유전자 일부에 이상이 생기면 뇌 안에 철이 쌓여서 심각한 지적장애와 운동장애가 발생합니다. 그리고 만성 염증성 장 질환인 크론병도 오토파지 유전자에 돌연변이가 발생하여 발병합니다.

▶ 세포에서 에너지 생성을 담당하는 미토콘드리아의 역할에 대해 좀 더 알려주세요.

미토콘드리아는 우리가 섭취한 연료를 에너지로 바꿔주는 세포의 발전소와 같은 기관입니다. 이 기관이 새롭고 건강할 때는 부산물(활성산소)을 많이 배출하지 않으면서 효율적으로 에너지를 발생시킵니다. 이처럼 우리 몸의 발전소 역할을 하는 미토콘드리아가 효율적으로 작동하는지 확인하는 마이토파지 과정이 있습니다.

📍 미토콘드리아 수에 의해 결정되는 다이어트(현송자, 한국여성체육학회)

세포 호흡 개요

미토콘드리아는 세포 안에서 가장 많은 부피를 차지하는 세포 내 기관으로 우리 몸에 있는 미토콘드리아의 총 무게는 몸무게의 10%를 차지할 정도다. 미토콘드리아는 세포가 사용할 에너지를 생산하는 세포 내 소기관이다. 최근 연구에 의하면 미토콘드리아가 우리의 건강과 밀접하게 연결되어 있을 뿐만 아니라 생물의 진화에도 중요한 역할을 한다고 발표하였다.

우리가 섭취한 음식물의 영양소는 분해하여 바로 에너지로 사용할 수 없다. 미토콘드리아를 통해 흡수한 영양소를 바로 사용 가능한 ATP(아데노신3인산)로 한 번 더 거쳐야 사용할 수 있는 화학에너지가 된다. 세포는 미토콘드리아가 많을수록 더 많은 에너지를 만들어낸다. 그래서 심장 및 근육세포나 신경세포에 미토콘드리아의 수가 많다. 특히 근육세포는 미토콘드리아가 많을수록 오랫동안 지치지 않고 움직일 수 있어 지구력이 좋아진다.

또한 운동을 많이 할수록 근육세포 안의 미토콘드리아의 수가 늘어난다. 근육을 많이 쓰면 근육세포가 ATP를 많이 소비하여 ATP가 부족하다는 신호가 세포 핵 안의 유전자에 전달되고, 신호를 받은 유전자는 새로운 미토콘드리아를 만들기 위한 작업을 시작한다. 우리 몸에 미토콘드리아가 많을수록 기초대사량이 많아지고, 에너지 소비량도 같이 커져서 많이 먹어도 상대적으로 살이 덜 찐다. 따라서 다이어트에 성공하려면 운동을 열심히 해서 근육세포 안의 미토콘드리아 수를 많이 늘리는 것이 좋다.

출처 : http://ver.kr/ZdjnDA

운동이 골격근의 미토콘드리아 수와 미토콘드리아 DNA량에 미치는 영향 http://ver.kr/SDumCP

▶ 우리 몸속 장기 중 미토콘드리아가 많은 장기는 어디인가요?

에너지가 많이 필요한 간과 근육에 미토콘드리아가 많습니다. 특히 근육세포는 근육이 수축되도록 자극을 반복하면 미토콘드리아의 수가 다섯 배에서 열 배까지 증가하고 미토콘드리아가 분열하여 그 수가 더 많이 늘어나는 특징이 있습니다.

▶ 다이어트에 미토콘드리아 수가 중요하네요?

네, 맞습니다. 운동을 열심히 하면 근육세포 안의 미토콘드리아 수를 늘릴 수 있어 그만큼 에너지 소비량이 많아지기에 축적되는 양보다 소모되는 양이 많아서 다이어트 효과가 큽니다.

▶ 미토콘드리아 말고 다이어트에 도움이 되는 호르몬에 대해서도 알려주세요.

갑상선 호르몬은 아침에 눈을 뜨고 열심히 하루를 살아갈 에너지를 만들게 하며 몸의 체온을 유지하고 삶에 원동력을 주는 호르몬입니다. 갑상선 호르몬이 잘 분비되면 열 발생이 많아져서 체온이 상승하여 추위를 덜 타게 됩니다. 또한 식욕이 좋아져 잘 먹는데도 불구하고 체중은 감소하는 경향이 있습니다.

미토콘드리아 유전체의 변이와 인간 질병, 그리고 노화(박찬배, 아주대 의대)

인간 질병과 노화 개요

세포내 소기관인 미토콘드리아(mitochondria)는 자신의 유전체를 보유하고 있으며, 미토콘드리아 유전체에서 만들어지는 전자전달연쇄 단위체들은 미토콘드리아에서의 에너지 생산, 즉 ATP의 합성에 매우 중요한 역할을 담당하고 있다. 세포에서 사용되는 에너지원인 ATP의 80% 이상은 세포내 소기관인 미토콘드리아에 의해 생산되며, 미토콘드리아 유전체(mitochondrial DNA, mtDNA)의 변이에 의한 미토콘드리아 에너지생산 저하는 다양한 인간 질병을 유발한다. 미토콘드리아 유전체의 변이로 발생하는 인간 질병으로는 미토콘드리아 유전병들, 제2형 당뇨병, 심장질환, 그리고 파킨슨병과 알츠하이머와 같은 노인성 치매 등 수많은 인간 질병들이 잘 알려져 있으며, 최근에는 각종 암의 발생과 전이에도 큰 관련이 있다고 보고되었다. 또한 활성화산소에 의한 미토콘드리아 유전체의 변이 축적과 이로 인한 미토콘드리아의 점진적 에너지 생산능력의 감소가 노화과정의 중요한 기작임은 이미 잘 알려져 있다. 이와 같이 세포 내 에너지 생산의 이상으로 발생하는 여러 질병들을 치료하고 또한 미리 예방할 수 있는 방법을 강구하기 위하여, 미토콘드리아 유전체의 유지와 조절에 대한 심도 깊은 이해가 필요하다. 포유류 미토콘드리아 유전체의 조절과 유지에 대하여 고찰하고자 한다.

출처 : http://www.ksmcb.or.kr/file/webzine/2011_02_02.pdf

▶ 미토콘드리아 유전체는 어떻게 발현이 조절되나요?

미토콘드리아 유전체 변이로 인하여 기능이 상실된 미토콘드리아의 제거 또는 보수의 기작인 미토콘드리아 다이나믹스와 자식작용(autophagosis)으로 발현이 조절됩니다. 미토콘드리아는 지속적으로 융합(fusion)과 분열(fission)을 통하여 미토콘드리아 간의 내부물질을 교환하여 고장난 미토콘드리아를 보수하며, 자식작용을 통하여 기능이 상실된 미토콘드리아를 제거함으로써 정상적인 미토콘드리아가 유지됩니다.

▶ 질병 관련 미토콘드리아 유전체가 변이되어 질병을 일으키나요?

세포호흡을 통해 활성산소가 발생하는데, 이 활성산소로 인해 미토콘드리아 유전체(mitochondrial DNA, mtDNA)의 변이 축적과 이에 따른 미토콘드리아 에너지 생산 저하는 노화과정의 중요한 기작(mechanism)으로써 제2형 당뇨병, 심장 질환, 노인성 치매 등에 관여합니다. 질병의 경우 한 종류의 변이가 높은 비율로 조직에 축적되어 유발되지만, 미토콘드리아 유전체의 변이로 인한 노화는 많은 종류의 변이가 낮은 비율로 전체 조직에 발생한다는 것이 차이점입니다.

노벨상 수상자
탐구활동

체내 면역시스템(2011년 노벨 생리의학상)

수지상세포 개요

체내 면역시스템을 총괄하는 '수지상세포(樹枝狀細胞)'의 존재를 처음으로 규명한 공로로 수상했다. 수지상세포는 인체에 바이러스 감염이나 종양과 같은 비정상적인 세포가 생겼을 때 이를 인식하고 T-세포에 공격을 요청하는 손가락 또는 나뭇가지 모양의 세포를 말한다. 쉽게 말해 T-세포가 암에 맞서 최일선에서 싸우는 선수병정 세포라면, 수지상세포는 T-세포가 암과 잘 싸울 수 있게 T-세포를 자극시키는 감독 세포라고 할 수 있다.

이 세포는 외부의 환경과 접하는 조직(피부, 코, 폐 등)에 소량으로 분포되어 있으며, 혈액 내에도 미성숙한 상태로 전체 면역세포의 1% 이하로 존재한다. 또한 몸의 면역을 관장하는 수지상세포는 에이즈바이러스에 감염되면 체내 면역력을 증강시키기 위해 림프절로 이동하는데, 이 과정에서 에이즈바이러스가 불활성화되지 않고, 오히려 T-세포에 에이즈바이러스가 달라붙어 에이즈가 급격히 전파되는 것으로 확인됐다.

수지상세포를 이용한 암 치료는 암 환자의 혈액에서 수지상세포를 분화시킨 뒤 이를 환자의 암조직과 섞어 면역기능을 강화시킨 다음, 다시 환자의 몸에 주입하는 방식이다. 이 치료법은 수지상세포를 통해 T-세포를 활성화시킴으로써 암 치료에서 가장 큰 난제로 알려진 전이(metastasis)문제를 근원적으로 제거할 수 있을 것으로 기대하고 있다.

▶ **수지상세포는 무엇이며, 어떤 일을 하나요?**

수지상세포는 나뭇가지 모양의 덴드라이트(dendrite)가 잘 발달되어 있는 항원제시세포로 피부, 위나 장 점막조직, 혈액 등 모든 조직에서 소량 존재합니다. 또한 내재면역반응과 적응면역반응을 모두 유도할 수 있는 전문적인 항원제시세포로 면역시스템의 중추적 역할을 수행합니다.

▶ 수지상세포가 정상적인 기능을 하지 못할 경우 발생하는 질환은 무엇인가요?

수지상세포로부터 항원 정보를 전달받은 T세포와 B세포는 항원 특이적 면역반응을 활성화하거나 억제하여 체내 면역반응을 조절합니다. 따라서 수지상세포가 정상기능을 하지 못할 경우 당뇨병, 류마티스 관절염, 알러지성 과민반응 등의 자가면역질환뿐만 아니라 암, 감염성 질환 등이 발생하게 됩니다.

▶ 수지상세포와 에이즈는 어떤 관계에 있나요?

수지상세포가 AIDS 병리기전에 중요한 역할을 합니다. 에이즈 바이러스 감염 초기 비뇨생식기의 점막에 있는 수지상세포가 에이즈 바이러스에 1차 감염되면 체내 면역력을 높이기 위해 림프절로 이동하는데, 이 과정에서 에이즈 바이러스가 불활성화되지 않고 오히려 T-세포에 전파되면서 바이러스가 급속히 몸에 퍼져 면역결핍을 유도합니다. 이는 수지상세포가 없으면 T-세포에 에이즈 바이러스가 잘 감염되지 않는다는 것입니다.

💬 학부모 질문

Q 노벨상 수상내역까지 확인해야 하나요?

A 꼭 공부할 필요는 없습니다. 그러나 자신의 전공과 관련된 분야의 노벨상이 있는 경우 이 내용을 알고 있는지 질문을 받을 수도 있습니다. 그리고 평소 관심 있는 분야라면 자녀가 그 내용을 쉽게 이해할 수 있습니다. 왜냐하면 노벨상을 수상하기 위해서는 그 분야의 연구를 10년 이상 해야 하고, 많은 과학자가 그 논문을 인용하기 때문에 관련 내용을 이미 알고 있을 수도 있습니다.

자율활동으로 성폭력 예방교육을 배우면서 에이즈에 걸리면 약 10년 정도의 잠복기를 거쳐 인체 면역체계를 무능화시켜 다른 질병으로 죽음에 이르게 한다는 내용에 관심을 가지고 탐구활동을 진행한 사례

(자율활동) 성폭력 예방교육을 받으면서 수학여행 중 불법촬영도 성폭력이라는 것을 알게 됨. 또한 최근 단톡방에서 외모품평, 사전 동의 없는 촬영을 합성하는 것도 디지털 성폭력이라는 것을 알게 됨. 피임기구 사용의 중요성을 깨닫게 되었으며, 에이즈는 인간 면역결핍 바이러스(HIV)에 감염되어 면역력이 저하되는 감염성 질환임을 알게 됨. 특히, HIV에 감염되면 체내 면역세포인 CD4 양성 T-림프구가 파괴되어 면역력이 떨어지고 각종 감염성 질환과 종양이 발생해 사망에 이르게 된다는 것과 감염되더라도 특별한 증상이 없어 알아차리기 힘들고, 증상 없이 잠복기가 10년간 지속된다는 것을 알게 됨.

생명과학I 수업시간에 체액성 면역과 세포성 면역에 대해 배운 후, 두 면역반응이 잘 일어나기 위해서는 보조T림프구가 중요하다는 것을 알고 관련 내용을 조사하여 보고서를 작성한 후 발표한 사례

생명과학I 수업시간에 2차 방어작용과 2차 면역반응을 이해하는 데 어려운 친구들을 위해 그림을 그려 쉽게 설명하여 이해시킴. 보조T림프구와 B림프구가 결합하여 활성화된 B림프구가 된 후, 형질세포와 기억세포로 분화되어 형질세포가 항체가 되어 항원과 결합하여 항원-항체 특이성 면역반응을 통해 항원을 무력화시킨다는 것을 잘 이해하고 있음. 반면 세포성 면역은 보조T림프구와 T림프구가 결합하여 독성T림프구가 되어 항원을 직접 제거하고 있다는 내용을 잘 설명함. 특히 항원항체특이성 반응으로 면역세포치료제가 개발되었음을 알고 항체치료제를 개발하고자 포부를 밝힘.

역분화 줄기세포(2012년 노벨 생리의학상)

역분화 줄기세포 개요

이미 분화를 마친 세포라 하더라도 분화 이전의 세포 상태로 되돌릴 수 있는 역분화 줄기세포(iPS)는 생명윤리 논란에 영향을 받지 않고 체세포의 유전자 조작만으로 뛰어난 분화능력을 갖춘 줄기세포를 얻을 수 있다는 것을 밝힌 것에 대한 공로로 수상했다.

초기 줄기세포의 상태로 되돌린 다음에 다른 분화세포로 직접전환 분화(transdifferentiation)할 수 있음을 보여주는 연구도 선보였다. 역분화 줄기세포는 여러 가지 질병의 세포모형을 만드는 데에도 활용되어 인간 질병 연구에도 기여하고 있다. 세포의 발생과 분화에 관한 유전정보는 특정한 분화과정을 거치면서 없어지는 것이 아니라 분화된 세포 안에 여전히 보존되어 있으며 적절한 조건에서 다시 새로운 발생과정을 시작할 수 있음을 보여준다.

만능성을 지닌 줄기세포로 바꾸는 데 필요한 전사인자들의 유전자를 레트로바이러스에 삽입하고 피부섬유아세포에 도입한다. 바이러스 벡터 없이 Sox2(다분화능을 유지하고 특정 세포로 분화과정 조절), c-Myc(세포증식과 형질전환을 촉진), klf4(종양억제자인 P53을 억제시켜 배아줄기세포에서 특별히 발현되는 유전자를 활성화), oct4(pluripotency 만능성유지)인자들을 포함하는 cDNA를 쥐의 체세포에 넣고 부작용이 없는 유도만능줄기세포를 유도할 수 있다.

▶ 역분화 줄기세포는 꿈의 만능 줄기세포가 될 수 있나요?

줄기세포치료제는 뇌혈관질환, 심장질환, 당뇨병, 암과 더불어 각종 질환을 극복하기 위한 근본적 치유가 가능할 정도로 우수합니다. 유도 만능줄기세포는 생명윤리에 위배되지 않는 장점이 있지만, 외래 유전자의 형질 도입, 바이러스 삽입에 따른 정상 유전자의 파괴 가능성, 또는 아직 장기적 안정성이 증명되지 않아 잠재적 위험성이 상존하고 있다는 단점이 있습니다.

▶ 바이러스 벡터를 사용하지 않고 유도 만능줄기세포를 제작할 수 있나요?

네, 제작 가능합니다. 바이러스 벡터를 사용할 경우 무작위적 삽입에 의해 세포 내에 있는 정상적인 유전자들의 변형을 초래할 수 있기 때문에 이를 극복하고자 바이러스 벡터를 사용하지 않는 기술들이 개발되었습니다. 재프로그래밍 단백질, Oct4, Sox2, c-Myc 및 Klf4 각각에 9개의 arginine을 붙여 인간 섬유아세포에 직접 처리함으로써 세포막을 관통하여 들어가 만능세포의 특성을 지녔지만, 생성 속도가 느리고 효율도 낮다는 단점이 있습니다.

▶ 그럼 피부세포를 신경세포로 분화가 가능한가요?

네, 가능합니다. 미세한 전기 자극을 발생시키는 나노 마찰전기 발전소자를 분화에 적용해 피부세포가 신경세포로 전환되는 속도와 효율, 분화 능력을 높이는 데 성공했습니다. 전기신호 자극을 체세포에 전달한 결과, 아무것도 처리하지 않은 대조군 쥐에 비해 직접교차 분화 효율이 2.5배 이상 높았습니다. 전기 자극이 유전자 전달을 통해 체세포의 신경세포로의 변환을 촉진했으며, 변환된 신경세포의 기능도 실제 신경세포와 비슷한 수준으로 분화를 성공시켰습니다.

관련 단원	보도자료
화학II_5단원 인류복지와 화학_의약품과 녹색 화학 생명I_2단원 세포와 생명의 연속설_세포와 세포분열, 유전 생명II_2단원 유전자와 생명공학_유전자와 형질발현, 생명공학	교육부_역분화 줄기세포를 이용해 파킨슨병 치료 가능성 높였다. https://url.kr/eEMIsq 한국생명공학연구원_신규 저분자 화합물을 이용한 고효율 줄기세포 역분화기술 개발 https://url.kr/rHPya6
관련 영상	KOCW
역분화 줄기세포를 부작용 없이…그래핀 활용 / YTN 사이언스 https://www.youtube.com/watch?v=j3rvRg8p2V0 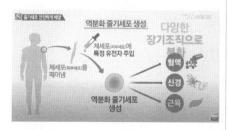	줄기세포공학I_단국대학교 http://www.kocw.net/home/search/kemView.do?kemId=317417  줄기 세포 공학 I 단국대학교 Dr.Ivan B. Wall

📍 분자물질 수송 시스템(2013년 노벨 생리의학상)

분자 수송 시스템 개요

세포 안과 밖에서 주요한 분자물질의 수송 시스템인 '소포(visicle)의 작동과 조절과정'을 밝힌 공로로 수상했다. 소포는 신경전달물질, 호르몬, 면역반응 물질을 꾸러미로 담아 전달하는 데 중요한 수송수단이다. 세포 안과 밖에서 분자물질이 기능을 발휘하는 방법은 여러 가지가 있는데, 그중에서 소포에 분자물질을 꾸러미로 담아 수송하는 시스템은 낭비 없이 분자물질을 정확하게 전달하는 수송수단이다. 식물세포에서 소포의 작용은 세포생물학에서 가장 기초가 되는 개념으로 효모(이스트)부터 인간까지 대부분 진핵생물체에서 공통으로 작용하는 기반의 메커니즘이다. 이에 더해 식물 분야에선 식물세포가 분열할 때나 수분할 꽃에서 씨방까지 관이 자라는 데에도 소포가 큰 역할을 한다. 이처럼 소포는 세포에서 매우 단순한 구조물이지만 중요하고 다양한 역할을 하고 있다.

진핵세포에서 가장 기초가 되는 과정으로 분자물질이 정확하게 목적지에 도달할 수 있도록 하는 과정을 밝힌 것이다. 세포 간 커뮤니케이션이 어떻게 일어나 세포 안과 밖의 정확한 지점에 분자들을 전달하는지 이해하는 데 중요한 영향을 끼쳤다. 소포수송과 융합은 효모와 사람처럼 아주 다른 생명체 안에서 동일한 일반 원리로 작동한다. 이는 호르몬이나 신경전달물질부터 면역체계의 기능에 이르기까지 소포 융합이 통제되어야 하는 다양한 생리과정에서 중요한 기능을 한다. 이런 정밀한 세포 내 기관이 없다면, 세포는 혼돈에 빠질 것이다.

▶ 분자기계란 무엇인가요?

약물 등의 화합물을 만드는 현대의 화학 합성법은 엄청 많이 있습니다. 지금까지는 많은 원자들을 원하는 분자로 만들기 위해 마치 핀셋으로 원자 하나하나를 이어 붙인 것처럼 분자결합체를 만들었습니다. 이렇게 만들어진 약물을 체내로 전달할 때 분자기계가 사용됩니다.

▶ 분자기계는 어떻게 움직임을 조절할 수 있나요?

분자기계는 빛이나 열, 자외선, 산성도(pH) 변화 같은 외부 자극을 이용해 회전, 전진 등 기계적인 움직임을 조작할 수 있습니다. 이온 등을 끌어올릴 수 있는 '분자 엘리베이터', 한 방향으로 회전하는 '분자 모터'와 이를 바퀴로 활용한 4륜구동 '분자 자동차' 등 형태와 기능이 실제 기계와 유사한 형태로 움직이는 것을 분자기계라고 하며, 최근에는 분자기계를 바이오 의료 분야에 활용하려는 연구도 진행하고 있습니다.

▶ 분자기계를 이용하여 암 치료를 하는 방법은 무엇인가요?

아무리 항암제에 내성을 가진 암세포라도 구멍이 뚫리면 약물이 깊숙이 침투되어 쉽게 제거할 수 있습니다. 이런 분자기계를 자외선 대신 인체에 무해한 근적외선 등을 이용해 분자드릴을 작동할 수 있도록 하여 암치료를 할 수 있습니다. 특히, 분자드릴은 체내에서 혈관을 따라다니다가 막힌 곳을 뚫어 주는 데에도 활용합니다.

🔎 뇌의 신경세포와 그 위치 확인 메커니즘(2014년 노벨 생리의학상)

위치세포 메커니즘 개요

몸 안의 GPS로 비유되는 뇌의 위치 확인 시스템을 발견한 공로로 수상했다. '위치세포'의 발견은 몸의 위치 확인 시스템으로 작동하는 다른 신경세포를 찾아내면서 더욱 빛을 발했다. 위치세포가 있는 해마 부근에서도 공간 인지기능을 하는 어떤 신호가 나온다는 것을 알고서, 그 정체를 찾아내고자 실험 쥐를 대상으로 신경생리학 실험을 거듭했다. 해마에 인접한 내후각피질(entorhinal cortex) 안의 신경세포들에서 쥐가 특정한 위치를 지나갈 때마다 활성화되는 신경세포들과 그 활성화의 패턴을 찾아냈다. 독특하게도 세포의 활성화는 공간에서 육각형 격자구조의 패턴을 이루며 나타났다. 그래서 이 신경세포를 '격자세포(grid cell)'라고 부른다.

위치세포는 특정한 장소에 갔을 때 활성화하는 세포다. 위치세포는 책상 앞이라는 장소에 대응하는데 격자세포는 책상 앞에 오면 전·후·좌·우 공간을 함께 인지하면서 자신의 위치를 파악하도록 돕는다. 실험쥐의 격자세포가 어떤 공간에서 활성화하는 지점들을 표시해보니 신기하게도 육각형 패턴이 나타난 것이다. 왜 육각형 패턴인지는 설명하기 힘들지만, 이런 독특한 패턴으로 인해 자기 위치를 쉽게 파악한다고 생각한다. 그래서 격자세포는 일종의 내비게이션 기능과도 관련이 있다.

▶ **자기 위치를 쉽게 파악할 수 있는 내비게이션 역할을 하는 세포가 존재하나요?**

공간 내에서 위치를 추적하여 길을 찾아갈 수 있도록 도와주는 GPS역할을 담당하는 신경세포들이 우리 뇌에 존재합니다. 가장 처음으로 발견된 장소정보처리 신경세포는 장소세포(Place cell)로 뇌의 해마(Hippocampus)라는 영역에서 발견되었습니다. 이는 내비 피질(entorhinal cortex)이라는 뇌의 영역에서 격자세포라는 공간정보처리 세포들이 발견되어 뇌의 장소정보처리에 특화된 세포들은 공간상의 지도를 만들어 위치 찾기를 할 수 있도록 도와줍니다.

▶ **해마 장소세포에서 장소정보를 어떻게 처리하나요?**

주변 환경에서의 시각, 청각, 촉각 등의 감각 정보를 계산해 정보를 해마에 입력해주어 장소정보를 파악합니다. 특히, 이동 방향에 민감하게 반응하는 머리 방향세포(Head direction cell), 공간을 규정짓는 벽을 인지하는 벽반응세포(Border cell), 그리고 현재 이동속도를 계산하는 속도세포(Speed cell) 등의 세포를 통해 공간정보를 처리합니다.

▶ **영국의 택시기사가 길을 잘 찾는 이유는 무엇 때문인가요?**

런던에서 택시기사 면허증을 받으려면 약 2만 5,000개의 도로와 주요 지형지물 1,400개의 위치를 반드시 알고 있어야 한다고 합니다. 모두 익히는 데 보통 3~4년이 걸리고 여러 단계의 시험을 통과해야만 면허증을 받을 수 있습니다. 일반인에 비해 영국의 택시기사들은 공간탐지를 담당하는 오른쪽 후방 해마가 7% 더 크다고 합니다. 더 놀라운 점은 일한 경력이 길수록 더 크다는 것입니다.

말라리아 치료제 개발(2015년 노벨 생리의학상)

말라리아 치료제 개요

사상충, 림프사상충, 그리고 말라리아 치료제를 개발한 공로로 수상했다. 의학적으로 기생충은 세계 인구의 3분의 1가량을 괴롭히는 것으로 알려져 있다. 특히 사하라 사막 이남 아프리카, 남아프리카, 남미 지역에 이 질병들이 집중되어 있다. 말라리아는 인류를 계속해서 괴롭혀 온 질병이다. 모기로 인해 발생하는 이 질병은 적혈구에 단일세포 기생충이 침투해 열을 야기하고, 심각할 경우에는 뇌에 손상을 입혀 사람을 사망에 이르게도 한다. 34억 명의 사람들이 말라리아에 노출돼 있고, 매년 45만 명의 사람이 걸린다. 특히 어린 아이들에게 취약한 질병이다.

말라리아 치료를 위해 클로로퀸 또는 퀴닌이 쓰였지만 제대로 효과를 보지 못했다. 1960년대까지 말라리아를 극복하기 위한 노력은 계속 실패했고, 그 결과 말라리아 발병은 점점 늘어 기승을 부리게 되었다. 개똥쑥으로부터 얻은 아르테미시닌은 말라리아 기생충에 감염된 사람과 동물 모두에게 매우 효과적이다. 말라리아 발병 초기단계부터 기생충을 빠르게 박멸해 말라리아 예방약으로 대표되는 아르테미시닌은 치명적인 말라리아를 막는 전례 없는 효능을 지니고 있다.

▶ **개똥쑥이 말라리아 치료에 효능이 있다는 것이 동의보감에도 있나요?**

네, 있습니다. 한방에서는 개똥쑥을 말라리아 치료제로 이용해 왔습니다. 동의보감뿐만 아니라 향약집성방에서는 학질(말라리아)·허열 등을 치료하는 청열(淸熱)약으로 알려져 있습니다.

▶ **개똥쑥은 일반 쑥과 어떤 차이점이 있나요?**

일반 쑥은 잎이 큰 편이지만 개똥쑥은 잎이 작고 잘게 갈라져 있는 것이 특징입니다. 또한 개똥쑥은 쑥향이 아니라 약간 역한 독특한 냄새가 나는 것이 특징입니다. 개똥쑥과 돼지풀이 비슷하게 생겨서 사람들이 헷갈릴 수 있습니다. 돼지풀은 잎에 연한 털이 있어 전체적으로 좀 하얗게 보이고 무엇보다 냄새가 전혀 없다는 점이 다릅니다.

▶ 개똥쑥에서 말리리아 치료 성분인 아르테미시닌을 어떻게 추출할 수 있었나요?

개똥쑥의 항말라리아 효과는 주후비급방에서 '한 줌의 개똥쑥을 2승의 물 (2L)과 함께 비틀어 짜서 마시라'고 기록되어 있어 고열로 추출하던 기존의 방식을 버리고 저온에서 추출을 시도했는데 35℃에서 에테르를 사용하여 아르테미시닌 성분을 추출했습니다. 고온에서는 아르테미시닌이 파괴되어 그 효능을 잃어버리기 때문입니다.

💬 학부모 질문

Q 우리 주변에서 약초 이외에도 활용할 수 있는 것들이 또 있나요?

A 약초 이외에도 우리 지역의 특산물을 조사하는 연구실이 있습니다. 그 연구실에서 관련 정보도 얻을 수 있고 다양한 연구자료, 그리고 실험도 진행해볼 수 있는 기회를 얻을 수 있습니다. 적극적으로 활용해보시길 권해드립니다.

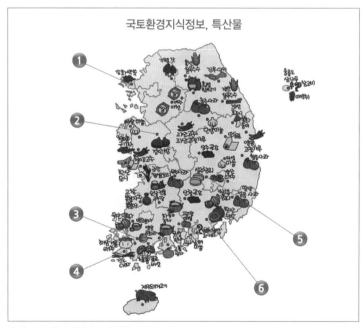

출처 : 국토환경지식정보, 특산물

말라리아 백신을 맞는 것보다 걸리면 치료제를 먹는 것이 더 효능이 있다는 기사를 보고 그 이유가 궁금해 조사한 후 스터디 구성과 탐구활동을 진행한 사례

(동아리활동 또는 진로활동) 말라리아 백신의 부작용을 보면서 그 이유가 궁금하여 스터디를 구성한 후 탐구를 시작함. 말라리아 병원체는 간으로 들어가서 간에서 증식한 뒤 체내로 퍼져나가는데 기존에 개발된 클로로퀸 등의 약은 간에서 치료 효과를 나타내지 못하고 증식해서 나온 후에 작용하는 한계가 있다는 것을 알게 됨. 또한 백신을 맞아도 항체가 잘 생기지 않는다는 단점이 있어 살아 있는 병원체 전체를 특수처리하여 간에서 말라리아 기생충에 대응하는 면역 T림프구와 항체의 반응에 의해 효과를 발휘한다는 것을 알게 되고 이를 보고서로 작성함.

우리 주변에서 흔히 볼 수 있는 약초를 바탕으로 약효가 있는 치료제를 찾는 방법에 대해 구체적으로 조사하여 보고서를 작성 발표한 사례

(동아리활동, 한국사) 우리 주변에서 쉽게 구할 수 있는 약초를 기반으로 약을 제조할 수 있다는 점에 관심을 가지고 조사하여 이를 사진자료와 함께 작성, 게시하여 친구들에게 알려주는 열정을 보임. 쑥부쟁이는 기침과 천식에 효능이 좋으며 소화를 돕는 역할을 한다는 점과 괭이밥은 아토피, 부스럼, 종기, 마른버짐 등 피부병에 효능이 좋으며 벌레 물린 데 효능이 좋다는 것을 소개하고 직접 다려서 마셔 보도록 하는 열정을 보임.

관련 영상	보도자료
모기로 지카 바이러스 잡는다?…유전자 변형 모기 주목 / YTN 사이언스 https://www.youtube.com/watch?v=S9kYQEG5XwQ 	환경부_'모기 잡는 모기'로 지카·뎅기 예방한다 http://www.me.go.kr/home/web/board/read.do?menuId=286&boardId=808830&boardMasterId=1 지카 바이러스 박멸을 위해 인공 모기 배치 https://korean.mercola.com/sites/articles/archive/2017/01/31/%EC%A7%80%EC%B9%B4-%EB%B0%94%EC%9D%B4%EB%9F%AC%EC%8A%A4-%EC%98%AC%EB%B0%94%ED%82%B4%EC%95%84-%EB%AA%A8%EA%B8%B0.aspx

📍 손상된 DNA복구시스템(2015년 노벨 화학상)

DNA복구시스템 개요

어떻게 세포가 분자 단위에서 손상된 DNA를 복구하고 유전정보를 보호하는지를 밝힌 공로로 수상했다. 우리 DNA의 끊임없이 손상된 유전자에 대항하는 분자시스템인 '염기 절단복구(base excision repair, BER)'를 발견했다. 뉴클레오티드 절단복구는 자외선이나 담배 연기 같은 발암성 물질에 의해 손상된 DNA를 복구하는 과정이다. 자외선에 의해 2개의 티민이 서로 결합되는 오류가 일어나면, 뉴클레오티드 분해효소인 엑소뉴클라아제가 이를 발견하고 DNA 줄기를 잘라낸다. 이 과정에서 12개의 뉴클레오티드가 제거된다. DNA 중합효소가 빈 공간을 찾고, DNA 연결효소가 이를 봉합한다.

미스매치 복구는 세포분열 중 DNA가 복제되는 과정에서 가끔 뉴클레오티드가 잘못된 DNA가닥에 결합되는 오류를 바로잡는 과정이다. 이런 역할을 하는 수복효소인 MutS와 MutL이 DNA의 잘못된 염기 접합을 발견하면, MutH효소가 DNA의 메틸기를 원래의 가닥에서 복제된 가닥으로 옮겨 붙인다. 잘못 복제된 줄기가 잘려나가면서 염기 접합이 잘못 일어난 부분도 제거된다. 그 후 DNA중합효소가 빈 공간을 채우고 DNA연결효소가 이를 봉합한다.

▶ **DNA가 손상되었을 때 스스로 복구하는 시스템이 가동되는 건가요?**

네, 총 3가지 복구시스템이 가동됩니다. 염기절단 복구시스템은 1개의 뉴클레오타이드를 교정하는 것이며, 불일치 복구시스템은 원본 DNA가닥의 메틸화(Methylation)가 불일치할 때 염기 한 쌍을 복구합니다. 뉴클레오티드 절단 복구시스템은 자외선, 독성 화학물질들에 의한 DNA 손상이 되었을 때 손상된 염기부위를 포함한 12~13개의 뉴클레오티드를 자르고 치료합니다.

▶ **DNA 염기 1개가 손상된 유전병을 효과적으로 치료하는 방법이 있나요?**

네, 가능합니다. 베이스 에디터 염기교정 유전자가위는 특정 위치에 있는 시토신(C)을 티민(T)으로 바꿔주고, 아데닌(A)을 구아닌(G)으로 바꿔주지만 다른 변이를 유도할 수 없다는 단점이 있습니다. 이런 문제를 해결할 수 있는 '프라임 에디터'라는 새로운 시스템이 2019년에 개발되어 DNA의 원하는 위치에 모든 종류의 염기변이를 일으킬 수 있을 뿐만 아니라 특정 염기를 삽입하거나 제거할 수 있습니다. 프라임 에디터 기술을 이용하면 유전질환을 일으키는 유전자 변이의 약 90%를 정상 유전자로 바꾸는 것이 가능합니다.

▶ 유전자가위로 교정한 식품을 GMO라고 하나요?

GMO가 아닙니다. 유전자가위로 기존 콩에 비해 항산화와 항노화에 도움을 주는 성분인 올레익산이 2배 이상 함유된 콩을 만들고, 연한 분홍빛이 도는 자주색의 신품종 페튜니아를 개발했는데 미국 농무부에서 유전자변형작물(GMO)로 규제하지 않았습니다.

⊙ 자가포식 메커니즘 발견(2016년 노벨 생리의학상)

자가포식 메커니즘 개요

자가포식(autophagy)의 기저에 깔려 있는 메커니즘을 발견한 공로로 수상했다. 자가포식이란 세포의 구성요소를 분해하고 재활용하는 과정을 말한다. 효모에서 자가포식 기구가 발견되기는 했지만, "다른 생물에도 자가포식을 제어하는 메커니즘이 존재할까?"라는 문제가 남았다. 하지만 인간의 세포에서도 사실상 동일한 메커니즘이 존재한다는 사실이 밝혀졌다.

자가포식은 배아발생과 세포분화에도 기여한다. 그리고 세포는 자가포식을 이용하여 손상된 단백질과 소기관을 제거한다. 이것은 노화의 부정적 결과에 대응하는데 필수적인 '품질관리 메커니즘'이라고 할 수 있다. 자가포식의 교란은 파킨슨병, 2형 당뇨병, 기타 노인병과 관련된 것으로 알려져 있다. 자가포식 유전자에 돌연변이가 일어나면 유전병에 걸릴 수 있으며, 자가포식 기구에 장애가 발생하면 암에 걸릴 수도 있다. 현재 다양한 질병에서 자가포식을 겨냥할 수 있는 약물들이 개발되고 있다.

▶ **자가포식 메커니즘은 어떻게 작동되나요?**

생체 내 세포 속 물질들은 새로 만들어내야 하는 상황에서 자가포식을 통해 재빨리 재료와 에너지를 얻을 수 있습니다. 따라서 영양결핍과 같은 스트레스 상황에서 자가포식은 아주 핵심적인 역할을 하는 것입니다. 또 무언가에 감염되었을 때 생체는 자가포식을 통해 세포 안에 들어온 세균이나 바이러스를 제거할 수 있고, 배아의 발달과정이나 세포의 분화과정에서도 자가포식 작용이 일어나며, 노화되어 더 이상 쓸 수 없는 단백질이나 세포소기관을 자가포식 작용을 통해 사라지게 조절합니다.

▶ **자가포식 메커니즘이 망가지면 어떻게 되나요?**

자가포식 기능이 망가지면 파킨슨병이나 제2형 당뇨병처럼 노인성 질병이 일어나기 쉽습니다. 또한 자가포식 유전자에 돌연변이가 생길 경우 이런 질병이 유전되기도 하며, 자가포식 기능이 망가지면 암까지 유발할 수 있습니다.

▶ **자가포식 유전자를 이용한 치료제를 개발할 수 있나요?**

세포 내 자가포식 작용을 일으키는 ATG7 유전자의 활성이 줄어들면, 신경세포가 손상되고 노화된 세포소기관이 남아 신경세포에 문제가 생기게 됩니다. 그래서 신경세포에서 자가포식 유전자의 발현량을 높이면 루게릭병과 같은 신경퇴행과 운동능력 실조 증상을 개선하여 세포 전체의 활성을 높이는 세포 작용을 하는 치료제가 개발되고 있습니다.

생체시계 메커니즘(2017년 노벨 생리의학상)

생체시계 메커니즘 개요

하루의 통상적인 생체리듬을 제어하는 유전자를 분리해내고, 이 period유전자가 코딩하는 PER단백질을 발견하고, 야간에 세포 내에 축적되며, 주간에는 붕괴된다는 사실을 증명한 공로로 수상했다. 나아가 생체시계를 구성하는 단백질을 추가로 확인하여, 세포 내부에서 자동으로 돌아가는 시계장치를 지배하는 메커니즘을 규명하였다.

우리 몸은 생체리듬에 맞춰 24시간마다 한 번씩 주기적으로 변화하는 것으로 밝혀졌다. 생체시계는 행동, 호르몬의 혈중농도, 수면, 체온, 대사와 같은 필수기능을 조절해준다. 외부환경과 체내의 생체시계가 일시적으로 불일치할 때, 우리의 웰빙은 악영향을 받는다. 일례로, 우리가 해외여행을 하면서 시간대(time zone)를 여러 번 넘나들 때 시차증(jet lag)을 경험하는데 바로 이 때문이다. 우리의 생활방식과 생체리듬이 만성적으로 일치하지 않으면, 다양한 질병의 위험이 증가할 수 있다.

생체시계는 복잡한 인간 생리의 다양한 측면에 관여한다. 이제 우리는 모든 다세포 생물들(인간 포함)이 유사한 메커니즘을 이용하여 생체리듬을 조절한다는 사실을 알게 되었다. 우리 유전자 중 많은 부분이 생체시계에 의해 조절되므로, 생체리듬을 잘 파악해야만 우리의 생리를 하루 중 다양한 국면에 잘 적응시킬 수 있다.

이후 일주생물학(circadian biology)이라는 광대하고 매우 역동적인 분야가 탄생하여, 우리의 건강과 웰빙에 많은 시사점을 던지고 있다.

▶ **생체시계는 어떻게 작동하나요?**

생체시계는 수면·각성·호르몬·심박수·혈압·체온 등과 같이 일정한 주기(보통 24시간)에 따라 반복적인 패턴으로 나타나는 생체리듬을 조절하는 기관으로 뇌의 시교차상핵(Suprachiasmatic Nucleus, SCN)이 담당합니다. 일주기 리듬은 인간을 비롯한 생명체가 지구의 자전에 맞춰 24~25시간을 주기로 일정하게 움직이는 신체리듬입니다. 날이 밝으면 잠에서 깨고, 일정 시간마다 배가 고파지는 등 생명체는 이러한 일주기 리듬에 맞춰 작동합니다.

▶ 비만이 생체시계의 교란으로 발생할 수도 있다는데 그런가요?

　네, 24시간 일주기 리듬이 무너지면 에너지대사 장애를 유발해 비만 위험이 커지고, 염증과 대사질환이 증가합니다. 내장지방의 면적이 증가할수록 시계유전자로 알려진 피리어드 계열 PER2, PER3유전자와 크립토크롬 계열의 유전자 CRY2 mRNA 레벨은 줄고, 반대로 CRY1 mRNA 레벨은 증가한다는 실험결과를 시간생물학을 통해 확인했습니다.

▶ 생체리듬을 조절하여 질병을 치료하는 방법이 있나요?

　불규칙한 일정, 불규칙한 식사, 늦은 밤까지 TV를 시청하는 행위들은 일주기 리듬을 교란시켜 삶의 질을 악화시키며 건강을 해칠 수 있습니다. 혈압은 밤에 떨어지고, 가려움증이나 천식은 밤과 새벽에 심해지므로 혈압약과 천식 치료제 등은 잠자기 전에 먹어야 효과가 높습니다. 이처럼 질병에 따라 투약시간을 달리하는 것을 생체리듬치료라고 합니다.

관련 영상	보도자료
생체리듬에 대한 이야기-2017 노벨 생리의학상 (1)_너도나도 이해하는 노벨상 이야기 https://www.youtube.com/ watch?v=jKLf4GluYPg	한국보건산업진흥원_생체리듬 조절하는 생체시계 유전자 찾았다 http://asq.kr/tM3NRfGeAuX1w4
그리고 이 period유전자가 만들어내는 PER라는 단백질어	공공기관 경영정보 공개시스템_생체시계 유전자로 루게릭병 원인 찾는다 http://www.alio.go.kr/etcEtcinfoView. do?seq=2242544

암면역요법(2018년 노벨 생리의학상)

면역관문억제요법 개요

음성적 면역조절(negative immune regulation) 억제에 의한 암 치료법을 발견한 공로로 수상했다. 인체의 면역계가 본래 보유한 종양공격능력(ability of our immune system to attack tumor cell)을 자극함으로써 완전히 새로운 암치료 방법을 발견했다.

면역계에 브레이크를 거는 기지(旣知)의 단백질을 통해 브레이크라는 족쇄를 풀 경우 면역계가 활발하게 종양을 공격할 수 있음을 알게 되었다. 이후, 이러한 개념을 완전히 새로운 암치료 방법으로 발전시켰다. 면역계의 기본적인 속성은 자기(self)와 비자기(non-self)를 구별한 다음, 침입한 세균, 바이러스, 기타 위험요소들을 공격하여 제거한다.

이러한 방어망의 핵심은 백혈구의 일종인 T세포(T cell)다. T세포는 수용체(receptor)라는 단백질을 갖고 있는데 수용체는 비자기로 인식된 구조에 결합함으로써 면역계로 하여금 방어활동에 나서게 된다. 그러나 완전한 면역반응이 일어나려면 수용체만으로는 부족하여 T세포의 액셀러레이터로 작용하는 추가적인 단백질이 필요하다.

많은 과학자들이 이처럼 중요한 기초연구에 공헌했는데 그들은 면역세포에 브레이크를 걸어서 면역 활성화를 억제하는 단백질도 발견했다. 그 결과 면역계를 제대로 조절하려면 액셀러레이터와 브레이크의 미묘한 균형이 필요한 것을 알게 되었다. 다시 말해 외래미생물을 충분히 공격하는 것도 좋지만, 면역계의 과도한 활성화로 인한 자가면역반응을 방지해야 한다는 것이다.

PD-1을 대상으로 한 면역관문요법의 효과가 더욱 우수하며, 폐암, 신장암, 림프종, 흑색종 등 다양한 암에서 긍정적 결과가 관찰되었다. 새로운 임상시험에 따르면 CTLA-4와 PD-1을 모두 겨냥하는 병용요법(combination therapy)이 흑색종에 큰 효과를 보이고 있다.

▶ 기존 항암제와 면역항암제의 차이점은 무엇인가요?

기존 항암제는 암세포의 DNA 또는 발현 단백질을 타깃으로 공격하는 반면에 면역항암제는 면역세포의 기능에 집중하여 면역세포가 암세포를 공격하는 잠재력을 깨우는 것으로 암세포뿐만 아니라 암 주변에 존재하는 세포, 종양 미세환경을 조절하여 치료 효과가 높은 장점이 있습니다.

▶ 면역항암제에는 어떤 것이 있나요?

면역항암제는 면역관문억제제, 면역세포치료제, 치료용 항체, 항암백신으로 분류됩니다. 면역관문억제제는 T세포 억제에 관여하는 면역체크포인트 단백질의 활성을 차단하여 T세포를 활성화시켜 암세포를 공격하는 항암제로 CTLA-4, PD-1, PD-L1을 인식하는 항체를 사용합니다. 면역세포치료제는 환자 체내의 T세포를 채취하여 강화 및 변형시켜 다시 체내에 주입하여 암세포에 대한 세포성 면역을 강화시키는 NK세포치료제, T세포치료제, CAR-T세포치료제 등이 있습니다.

▶ **면역관문억제제가 다른 항암제보다 더 우수한 이유는 무엇인가요?**

표적항암제는 암세포 공격 능력은 우수하나 암세포가 표적항암제가 작용하지 못하도록 PD-1, PD-L1을 통해 항암제시능력을 떨어뜨립니다. 면역관문억제제는 암세포 표면에 존재하는 항원제시세포와 T세포 항원수용체가 잘 결합할 수 있도록 하여 암 종류에 관계없이 암 전체에 대해 효과적으로 발휘하여 암세포를 제거합니다.

⊙ 산소 가용성 메커니즘(2019년 노벨 생리의학상)

산소 감지 메커니즘 개요

세포가 산소의 가용성을 감지하고 그에 적응하는 메커니즘을 발견한 공로로 수상했다. 변화하는 산소 수준에 반응하여 유전자 활성을 조절하는 분자기구(molecular machinery)를 확인했다. EPO(erythropoietin)유전자가 변화하는 산소 수준에 의해 조절되는 과정을 생쥐를 이용하여, EPO 유전자에 인접한 특이적 DNA 분절(DNA segment)이 저산소 수준에 대한 반응을 매개한다는 사실을 밝혀냈다. 배양된 간(肝)세포에서 기지(旣知)의 DNA 분절에 산소의존성 방식으로 결합하는 단백질 복합체를 발견했다. 이 복합체를 저산소 유도성인자(HIF: hypoxiainducible factor)라고 부른다. 산소수준이 높을 때 세포에는 극소량의 HIF-1α가 존재하고, 산소수준이 낮을 때는 HIF-1α의 양이 증가함으로써 EPO유전자는 물론 다른 유전자들에 결합하여 유전자 활성을 조절한다.

암세포들은 비정상적으로 높은 수준의 저산소 조절유전자(HRE: hypoxia-regulated gene)를 발현하지만, VHL(Von Hippel-Lindau)유전자를 암세포에 재도입하면 정상적인 수준으로 회복된다는 사실도 증명했다. VHL은 단백질에 유비퀴틴을 부착함으로써 프로테아좀에서 붕괴되도록 표시하는 복합체의 일부임이 증명되었다. VHL로 하여금 HIF-1α를 인식하여 결합하게 하고, 정상적인 산소 수준이 산소 민감성 효소(프롤린 히드록실화효소)의 도움을 받아 HIF-1α의 신속한 붕괴를 통제하는 메커니즘을 나타내고 있다. 산소감지 기구를 활성화하거나 차단함으로써 다양한 질병의 상태에 개입하는 신약을 개발할 수 있는 길을 열게 되었다.

▶ **조직과 세포가 산소를 충분히 전달받을 수 있도록 진화한 과정은 어떻게 되나요?**

경동맥소체가 제어하는 저산소 수준에서의 신속한 적응과 생리적 적응으로 인한 산소를 공급받기 위해 조직과 세포가 변화되었습니다.

▶ **저산소유도성인자를 바탕으로 구체적인 조절과정은 어떻게 되나요?**

산소 수준이 높을 때 세포에는 극소량의 HIF-1α가 존재하고, 산소 수준이 낮을 때는 HIF-1α의 양이 증가함으로써 EPO(erythropoietin) 유전자는 물론 다른 유전자까지 결합하여 프로테아좀이라는 세포기구는 HIF-1α를 분해하고, 유비퀴틴은 HIF-1α 단백질을 첨가하여 산소량을 늘립니다.

▶ **산소감지 분자스위치는 어떻게 작동하나요?**

VHL이 HIF에 유비퀴틴 체인을 달아 단백질 분해를 유도하는 기능을 합니다. 유비퀴틴은 76개의 아미노산 사슬로 이뤄진 단백질인데, 다른 단백질에 붙어 분해를 촉진합니다. 그 결과 정상세포에서 VHL을 만난 HIF는 수분 안에서 바로 분해되고, 저산소 상태에서 안정화된 HIF는 핵 안으로 들어가 HRE에 결합해 다양한 유전자의 발현을 유도하여 저산소 상황을 극복합니다.

📍 C형 간염 발견(2020년 노벨 생리의학상)

C형 간염 바이러스 개요

C형 간염 바이러스를 발견함으로써 간경변과 간암의 주요 원인인 혈액 매개 간염 퇴치에 기여한 공로로 수상했다. 말라리아, 결핵, 에이즈(HIV), 바이러스성 간염으로 불리는 4대 감염 질환 중 하나에 C형 간염 바이러스가 속하기 때문에 그 의의가 크다.

C형 간염 바이러스가 발견되면서 C형 간염 바이러스 감염자를 쉽게 가려낼 수 있게 됐다. 이후 의료 현장에서 수혈 매개 간염은 거의 사라지게 됐다. C형 간염 바이러스는 감염이 되면 상당히 많은 환자에게서 바이러스가 완전히 사라지지 않고 만성 간염으로 발전했는데, 이런 만성 간염은 수십 년간 지속되다가 간경변증이나 간암으로 진행돼 환자를 사망에 이르게도 했다.

이런 이유로 C형 간염 바이러스 치료제 연구는 인터페론이라는 단백질을 항바이러스제로 사용했지만 완치율이 10% 정도로 낮았다. 2000년대에는 단백질의 반감기를 늘린 페그인터페론이라는 것도 사용했지만, 1년간 치료를 해도 환자의 완치율은 50% 수준에 머물렀다.

C형 간염 바이러스에 딱 맞는 항바이러스제를 개발할 수도 있었을 텐데, 왜 인터페론이라는 단백질만을 항바이러스제로 썼을까? 사실 C형 간염 바이러스 치료제 개발의 가장 큰 난관은 시험관에서 배양한 간세포에서 C형 간염 바이러스를 감염시키고 증식시킬 수 없다는 점이었다. 바이러스를 배양하지 못하니 약 개발도 더디게 이뤄질 수밖에 없었다. RNA유전자를 기반으로 C형 간염 바이러스 치료제는 개발되었지만, 백신은 아직 개발되지 않아 안심하기는 이르다.

▶ **C형 간염 바이러스를 발견한 것이 노벨상을 받을 만큼 중요한 기술인가요?**

C형 간염은 간세포를 파괴하여 만성 간염(70~80%), 간경변증(30~40%), 간암 등으로 발전합니다. C형 간염 바이러스에 감염된 환자의 혈액이나 체액은 정상인의 상처 난 피부나 점막을 통해 전염될 정도로 위험한 바이러스입니다.

백신이 개발되기 전, RNA유전자 증식시스템을 개발하여 항바이러스제를 개발하는 데 초석이 된 것은 무척 의미 있는 일입니다.

▶ **C형 간염은 수혈로 인해 감염된다고 하던데 다른 원인은 없나요?**

C형 간염과 같이 혈액으로 전염되는 감염원이 있는 사람에게 사용된 주사기 및 의료도구로 감염이 됩니다. 우리나라는 주사기를 재사용하지 않기에 감염의

위험은 거의 없어졌지만 C형 간염에 대한 집단 감염 사건이 주사기 재사용으로 발생한 적이 있습니다. 이외에도 출혈이 동반되는 시술인 문신 또는 피어싱이나 침술, 위험한 성행위나 면도기, 손톱깎이 등이 감염의 위험요인으로 보고되고 있습니다.

▶ C형 간염 백신이 개발되었나요?

아직 개발되지 않았습니다. 치료제가 개발되어 주사제뿐만 아니라 경구용 약제들도 개발되어 치료기간이 2~6개월 사이로 단축되었으며, 치료기간 중 부작용이 거의 없고, 치료 효과 또한 90% 이상 높아졌습니다. 현재 국내에 승인된 약제는 4가지 약제로, '아수나프레비르'(Asunaprevir, 제품명 순베프라), '다클라타스비르'(Daclatasvir, 제품명 다클린자), '소포스부비르'(sofosbuvir, 제품명 소발디), '레디파스비르+소보스부비르'(Ledipasvir/Sofosbuvir, 제품명 하보니) 복합제가 있습니다.

크리스퍼 유전자가위(2020년 노벨 화학상)

유전자가위 개요

유전자 기술의 혁명을 가져온 유전자가위 기술인 CRISPR-Cas9을 개발한 공로로 수상했다. 크리스퍼는 등장 초기부터 인류의 두 숙원인 난치병과 식량문제를 해결해 줄 구원투수로 주목받았다.
크리스퍼는 가이드 RNA(gRNA)역할을 해 일단 DNA에서 바꾸고 싶은 표적 DNA를 인식하면 캐스나인(Cas9)과 복합체를 이뤄 DNA이중가닥을 모두 자른다. 그런 다음 절단 부위에 원하는 DNA 시퀀서를 추가하면 유전자 교정이 완료된다. 크리스퍼-캐스9의 가장 큰 장점은 DNA에서 원하는 부위를 정확하게 잘라내는 능력이다. 다만 DNA 시퀀스를 별도로 넣어 교정한 크리스퍼-캐스9의 유전자 교정 성공률은 지금까지 10% 이하이기 때문에 사실상 유전자 치료에 적용하기 어렵다는 한계가 있었다.

이 때문에 과학자들은 크리스퍼-캐스9의 한계를 극복할 유전자 교정 기술을 계속 연구해왔고, 2019년에는 '프라임 에디팅'이라는 새로운 유전자가위 기술도 등장했다.

캐스12a라는 단백질을 이용해 인간유두종바이러스(HPV)를 빠르고 정확하게 진단하는 기술을 개발하여 자궁경부암을 예방하는 데 큰 도움이 될 것이다.

▶ 캐스9보다 캐스12a가 더 좋은 이유는 무엇인가요?

캐스12a는 현재 보편적으로 사용되는 유전자가위인 캐스9처럼 이중나선 DNA 절단 기능을 수행하지만, 목표 서열을 더욱 정확하게 교정할 수 있다는 특장점을 가지고 있습니다. 특히 미생물 메타게놈 데이터베이스에 탑재된 수만 개의 후보 중에서 고기능성 추정 유전자가위 후보 물질을 선택하여 발현시켰습니다. 이를 바탕으로 유전자 치료제 등 바이오신약개발, 고부가가치 농축산물 생산용 품종개량, 크리스퍼 항암제 연구 등을 할 수 있습니다.

▶ 인간 시스템을 모사한 인간화 식물체를 개발할 수 있나요?

네, 가능합니다. 식물 기반 바이오로직스 생산 플랫폼에 유전자가위 기술을 접목하여 기주식물체의 단백질 당사슬 전이효소를 교정하여 인간화 식물체를 개발해 단백질 생산에 투입하고 있습니다. 인간화 식물체를 통해 생산된 단백질 의약품은 독성이 낮고 효능이 뛰어나며 많은 양을 한꺼번에 생산할 수 있다는 장점이 있습니다.

▶ CRISPR-캐스9 시스템이 의도치 않은 곳을 절단하는 오프타깃(off-target) 문제가 발생하는데 이를 해결할 수 있는 방법이 있나요?

네, 있습니다. 유전자편집을 위해 세포 안으로 도입된 후 오랜 시간 동안 활성을 유지해 불필요한 부작용(off-target)을 초래할 수 있으나, anti-CRISPR 단백질 도입으로 캐스9의 활동을 중단시킬 수 있을 뿐만 아니라 비표적 효과를 제한할 수 있습니다. 잘못된 편집을 중단할 수 있는 스위치를 개발하였다는 데 큰 의미가 있습니다.

📋 유전자 편집 면접

유전자 편집기술을 상용화하는 것이 좋을까요?

유전자 편집기술이란 생체의 특정 부위에 제한효소를 집어넣으면 세포 속 유전자의 특정 염기서열을 인식해 원하는 대로 자르고 편집하는 기술입니다. 건강한 삶을 위해서 이를 상용화하는 것은 꼭 필요하다고 생각합니다. 유전자 편집 기술로 암이나 에이즈 또는 유전질환으로 인한 불치병이나 난치병을 치료할 수 있게 된다면 인류 전체의 삶의 질이 향상될 것입니다.

유전자 편집기술을 상용화하기 위해서 필요한 선제조건은 무엇인가요?

충분한 연구로 안전성을 확보해야 합니다. 또한 유전자 편집기술과 관련한 윤리적 문제는 사회 제도적 차원에서 해결해야 할 관련 법제 마련, 기업 간의 감시시스템 등을 통해 해결할 수 있습니다.

유전자편집 아기의 탄생에 대해 어떻게 생각하나요?

크리스퍼 유전자가위(CRISPR–Cas9)를 이용해 아기가 에이즈에 걸리지 않도록 CCR5 유전자를 제거하였습니다. 그 결과 쌍둥이 중 한 명인 '루루'는 CCR5 유전자 쌍이 모두 제거되면서 돌연변이 유전자가 생겼습니다. '나나'는 CCR5 유전자 쌍 중 한쪽만 변이가 생기도록 해서 태어났습니다. 루루가 에이즈에 걸리지 않도록 인위적으로 조작한 것입니다. 그런데 유전자 교정을 통해 에이즈는 퇴치할 수 있었지만, 독감 및 뇌졸중 발생 확률이 높아지는 단점이 있습니다.

PART
2

학생부 기록 사례
엿보기

창의적 체험활동
면접 작성 사례

 자율활동

대학교 R&E 프로그램

대학교 생화학 R&E 프로그램에 참여하여 '바실러스 메가테리움으로부터 단백질분해효소의 클로닝 및 분석'이라는 주제로 실험하고 소논문 작성에 참여함. 초기에는 부족한 기초지식으로 인해 실험원리 이해와 실험결과 해석에 어려움을 겪었으나, 본인이 어려워하는 부분에 대해 선생님들에게 질문하고 관련 자료를 직접 찾아보는 모습을 보이며 점진적으로 발전하는 모습을 보임. 또한 실험 중 본인이 투약 중인 약 '란투스'에 주요 실험원리인 '플라스미드를 이용한 유전자재조합기술'이 이용된다는 사실을 알게 되어 이에 대한 질문을 하는 등 열의를 가지고 실험에 임하는 모습을 보임. 5개월 동안 R&E 생화학에서 진행한 11번의 이론 강의 및 실험에 성실하게 참여하며 조장 역할을 착실히 수행함.

▶ **바실러스 메가테리움 바이러스는 어떤 역할을 수행하나요?**

바실러스 메가테리움은 화학비료를 대신하여 식물의 생장에 도움을 줍니다. 특히 식물의 뿌리 표면과 내부를 포함, 공중 질소를 고정해 식물 생장을 촉진합니다. 친환경적인 동물사료용 첨가제로 항균력이 있는 물질을 제조할 수 있습니다.

▶ **클로닝이 무엇인가요?**

유전자재조합기술에서 원하는 유전자 절편을 삽입하기 위해서 제한효소로 절단한 부위에 삽입하여 타깃하는 유전자를 증폭하는 기술을 의미합니다.

▶ 플라스미드는 무엇인가요?

세균 속에 들어있는 염색체로 세균의 생존에 필수적이지는 않지만 어떤 환경에 저항성을 가진 유전자를 포함하고 있으면서 독자적으로 증식할 수 있는 고리모양의 DNA분자를 총칭하는 말입니다.

▶ 당뇨병의 종류에 대해 소개해주세요.

당뇨병은 제1형과 제2형이 있습니다. 제1형은 이자(=췌장)에서 인슐린을 만들지 못해 혈당조절을 못 하는 것으로 인슐린을 복용하면 일상생활을 하는 데 크게 문제가 되지 않습니다. 제2형 당뇨병은 인슐린은 나오지만 인슐린과 결합할 수 있는 수용체가 없어 제 기능을 못하는 것으로 전체 당뇨병의 90%가 여기에 해당됩니다. 그래서 식이요법과 운동으로 혈당을 조절하고 조절이 되지 않을 경우 약물의 도움을 받아야 합니다.

💬 학부모 질문

Q R&E활동을 일반고등학교에서 할 수 있나요?

A 네, 할 수 있습니다. 학교알리미 사이트에서 고등학교 특색활동 프로그램을 찾아보는 방법과 그 학교 선배에게 물어보는 방법이 있습니다.
고등학교와 대학교가 사전에 MOU를 체결하여 1박 2일 캠프나 방학기간 1주일 집중 탐구활동, 학기 중 1학기 심층탐구활동 등 다양한 방식으로 대학교 연구실에서 관련 연구를 견학하면서 진행됩니다. 궁금한 내용을 교수님 또는 대학원생에게 질문하여 해결할 수 있는 장점이 있으며, 고등학교에서는 실험장비가 없어 할 수 없는 전문적인 실험을 할 수 있는 장점이 있습니다.

🔍 학생부 관리 팁과 학생부 세특 예시

대학교에서 전공탐색활동 및 심층 탐구활동을 진행하기 위해 사전에 어떤 활동에 참여하는 것이 좋은지 조사하고 스터디를 구성하여 탐구활동을 진행한 사례

(자율활동 또는 진로활동) 전공탐색활동으로 대학교 연구실을 견학하면서 생명과학자의 진로를 구체화할 수 있었음. PCR로 유전자를 증폭한 후 이를 전기영동을 통해 전기적 전하나 크기에 따라 물리적으로 분리시키는 것에 대해 이해할 수 있었다는 내용의 소감문을 작성하여 제출함. 특히, PCR 증폭 과정이 크게 3가지로 나누어지는데 구체적인 궁금증을 가지고 추가적으로 조사하여 보고서를 작성하는 열정을 보임.

탐구보고서를 작성한 후, 얻은 경험도 중요하지만 그 활동 이후 추가적인 탐구활동을 하면서 발전된 모습을 보여준 사례

코로나 바이러스의 신속한 진단을 위해 PCR검사를 1시간 이내 실시하는 검사법이 도입되었다는 기사를 보고 어떻게 가능한지 궁금증을 가지고 조사하여 동아리원들에게 발표함. 실시간 역전사 PCR의 단점으로 지적된 것을 보완한 등온증폭을 통해 DNA 변성과정 없이 증폭할 수 있어 시간을 단축할 수 있었으며, 핵산 자동화 추출 시스템을 도입하여 핵산 추출에서 결과 판정까지 45분 이내로 줄일 수 있다는 것을 소개함.

약물 오남용 예방교육

약물 오남용 예방교육을 통해 부주의하게 약물을 섭취하는 현대인들의 모습을 비판함. 약 때문에 아프고, 약 덕분에 질병을 완치하는 사람들의 모습을 보면서 〈화학의 이원성〉을 읽고 약의 양면성을 성찰함. 복약 순응도, 의료용기, 사용하는 소재에 관심을 가지고 '의약품 복약 지원 효율성 제고를 위한 복약 용기 디자인 연구' 자료를 참고하여 보고서를 작성함.

▶ **몸의 상태에 따라 약의 부작용에 더 노출되는 사례가 있나요?**

약은 간에서 해독작용을 거치고 신장을 통해 배출되는데, 간과 신장의 기능이 떨어진 사람은 부작용 위험이 커질 수 있습니다. 또한 임신부는 항암제, 수면제, 당뇨병 치료제 등 태아에게 악영향을 미칠 수 있기에 특별히 주의해야 합니다. 마지막으로 장기의 기능과 약물반응이 일반 성인과 차이가 나는 유아나 노인은 연령 금기 의약품을 고려하여 복용해야 합니다.

▶ 구체적인 약의 부작용 사례에 대해 소개해주세요.

항생제는 속쓰림과 소화불량을 유발합니다. 따라서 항생제와 함께 위산억제제(PPI), 소화제를 같이 처방합니다. 그런데 PPI와 소화제가 대장의 유익균까지 몰아내 위막성 대장염과 설사를 야기하기도 합니다. 결국 또 다른 항생제를 처방하게 되는데 이는 무균성 뇌수막염, 급성 신장손상 등이 추가적으로 발생할 수 있습니다. 심하면 혈액투석까지 받는 경우도 생깁니다.

▶ 약 추가로 인해 합병증을 불러일으켜 약 가짓수를 늘리는 문제가 발생한다면 이를 해결할 수 있는 방안이 있나요?

네, 있습니다. 평균 수명 연장으로 인한 고령화 인구 증가로 만성질환 및 퇴행성 질환 환자가 날로 증가하고 있습니다. 그로 인해 장기간 약 복용에 따른 부작용의 위험성이 높아지고 있는데 천연물 신약은 상대적으로 높은 안전성과 적은 부작용, 여러 개의 작용점으로 약의 가짓수까지 줄일 수 있는 이점이 있습니다.

전문가 초청 강연

친환경 농업연구센터 연구원 초청 강연을 통해 '초임계 이산화탄소 기술'에 대해 접하고, 강연 후 국내에서 초임계 기술이 적용되고 있는 분야 및 그 기술이 지닌 장단점을 조사하여 보고서를 작성함. 추출하려는 물질에 따라 사용하는 용매가 다른 이유에 대해 궁금증을 가져 이에 대해 조사해 봄.

▶ 초임계상태가 무엇인가요?

초임계상태는 임계점 이상의 온도와 압력에 놓인 물질의 상태를 말합니다. 초임계유체로 자주 사용하는 물질은 물과 이산화탄소가 있습니다. 이런 용매는 환경에 대한 영향을 거의 받지 않으며 잔존 용매가 없고, 깔끔하게 원료를 추출할 수 있는 장점이 있습니다.

▶ 초임계 이산화탄소를 활용하는 이유에 대해 설명해주세요.

　초임계 이산화탄소를 용매로 사용하여 커피원두로부터 무극성인 카페인은 제거하고 커피 향과 관계있는 극성의 탄수화물(carbohydrates) 또는 펩티드(peptides) 등은 제한적으로 용해되기 때문에 향을 그대로 커피에 남겨두고 카페인을 제거할 수 있는 이점이 있습니다. 또한 쓴 맛을 내게 하는 홉(hof) 열매를 제거하여 맥주의 맛을 좋게 하는 데도 사용하고 있습니다. 그 밖에 수백 종류의 천연향(natural flavor), 화장품 원료, 음식물 첨가제, 건강식품(DHA/EPA) 등을 초임계 이산화탄소 용매로 추출하고 있습니다.

▶ 초임계 물보다 초임계 이산화탄소를 더 많이 사용하는 이유는 무엇인가요?

　초임계 이산화탄소가 만들기가 더 쉬우며(72.8기압, 304K) 무극성 물질을 추출하여 이를 제거할 수 있는 이점도 있기에 더 널리 사용되고 있습니다.

창의 융합형 과학심화캠프

창의 융합형 과학심화캠프에 생물 분야로 참여하여 '고분자물질 카라기난을 분해하는 해양 미생물의 분리 및 특성 분석'이라는 주제로 탐구함. 해양 미생물 분리 및 순수배양, 카라기난 분해능 시험 등의 실험을 진행하였고, 4개의 미생물 샘플 중 가장 카라기난 분해에 효율적인 미생물을 형태학적, 생리학적, 유전학적 특성으로 분석함. 또한 기대효과 등을 조사하여 보고서를 작성함. 이 활동을 통해 대학에서 쓰게 될 논문작성 형식을 익히고, 과학적 탐구력 및 표현능력을 함양함.

▶ 카라기난을 원료로 사용하는 이유가 무엇인가요?

　카라기난은 홍조류의 일종으로 아열대성 기후인 우리나라에서 쉽게 구할 수 있으며, 보수력이 우수하고 시간이 지나도 점도가 변하지 않아 식품첨가물 및 화장품에 널리 사용되고 있습니다. 특히 아이오타 카라기난은 인플루엔자 바이러스 감염을 치료하는 데 효과적입니다. 스프레이 형식으로 비강에 분무하였을 때 효과가 뛰어납니다.

▶ 카라기난은 면역력 증진에도 도움이 되나요?

네, 면역력 증진에 도움이 됩니다. 카라기난은 선천적인 면역력을 효율적으로 강화시키며, 면역요인, 유전자 발현을 증대시키고, 체내에서 병원균에 대한 내성을 증대시키는 데 큰 영향을 주었다는 실험결과가 있습니다.

▶ 논문작성 시 주의해서 작성해야 할 부분을 알려주세요.

궁금한 것을 질문하면 그 질문에 적절한 예시를 들어 이해시키는 것처럼 논문은 이론적 배경을 기반으로 왜 해당 연구를 해야 하는지, 연구배경, 연구목적, 연구의 필요성, 연구방법, 연구결과 등을 일목요연하게 작성하여 글로 표현한 해설지라고 생각하면 됩니다.

💬 학부모 질문

Q 고등학생은 교과 공부하기도 바쁜데 교육과정에 나오지 않는 내용까지 공부해야 하나요?

A 교과활동과 비교과활동으로 자신의 전공과 관련된 활동을 알아보는 시간이 있습니다. 별도의 시간을 내서 하기는 힘들지만, 학교에서 주어진 시간과 중간 및 기말고사 끝나고 궁금한 내용을 탐구할 수 있는 시간이 있으니 이 시간을 활용한다면 충분히 알아볼 수 있습니다. 관련 학과에 대한 전공적합성을 보여줄 수 있는 부분이자 다른 친구들과 차별화될 수 있는 부분이라고 생각합니다.

🔍 학생부 관리 팁과 학생부 세특 예시

코로나 등의 전염병 및 건강예방교육 수업을 듣고 소감문을 작성할 때 추가적으로 조사해서 작성한 사례

코로나 예방교육을 들으면서 알코올 손소독제보다 30초 비누로 손 씻는 것이 더 효과적이라는 것을 알게 됨.

치료제가 하루 빨리 개발되기를 희망하며, 인공지능을 활용하여 코로나19의 입체적 구조를 확인하고 이에 대응할 수 있는 약물을 보다 빠르게 찾아낼 수 있다는 것을 알게 됨. 특히, 약물 재창출 기술을 통해 동물실험을 하지 않고 치료제를 개발할 수 있다는 것을 알게 된 것을 소감문으로 작성함.

생명과학II 수업을 들으면서 복제나 전사되는 과정에서 유전자가 제대로 상보적 결합을 하지 않았을 경우 등 스스로 유전자를 복구하지 못할 경우와 유전자가위 기술로 치료할 수 있다는 것을 배운 후 이를 자기평가, 보고서로 작성한 사례

생명과학II 수업시간에 유전자 복구 시스템에 대해 배운 후, 활성산소, 자외선, 방사선, 독성 화학물질 등에 의해 DNA가 손상될 수 있음을 알게 되어, 손상된 DNA를 어떻게 복구하는지 궁금증을 가지고 조사하는 열정을 보임. 특히, 2015년 노벨 생리의학상 수상내역까지 확인하여 DNA 복구 시스템을 이해하고 이를 활용하여 돌연변이를 통해 발생한 암 치료법을 개발할 수 있다는 것에 관심을 가지면서 크리스퍼 유전자가위를 조사하여 보고서를 제출하는 열정을 보임.

학급 특색활동-생화캠페인

같은 비율의 천연성분을 함유하고 있어도 천연화장품으로 취급하는 나라가 있고, 그렇지 않은 나라가 있다는 사실을 알고 난 후 천연화장품의 성분을 규제하는 국제기관에 대해 조사하여 급우들에게 소개해줌. 특히 기관의 이름과 규제 범위를 한눈에 볼 수 있도록 표로 정리하여 판넬을 제작한 점이 인상 깊었음. 조사하는 과정에서 비슷한 줄만 알았던 유기농 화장품과 천연화장품이 구성성분에 따라 구별된다는 사실을 친구들에게 소개하고, 유기농 화장품과 천연화장품의 효능에 대해 궁금증을 해결하는 계기가 됨.

▶ **천연화장품과 유기농 화장품의 차이점은 무엇인가요?**

　천연화장품은 동식물 및 그 유래 원료를 함유한 제품이지만, 유기농법으로 재배하지는 않습니다. 반면 유기농화장품은 유기농 원료, 동식물 및 그 유래 원료를 함유한 화장품으로 유기농법으로 재배한 원료로 규정합니다. 따라서 두 화장품의 기준과 차이는 유기농법으로 원료를 생산했느냐가 기준이 됩니다.

▶ 천연화장품은 100% 천연성분으로만 제조한 것인가요?

　천연화장품의 경우 천연·유기농 함량 계산방법에 따라 천연 함량이 전체 제품의 95% 이상으로 구성되면 천연화장품이라고 합니다. 합성원료는 사용할 수 없지만 품질 또는 안전을 위해 필요하거나 따로 자연에서 대체하기 곤란한 경우 5% 이내에서 사용할 수 있습니다. 유기농 화장품은 유기농 함량이 전체 제품에서 10% 이상이어야 하며, 유기농 함량을 포함한 천연 함량이 전체 제품에서 95% 이상으로 구성되면 됩니다.

▶ 천연화장품을 사용하면 피부 트러블이 발생하지 않나요?

　우리 피부는 마스크와 입자가 굵은 미세먼지 등으로 눈으로 보이지는 않지만 크고 작은 상처들이 나 있는 상태입니다. 여기에 알콜이 많이 들어가 있거나 화학적 오일이 많이 함유된 화장품을 사용하면 그 상처에 더욱 자극을 줄 수 있습니다. 식물 추출물, 오일 등의 천연성분을 사용하는데 이들은 휘발성이 있어 피부가 머금고 있던 수분을 기화시켜 오히려 자극을 더 줄 수 있습니다. 또한 천연유래원료 중 오일성분을 장기간 사용했을 때 피부에 쌓이게 되면 오히려 알레르기나 염증을 유발할 수 있습니다.

▶ 천연유래 성분은 무엇인가요?

　천연원료는 크게 식물원료와 동물성 원료, 미네랄 원료로 나뉩니다. 천연원료는 모두 가공하지 않은 원료 자체거나 물리적 공정을 거쳤어도 화학적 성질이 변하지 않는 것이며, 천연유래원료는 식물원료, 동물성원료, 미네랄원료에 생물학적 또는 화학적 공정을 거친 2차 성분을 말합니다. 천연원료가 1% + 천연유래원료 99%로 구성된 완전한 '화학화장품'도 '천연100%화장품'으로 등록될 수 있습니다.

동아리활동

▶ **쥐 해부를 할 때 경추탈골법을 사용하는 이유는 무엇 때문인가요?**

　경추탈골법은 마취법보다 덜 자극적이며, 편리하고 바로 실험에 응할 수 있기 때문입니다. 마취법은 흥분을 유발하여 마취되는 데 시간이 오래 걸리고, 인화성이 있어 화재가 날 염려가 있습니다. 또한 약물에 노출되면 장기가 손상될 수 있는 단점이 있기에 경추탈골법을 사용합니다.

▶ **소 눈 해부 시 각막을 자르면 눈에서 검은 액체가 나오는 이유는 무엇 때문인가요?**

　맥락막의 색소에 의해 검은색 액체가 나오는 것입니다. 맥락막은 약한 빛에서도 물체를 잘 구분할 수 있도록 검은색으로 되어 있습니다.

▶ **해부 후 동물은 어떻게 처리하나요?**

　동물실험을 하고 발생하는 폐기물은 의료원 '의료폐기물 관리지침'에 준하여 위생적이고 안전하게 처리해야 합니다. 따라서 손상성 폐기물은 반드시 상자형 합성수지류 전용 용기를 사용하고 실험동물 사체나 장기 등은 합성수지 주머니에 포장한 후 실험동물사체 전용 저온냉동고에 보관하였다가 의료폐기물 처리절차에 따라 처리합니다.

Q 최근 해부활동을 할 수 없다고 들었는데 어떻게 이런 해부활동이 가능한지요?

A 무조건 못 하는 것은 아닙니다. 교실에서 동물을 이용한 교육 및 학습을 수행하는 것은 교사와 학생 모두에게 보람 있는 경험이 될 수 있습니다. 동물과의 교감을 갖는 것은 즐거움과 성취감을 학급에 제공하는 것 이외에도 생물학에 대한 학습의 기회를 제공할 수 있습니다. 그러나 이러한 형태의 교육과정은 교실에 반입되는 동물의 인도적 관리와 복지를 보장하는 방법에 대한 고려 없이는 수행되지 않도록 하는 것이 필요합니다. 예를 들어 대상 동물이 어떤 유형의 사료를 먹는가, 주말 동안에는 누가 어떻게 관리할 것인가, 어떤 종류의 사육환경을 제공해야 하는가, 교실에 동물을 반입하기 전에 어떤 다른 문제들이 고려되어야 하는지 등을 고려하여 불필요한 고통이 없도록 또는 최소화하는 범위에서 진행할 수 있습니다.

동물실험을 하기 위해서 고려해야 할 사항을 토의한 후 탐구활동을 진행한 사례

(동아리활동) 동물실험의 필요성에 대해 토론을 진행한 후, 동물실험을 진행할 경우 학생들이 성취하기를 원하는 교육적 결과와 활동의 적절성을 고려하여 진행함. 또한 동물실험을 진행할 경우 3Rs원칙을 고려하여 동물실험을 대체할 수 있는지, 실험동물 사용 수를 최소화하고, 실험동물의 고통을 최소화하는 방안을 강구함. 실험종료 후 분양 또는 안락사를 통해 실험동물의 생명존중 의식을 가지고 진행해야 할 것을 다짐함.

교내에서 동물실험을 한 후 동물폐기물을 처리하는 방법에 대해 고민하고 이를 조사하여 담당선생님 입회하에 처리규정을 잘 지키며 진행한 사례

동물실험을 진행하기 전 동물성 폐기물을 처리하는 규정을 익혀 학생들에게 먼저 알려주고 실험에 임함. 학생들은 동물성 폐기물(배설물, 소변, 혈액 등)을 처리하거나 청소해서는 안 되며, 즉시 처리를 원칙으로 하되 부득이한 경우 별도의 냉동장치에 보관 후 '폐기물관리법'에 따라 처리해야 함을 알려주어 가축으로부터 위험성을 차단하는 데 기여함. 실험 이후 세제나 소독제로 의자와 실험대, 바닥을 청소하고, 동물의 배설물이나 폐기물을 쓰레기통에 버리지 않도록 친구들에게 안내해주고 끝까지 정리하여 마무리하는 열정을 보임.

🔍 교실 내 동물관리 고려사항

동물의 종과 사용 동물 수 확인

어떤 동물을 사용할 것인가?

마릿수 및 군집 수

대체 가능한 하등 동물의 선택 여부 확인

동물의 영양 확인

적절한 사료는 무엇인가?

얼마나 많은 사료가 필요한가? 그리고 사료를 주는 횟수는?

동물에 대한 특별한 비타민이나 미네랄 등의 사료가 필요한가?

신선하거나 생 사료가 필요한가?

사료는 어떻게 확보하고, 어디에 어떻게 보관할 것인가?

동물 사육장소 확인

어떤 종류 및 크기의 사육장소와 도피공간이 필요한가?

동물이 이리저리 움직일 때 상처가 발생할 수 있는 공간과 설치물은 없는가?

동물을 위한 환경은 적절한가? 이상적인 온도와 습도는 얼마인가?

조명시설은 낮과 밤의 주기를 적절하게 조절할 수 있는가?

어디에 동물을 배치할 것인가?

동물을 배치하는 공간의 온도와 습도를 일정하게 유지할 수 있는가?

동물에게 장난감이나 운동을 할 수 있는 쳇바퀴 또는 터널 등을 제공할 것인가?

동물 사육관리 확인

누가 동물을 잡고 다룰 것인가? 누가 훈련시킬 것인가?

동물을 취급하는 사람이 동물에 대해 특별히 알고 있어야 할 사항은 무엇인가?(예를 들어 수건, 가운 또는 장갑 등은 발톱이 있거나 소변과 배변이 잦은 동물을 취급할 때 필요할 수 있음.)

동물이 물거나 할퀴려고 하는가? 동물 취급자를 어떻게 보호할 것인가?

학생들에게 동물을 관리하고 다루는 방법을 어떻게 훈련시킬 것인가?

동물이 새로운 환경에 두려움을 느끼지 않도록 하기 위해 어떻게 적응시킬 것인가?

케이지와 사료 및 공급용기 등을 청소하기 위해 무엇을 사용할 것인가?

누가 주말이나 휴일에 동물을 돌볼 것인가?

동물의 수의학적 관리가 필요할 경우, 수의사의 지원을 어떻게 받을 것인가?

동물이 죽을 경우, 어떻게 사체를 처리할 것인가?

출처 : 초중고 동물실습 가이드라인. 농림축산검역본부

동아리부장으로 '인슐린 제조와 플라스미드를 이용한 유전자재조합기술', '인공감미료', '3D프린팅을 이용한 약품제조', '머리이식수술', '쥬라기공원과 유전자 조작'를 주제로 발표를 진행함. 관심 분야에 대한 발표를 준비하면서 몰랐던 사실에 대해 알아가는 과정에서 즐거움을 느끼고, 진로를 구체화할 수 있게 되었다고 함.

▶ **3D프린팅을 이용하여 약품을 제조할 때 장점이 있나요?**

3D프린팅 기술로 약물마다 방출시간을 바꿀 수 있을 뿐만 아니라 개개인의 유전적, 신체적 특성에 맞게 제작이 가능해 정밀의학의 실현이 가능합니다.

▶ **3D프린팅 기술을 활용하여 약을 제조하면 하나의 알약으로 여러 약을 제조할 수 있나요?**

네, 제조할 수 있습니다. 폴리필과 같이 개개인의 2개 이상의 약제를 조합하여 하나의 알약으로 제조 가능합니다. 또한 약물마다 층층이 쌓아 하나의 알약에 여러 약효를 나타낼 수 있는 약을 제조할 수 있습니다.

▶ **동아리활동이나 진로활동을 통해 전공적합성을 드러낼 수 있나요?**

책이나 교과에서 배워 '그렇구나!' 하고 넘어 갈 수도 있는데 직접 자료를 조사하여 발표하면서 플라스미드를 이용하여 인슐린 약을 제조하는 방법과 3D프린팅 기술을 이용하여 환자 맞춤형 약을 제조할 수 있는 방법, 유전자 조작을 통해 생명체를 복제하거나 유전자를 편집하여 질병을 치료할 수 있는 방법을 깊이 조사하면서 제약연구원 진로를 구체화할 수 있습니다.

생명탐구동아리

약품 연구센터에 방문하여 제약산업, 약의 분류와 성장 속도에 대한 설명과, 향수의 어류 독성평가 실험을 듣고 '사람과 어류의 연관성'에 대해 질문하면서 궁금증을 해결함. 이후 펩타이드 의약품과 효과적인 약을 주제로 교과시간에 배웠던 단백질의 개념을 심화학습하면서 생체 친화성과 특이성이 높아서 독성을 일으킬 가능성이 상대적으로 낮고 체내 흡수 시 다른 성분과 상호작용하지 않는 특징이 있다는 점을 발표함. 이후 5개월간 향수와 섬유탈취제의 유해성분인 2-페닐에탄올의 독성실험을 통해 향수 속 방향족 탄화수소의 위험성을 알려줌.

▶ 우리나라 제약산업의 전망은 어떤가요?

K-방역과 K-바이오로 전 세계 한국의 제약 이미지는 매우 높습니다. 또한 바이오시밀러를 통해 복잡한 구조의 바이오신약을 만들 수 있는 능력도 가지고 있습니다. 따라서 새로운 약을 생산할 수 있는 기술을 개발하여 이 기술을 사용할 수 있다는 협약으로 기술수출료로 많은 부가 수익을 올리고 있으며, 새로운 바이오 신약까지 개발할 정도로 매우 인기가 높습니다.

▶ 향수를 개발할 때 어류 독성실험을 시행하는데 같은 몸의 크기도 아니고 포유류도 아닌데 실험 효과가 있나요?

네, 효과가 있습니다. 이는 동물실험을 통해 인체에 미치는 영향을 확인할 때 도움이 됩니다. 수서생물 중 어류의 수정란 노출 시 나타날 수 있는 치사영향, 발생장애, 기형 등을 평가하여 위험성을 평가하여 면적을 확대하여 인체에 미치는 영향을 조사할 수 있어 어류급성독성실험과 어류 초기생장단계 독성실험 등이 있습니다.

▶ 펩타이드 의약품이 다른 약에 비해 어떤 장점이 있나요?

펩타이드 의약품은 비만, 당뇨와 같은 대사질환에서 각광받고 있습니다. 또한 특정 펩타이드가 '바이오 소재'로 다양한 분야에 적용 가능하기 때문에 물질 자체가 플랫폼 기술에 가깝다는 장점이 있습니다. 펩타이드 신약 후보물질은 단백질 중에서도 뛰어난 생리활성을 가진 최소 단위를 선별해 생체 신호전달 및 기능을 조절합니다. 또한 신약후보 물질로써 '생체친화적', '생체 내 특이성'이라는 차별성을 가져, 부작용은 적으면서 소량으로도 강력한 약리작용 및 활성을 나타낼 수 있습니다. 특히 저분자 화합물에 비해 임상단계에서 신약 성공률이 2배 이상 높습니다.

생물탐구동아리

전기영동 시 DNA의 이동에 영향을 주는 요인들에 대해 조원들과 토의하며 아가로스겔 농도와 전압이 영향을 미칠 것이라는 의견을 제시함. 토의 후 전기영동실험장치의 원리 자체는 간단하므로 직접 제작해보자는 의견을 가지고 간이 전기영동장치를 제작하고 사용해 봄. 조사활동을 통해 DNA 분자의 크기와 DNA 분자구조도 이에 영향을 미친다는 사실을 알아내어 내용을 정리하여 발표함.
식물 백신을 주제로 에볼라 치료제인 Z맵 등 사례를 예로 들며 식물 백신의 효율성을 소개하고, 식물 백신이 동물과 미생물로부터 유래된 백신보다 뛰어난 점을 언급하여 동아리 주제탐구를 발표함. '지네식초의 살균효과와 살충효과'에 대해 연구한 과정과 내용을 설명해주고 과제연구를 계획하는 후배들에게 탐구를 진행하는 데 도움을 줌. 설계 및 진행에 조언을 하고 보고서 및 차트를 만드는 데 필요한 점을 제시하며 자신의 경험을 나눠줌.

▶ 전기영동 장치에서 +, −전하를 띤 것은 무엇인가요?

DNA의 인산기 구조는 −전하를 가지고 있어 +극으로 이동하여 서로 분리할 수 있습니다. 특히 DNA분자 크기가 작으면 +극으로 더 많이 이동하게 됩니다.

▶ 버퍼용액을 넣어주는 이유는 무엇 때문인가요?

TAE buffer에는 Tris, Acetate, EDTA라는 3가지 성분이 들어있는데, Tris는 양이온을 공급하여 −전하를 띠고 있는 DNA를 끌어주는 역할을 합니다. mine tetraacetic acid로 4개의 −전하를 띤 acetate기를 가져 Mg^{2+}와 같은 양이온을 잡아주는 chelate로 작용하며, 결과적으로 DNase의 활성을 억제하고 전기영동 중 DNA 분해를 방지합니다.

▶ **전기영동 실험을 하면서 가장 힘들었던 점은 무엇인가요?**

겔에 로딩할 때 피펫을 사용하는 방법을 익히지 않으면 겔에 홈을 내거나 찢어지는 문제가 발생하여 여러 번 실험했던 점이 가장 힘들었습니다. 아가로스 겔에 샘플을 올리는 작업을 사전에 다른 곳에서 연습해보면서 실제 실험에 임하는 것이 중요하다는 것을 깨닫게 되었습니다.

화학토론동아리

화장품에서 중금속이 검출된다는 기사를 접한 후, 생활 속 화학물질의 위험성을 깨닫고 이를 토론주제로 제안함. 화학물질 사용에 반대하는 자신의 주장을 전달하고 이를 뒷받침하기 위한 경피독의 개념을 소개하고 피부구조 사진을 이용하여 경피독이 몸속으로 들어오는 과정을 설명함. 이후 경피독의 위험성을 알리는 공익광고의 필요성을 느끼고 포스터를 제작하여 학교 곳곳에 붙이는 캠페인을 진행하여 학생들에게 위험성을 알려줌.
동물실험에 관한 토론에서 동물의 생명권과 동물과 인간의 완전한 호환관계는 성립하지 않는다는 것을 근거로 반대의견을 제시함. 이를 대체할 수 있는 기술로 인공피부와 독성예측기술을 소개함.

▶ **피부를 하얗게 만드는 금속이 무엇인지 알고 있나요?**

수은은 수년간 피부 미백제로 널리 사용되었습니다. 사용 효과가 강한 제품일수록 부작용이 심하게 나타나는데, 시력 및 청력 감소와 수전증이 생길 뿐만 아니라 대뇌 마비 진행에 따라 성격 변화, 불안, 조급증, 불면증, 만성 피로 및 기억력 감퇴 현상이 나타나고 신장 기능이 치명적으로 마비될 확률이 높습니다. 납도 미백제로 사용되는데, 대량의 납을 섭취하면 산통, 빈혈, 신경과민과 정서 불안 등의 뇌 질환을 일으키는 단점이 있습니다.

▶ 경피독을 치료할 수 있는 방법이 있나요?

피부를 통해 체내로 침투하는 경피독 중에서 가장 문제가 되는 것은 계면활성제의 독성입니다. 치료 방법은 진흙을 거즈에 묻혀 피부에 하루 정도 붙여 놓으면 효과가 높습니다. 또한 피부의 독성물질을 해독시키는 데 하루 최소 8컵의 물을 마셔주는 것도 좋습니다. 이때 미네랄이 풍부한 물, 이온화된 물을 마시는 것도 좋습니다. 민들레 등을 달여 마시면 피부 해독에 도움이 됩니다.

▶ 인공피부는 어떻게 만드나요?

인공피부 위층은 보호막 역할을 하고, 아래층은 상처 치유 및 수축을 감소시키는 기능을 수행하도록 구성되었습니다. 진피층으로 콜라겐이나 황산 콘드로이친(chondroitin sulfate)으로 구성하여 새로운 혈관과 결합조직의 재생을 유도합니다. 최근에 역분화줄기세포로 피부세포를 배양하였는데, 뼈형성유도제인 'BMP4'와 유전자의 전사 억제제를 함께 넣고 5개월간 배양하는 데 성공하였습니다.

생명 속 화학동아리

가임기 여성의 절반이 겪고 있는 생리통을 완화시키기 위해 만들어진 생리통약은 생리통을 줄여준다는 공통점은 모두 있지만 약에 포함된 성분에 따라 효능이 다름을 알게 됨. 그중 이부프로펜이라는 성분을 조사하고 화학시간에 배운 구조 이성질체와 연결지어 설명함. '생리통약 중 어느 것이 가장 효과가 큰가요?'라는 친구들의 질문에 생리통이 생기는 원인을 프로스타글란딘으로 설명하여 특별하게 생리통약에 대한 최고의 약은 없고 먹는 용량과 사람의 성향에 따라 다름을 알려줌. 나노기술을 이용한 약물전달시스템에 이용되는 나노튜브와 덴드리머의 특징과 활용범위에 대해 조사하여 보고서를 작성함. 전 세계적으로 고령화되고 있는 미래사회에서 약물전달시스템 개발은 각종 질병에 대항할 수 있는 가능성을 제시할 것으로 기대한다는 내용을 바탕으로 의약품의 부작용을 최소화하면서 효능을 극대화시킬 수 있는 약물을 개발하고자 하는 포부를 밝힘.

▶ 일반 진통제와 생리통약의 차이점은 무엇인가요?

진통 효과가 들어있는 것은 동일하지만, 속 쓰림 현상이 동반될 경우에는 우먼스타이레놀, 붓거나 복부팽만감이 심할 경우 펜잘레이디, 이지엔6이브, 이브 터치, 이부프렌드프로 등이 있으며, 쥐어짜는 듯한 경련성 통증이 있는 경우 스 피드큌을 먹는 것이 효과가 좋습니다.

▶ 이부프로펜은 어떤 약이며 특징이 무엇인가요?

이부프로펜은 해열 및 소염진통제입니다. 감기 증상에 먹는 약이라고 생각할 수 있습니다. 카르복시산 작용기가 있어 약산성을 가지고 있으며, 시럽제, 정제, 연질캡슐 등 다양하게 출시되어 감기로 인한 발열 및 통증 치료에 처방됩니다. 또한 골관절염, 류마티스 관절염 등 만성질환의 장기간 치료에도 사용되고 있습 니다.

▶ 약물전달시스템을 이해하는 것이 왜 중요한가요?

약물전달시스템(DDS: Drug Delivery System)은 표적 부위에 약물을 선택적으 로 전달하여 장시간 동안 유효 혈중농도를 질병에 따라 최적화함으로써 치료 효 능 및 효과를 극대화시키고, 약물 부작용의 극소화를 목적으로 하고 있습니다. 기존의 항암치료에서의 약물 전달체는 약물의 투여 횟수가 늘어날수록 효과보 다는 부작용과 항암제의 다약제내성(MDR effect: Multidrug Resistance effect)이 나타나 치료 효과가 저하되었습니다. 따라서 나노입자를 활용하여 항암제의 내 성 및 암세포 지향성을 높여 오랜 시간 동안 혈액에 전달체를 통한 약물의 농도 를 유지시킬 수 있습니다. 또한 병리적 부위에만 선택적으로 약물을 방출하여 다른 부위에서의 부작용도 줄일 수 있는 특징이 있습니다.

에코바이오동아리

지역 환경문제 전문가와 두꺼비 산란지 조사, 플라스틱의 업사이클링과 리사이클링 등 다양한 활동을 통해 얻은 결과를 동아리 발표활동을 통해 공유함. 생물학적 수처리 기술 중 생물활성탄 공정에 대해 탐구함. 생물 활성탄 공정에서 오염물질을 제거하는 방식과 생물 막의 구조, 입상 활성탄의 한계 및 생물 활성탄의 장단점에 대해 조사하여 보고서를 작성함. 하수처리 자동화 시스템을 통한 에너지 절감 사례를 들어 이해하기 쉽게 설명함. '애로의 불가능성 정리'에 대한 발표를 듣고 개인 간 선호의 합만으로 사회적 선호의 최적을 이룰 수 없는 이유에 대해 이해함. 이를 통해 학급회의를 할 때 모두가 만족하는 결과를 도출해내는 것은 불가능하므로 최대한 개개인의 선호를 반영하는 방안으로 절충안을 모색해나가는 데 힘써야겠다고 소감문을 발표함.

▶ **생물학적 수처리 기술은 무엇인가요?**

생물학적 처리방법은 박테리아, 균류, 조류, 원생동물 등을 이용하여 폐수 내의 오염물질을 분해 또는 해독시키는 것으로 유기물질을 이산화탄소나 메탄가스의 형태로 전환시켜 제거할 수 있습니다.

▶ **생물 활성탄의 장단점은 무엇인가요?**

원수 중의 암모니아성 질소 농도는 수온이 낮은 겨울철에 높고, 수온이 높은 여름철에는 낮아지지만, 생물활성탄 처리를 하는 경우에도 암모니아성질소 제거율은 수온이 낮으면 낮아집니다. 이것은 암모니아성질소를 분해하는 세균의 활동이 수온이 낮은 시기에 나빠지기 때문입니다. 곰팡이 냄새물질도 염소처리 뒤에 입상활성탄 처리를 하면 짧은 기간밖에 제거할 수 없지만, 생물활성탄 처리를 하면 수년간에 걸쳐 제거할 수 있는 이점이 있습니다.

▶ **애로의 불가능성 정리가 무엇인가요?**

투표자들에게 세 개 이상의 서로 다른 대안이 제시될 때, 어떤 투표 제도도 공동체의 일관된 선호순위(ranked preferences)를 찾을 수 없다는 내용입니다. 즉

애로 정리에서 제시된 몇 가지 기준을 충족하면서, 선호의 '완전성(completeness)'과 '이행성(transitiveness)'을 만족시킬 수 있는 사회 후생함수(social welfare function)를 찾을 수 없다는 것을 의미합니다.

생명탐구동아리

'솔잎 추출물의 항균성을 이용한 아토피 완화제의 가능성 탐구'라는 주제로 '아토피'라는 질병의 의학적 측면과 인체라는 생물학적 측면에서 융합적 사고력을 탐구함. 연구에 필요한 기본 지식을 습득하기 위해 논문 발췌, 교수님 자문 메일, 인터넷 자료조사를 진행하여 응용력을 키움. 자료조사 후 창의적으로 실험을 설계하였으며, 이를 통해 과학적 창의 사고력 및 탐구력, 독자적인 연구 수행능력, 현장 문제해결력을 증진시킴.

비누화 반응에 대한 발표조사 중 계면활성제라는 물질에 관심을 가지고 '계면활성제의 이해'라는 강의를 들음. 〈콜로이드 과학 및 표면화학〉 책을 찾아 읽으며 보고서로 제출함. 조사 중 계면활성의 정의와 일상생활에서의 계면현상, 에멀션의 정의, 생성과정 등에 대해 알게 됨. 특히 화장품 종류라고만 여겨왔던 에멀션이 혼합물이라는 사실과 우리가 쉽게 접하는 음식과 인체 내에도 존재한다는 사실을 알게 됨.

▶ 아토피란 무엇인가요?

아토피는 그리스어로 '비정상적인 반응, 기묘한, 뜻을 알 수 없다'는 뜻을 가지고 있습니다. 아토피는 알레르기 질환으로 알레르기 피부염, 알레르기성 비염, 천식, 알레르기성 결막염, 아토피성 두드러기 등으로 단독 또는 여러 질환이 동시에 나타납니다. 외부에서 들어오는 이물질(알레르겐)에 대한 면역글로불린-E(IgE)가 생성되고 결합하여 두드러기, 기침, 콧물, 재채기, 호흡곤란 등의 증상이 나타나게 됩니다.

▶ 나이 들면서 아토피 증상은 어떻게 변하나요?

아토피피부염은 85% 이상이 5세 이하의 소아에서 발생되며 나이가 들수록 호전되어 성인이 되면 90% 이상 소멸됩니다. 그러나 성인이 되어 증상이 더 심해지는 경우도 있습니다. 이는 환경적 인자에 노출될 확률이 높아지면서 알레르기 증상이 더 심해지는 경우입니다. 실내외의 집먼지진드기, 고양이, 개, 화분(꽃가루), 진균 등이 천식이나 비염 혹은 아토피피부염을 유발하거나 악화시킬 수 있는 인자로 작용합니다. 최근에는 실내외의 대기오염물질들도 알레르기의 위험인자들로 작용하고 있습니다.

▶ 에멀션 화장품은 색이 불투명한데 무엇 때문인가요?

물과 기름은 잘 섞이지 않아 층이 분리되는데 이들이 잘 섞이도록 계면활성제를 넣어 주어 작은 액체 방울로 분산된 상태를 에멀션이라고 합니다. 이 작은 액체 방울이 빛에 의해 산란이 되어 뿌옇게 혹은 불투명한 흰색으로 보이는 것입니다.

 진로활동

노벨수상자와의 만남

노벨수상자와의 만남 시간에 '단백질의 열에 의한 변성'에 대한 연구를 진행하게 된 이유를 듣고 저온에 방치된 단백질은 원상태로 복귀 가능하나, 고온의 경우 단백질 구조가 뒤틀려 복귀 불가능하다는 사실에 인상을 받음.

▶ 단백질이 열에 의해 변성되었다는 뜻은 무엇인가요?

단백질의 2~4차 구조는 입체적인 형태를 유지하는데 이런 형태를 유지하기 위해서는 수소결합을 합니다. 이때 열에 의해 수소결합이 끊어져서 단백질의 형태가 달라져 처음의 기능을 수행할 수 없는 상태를 변성되었다고 합니다.

▶ 단백질의 구조에는 무엇이 있나요?

단백질의 1차 구조는 아미노산과 아미노산이 펩타이드결합을 통해 만들어진 선형구조입니다. 2차 구조는 a나선 구조, β병풍 구조가 있으며, 3차 구조는 구형으로 존재합니다. 1~3차 구조는 1개의 폴리펩타이드로 이루어진 것입니다. 4차 구조는 2개 이상의 폴리펩타이드가 결합하여 만들어진 입체 구조로 대표적인 것은 적혈구 속에 있는 헤모글로빈이 있습니다.

▶ 단백질을 변성시키는 방법이 열에 의한 방법 이외에 다른 방법도 있나요?

단백질의 수소결합을 변성시키는 일반적인 것은 열과 산성물질에 의해 변성될 수 있습니다. 또한 염기, 유기용제, 방사선과 같은 외부 자극에 의해서도 변성될 수 있습니다.

💬 학부모 질문

Q 노벨상 수상자의 강연을 학교에서 들을 수 있나요?

A 네, 가능합니다. 사립학교일 경우, 재단에서 비용을 분담하여 노벨상 수상자를 초빙하여 강연을 들을 수 있으며, 강연 전 자신의 진로에 맞는 이전 노벨상 수상자 수상내역을 정리한 보드를 만들어 소개하는 활동을 할 수 있습니다. 만약 노벨상 수상자를 초빙하기 힘들 경우에는 방송국에서 진행한 영상을 찾아 시청한 후 학교에서 후활동으로 진행하여 탐구능력을 향상시킬 수 있습니다.

🔍 학생부 관리 팁과 학생부 세특 예시

노벨수상자 강연을 듣기 전에 어떤 내용으로 수상을 했는지, 관련 책을 읽고 질문지를 작성하여 강연에 참여한 사례

(자율활동 또는 진로활동) 노벨상 수상자 강연에 참여하기 위해 〈단백질이 없으면 생명도 없다〉라는 책을 읽고 단백질의 기능에 대해 조사하면서 질문거리를 찾고 강의에 참여하여 궁금증을 해소하는 모습을 보임.

특히 단백질이 변성되었다는 것이 단순히 고체로 변했다는 내용으로 이해했는데 이 강의를 듣고 단백질 결합을 위해 수소결합을 하는데 수소결합이 끊어져서 단백질의 입체구조가 변하여 원래 기능을 수행하지 못한다는 것을 알게 되었다고 기뻐함. 제약연구원의 진로를 위해 단백질 신약에 관심을 가지고 〈최신 바이오의약품〉 책을 읽고 궁금증을 해소하면서 꿈을 키워나감.

노벨상 수상자 강연에 참여 후 잘 몰랐던 부분이나 더 알고 싶은 내용을 추가적으로 조사하여 탐구한 사례

(진로활동) 바이오 신약과 동일한 기능을 하는 바이오시밀러에 관심을 가지고 바이오시밀러 산업 기술 개발현황과 글로벌 시장 전략에 대해 알아봄. 〈바이오시밀러와 바이오베터 시장동향 및 기술분석〉 책을 추가적으로 읽으며 우리나라에서 개발된 바이오시밀러 약을 조사하고 이를 분석하는 열정을 보임.

이공계 초청 강연

이공계 초청 강연으로 '생물의 진화와 생태에 관한 몇 가지 생각들' 주제에 참여하여 개미와 아카시아같이 서로 상호작용하며 공생하는 동식물과, 피그미 해마와 같이 주변 환경에 따라 자신의 모습을 바꾸는 생물들에 대해 알게 됨. 또한 토종 민들레가 보이지 않는 것처럼 기후변화와 환경오염 등으로 인한 식물 종 분포의 변화에 관심을 가지고 기후변화가 생태계에 미치는 영향에 대해 적극적으로 알아봄.

▶ 적응과 진화의 차이점은 무엇인가요?

적응은 생물이 환경의 변화에 따라 몸의 구조, 기능, 생활방식 등을 변화시키는 것을 말합니다. 진화는 생물이 오랜 시간에 걸쳐 조금씩 변화가 일어나면서 유전자의 변화가 여러 세대를 거쳐 새로운 형질로 나타나는 것으로 생식을 통해 동일한 성질을 가진 종이 태어나는 것을 말합니다.

갈라파고스 군도의 새의 한 종류가, 섬이 침강하여 여러 섬으로 나누어진 후 먹이의 종류에 따라 새의 부리가 달라졌는데 이는 적응 이후 새끼 새가 어미와 동일한 부리를 가진 새로 태어난 것으로 진화의 일종입니다.

▶ **주변 환경에 따라 자신의 모습을 바꾸는 생물들에는 어떤 것이 있나요?**

주변 자연환경과 닮은 몸의 색으로 변화해 자신을 보호하는 것은 포식자의 눈을 속이는 위장이라고 할 수 있습니다. 북극여우는 눈과 비슷한 하얀털을 가지고 있으며, 여름철에는 토양 색과 같은 진한 흑회색을 띠는 것이 여기에 해당합니다. 열대우림에 서식하는 도마뱀은 녹색식물과 비슷한 진녹색으로 몸의 색깔이 나뭇잎과 유사한 모습을 띠고 있습니다.

▶ **기후변화가 생태계에 어떤 영향을 미치고 있나요?**

지구온난화로 인해 해양의 산성화, 해수의 상승 등 환경 조건이 변하여 생물의 서식지가 변하고, 이러한 환경에 적응하지 못하는 종은 멸종하게 되어 생물다양성이 달라지게 됩니다. 이런 서식지의 변화로 외래 유입종이 생물 다양성 파괴를 가속화시킬 수 있습니다.

대학 전공강의 수강

평소 당뇨병에 대한 관심을 바탕으로 생명공학기술을 적용한 신약개발이라는 꿈을 갖게 됨. 전공학과 탐색에 어려움을 겪던 중 한국교육학술정보원에서 제공한 국내 대학에 개설된 전공강의를 수강하면서 전공을 진지하게 고민함. '소리 없이 다가오는 당뇨병' 강의를 들으면서 당뇨병 자체보다 합병증이 위험함을 알게 됨. 특히 대부분 당뇨병 사망원인인 '심혈관계 질환'의 위험성을 인지하고 정기적인 검진을 받고 약물, 운동, 식이요법을 계속해 나갈 것을 다짐함.

▶ **당뇨병 치료제에는 어떤 것이 있나요?**

혈당조절을 위한 설폰요소제를 포함하는 인슐린 분비 촉진제, 간에서 당 생성을 억제하는 '메타포르민', 인슐린 저항성을 개선시키는 '로베글리타존', PP-4 억제제 등이 있습니다. 이런 약물을 순차적으로 사용하는 것보다 병용 사용하는 것이 더 효과적이라는 것을 알고 메트포르민, DPP-4 억제제, 로베글리타존으로 구성된 3제요법을 사용합니다.

▶ **당뇨병으로 인한 심혈관 질환으로 사망할 확률이 높은 이유는 무엇 때문인가요?**

혈중에 당분이 높아 혈관의 혈류 흐름을 악화시키고 혈관 자체의 동맥경화 진행을 촉진시킵니다. 또한 고중성지방혈증과 LDL 콜레스테롤 혈중농도를 증가시키고, 섬유소 용해, 혈소판 기능 등에 이상이 있어 혈액이 잘 엉기는 응고 현상이 발생하여 심혈관 합병증이 잘 발생합니다.

▶ **피를 뽑지 않고도 당뇨를 확인할 수 있는 방법이 있나요?**

혈당은 눈물로도 측정할 수 있으며, 안압을 통해서도 확인할 수 있습니다. 최근 스마트 콘택트렌즈를 통해 눈물 속 혈당 정보를 감지하여 무선으로 정보를 전달할 수 있는 기술이 개발되었습니다. 또한 안압 측정은 센서 내 유전층이 담당하는데 안압이 높아지면 유전층이 얇아지고, 낮아지면 두꺼워지도록 하여 혈당을 측정할 수 있습니다.

대학 전공강의 수강

신약개발에 관한 내용을 찾던 중 천연물 신약을 알게 되어 천연물로부터 신약이 어떻게 개발되는지 알고 싶어 강의를 들음. 기존 약은 하나의 약물 작용점을 가지고 있는 것에 반해 천연물 신약은 여러 개의 약물 작용점을 가지고 있어 복합적으로 작용할 수 있는 다양한 성분들을 함유하는 천연 추출물로 된 약을 사용하여 더 효과적으로 질병을 치료하고 부작용도 줄어든다는 것을 알게 됨. 이 강의를 듣고 신약연구에 유전체학, 세포생물학과 분자생물학에 관한 지식이 더 필요함을 깨달음.

▶ **천연물 신약이 일반 약물과 어떤 차별성이 있나요?**

식물 또는 동물 등의 천연물에서 추출한 물질을 원재료로 하는 천연물 신약은 화학물질 의약품보다 독성이 적다는 장점을 가지고 있습니다. 천연물은 이미 경험적인 안전성과 유효성이 입증된 기록을 가지고 있기 때문에 기존의 신약개발 과정에 비해 요구되는 시간이나 비용이 훨씬 적은 편이며 실패 확률도 상대적으로 낮은 장점이 있습니다. 대표적인 약으로 알칼로이드 계열의 약이 있습니다.

▶ 알칼로이드란 무엇이며 어떤 약들이 있나요?

알칼로이드는 기본적으로 질소 원자를 포함하고 있는 고리모양의 화합물을 의미하며, 박테리아, 곰팡이, 식물, 동물 등 다양한 생물체가 생산합니다. 대표적으로는 모르핀, 니코틴, 아트로핀, 아드레날린(Adrenaline) 등이 있습니다.

▶ 우리나라에서도 생산되고 있는 천연물 신약이 있나요?

국산 천연물 신약 1호인 동아제약의 '스티렌정'이 있습니다. 국화과 식물인 약쑥에 함유되어 있는 플라보노이드(Flavonoid) 중 유파틸렌(Eupatilin)이 항궤양 효과가 있어 이를 토대로 급성위염이나 만성위염 등의 위 점막 병변을 개선하는 치료제입니다. SK 케미칼의 조인스 정은 퇴행성 관절 질환, 류마티스 관절염의 증상 완화제로 사용되고 있습니다.

💬 학부모 질문

Q 최근 K-MOOC에서 시청한 내용은 기록할 수 없다고 들었는데 대학교에서 들은 강의 내용은 기록할 수 있나요?

A 네, 가능합니다. 고등학교에서 진행하는 행사는 모두 학교생활기록부에 기록할 수 있습니다. 또한 대학교 전공탐색활동, 대학교 연구실 탐방활동 등의 행사도 학교에서 진행하는데 이때 전공과 관련된 강의를 들을 수 있습니다. 이 내용과 연계하여 충분히 기록할 수 있습니다. 또한 이 활동 이후 궁금한 내용이 생겨 추가적으로 관련 내용을 알아보기 위해 관련 대학교 강의를 듣고 소감문을 작성할 수 있습니다. 단, K-MOOC에서 시청했다는 내용은 기록하지 않아야 합니다.

고등학교 교육과정에서 책에 소개되지 않는 내용에 대한 궁금증을 대학교 강의를 들으면서 해결한 사례

(생명과학II) 분자생물학의 중심 원리인 센트럴 도그마를 배운 후 모든 생명체가 이런 방식으로 단백질을 합성하는지 궁금하여 조사해봄. RNA에서 DNA를 만드는 RNA복제효소인 레트로 바이러스와 광우병의 원인물질인 프리온 단백질은 센트럴 도그마의 합성방법을 따르지 않고도 단백질을 합성하는 방법이 있다는 것을 소개함. 이후 다양한 생명현상에 관심을 가지고 '분자생물학' 강의를 듣고 유전학적 분석방법과 분자생물학적 연구방법에 대해 조사하여 보고서를 제출하는 열정을 보임.

유전공학과 분자생물학에 관심을 가지면서 합성생물학으로 관심을 확장시켜 나간 모습을 보여준 사례

(개인별 세특 또는 진로활동) 유전체 편집을 통해 의약품이 될 만한 인공생명체를 제작 및 합성하거나 기존 생명체를 모방하여 생물의 특성을 재설계할 수 있는 합성생물학에 관심을 가지게 됨. 합성생물학은 약물 테스트와 유전적 결함 확인을 통해서 생화학적 경로를 파악하여 신약개발 시간을 단축하고 효능이 높은 치료제를 개발할 수 있을 정도로 기술이 발전되었으며, 암 세포만을 타깃으로 사멸시키는 미생물을 개발하거나 인간의 질병 진단과 치료에 응용할 수 있는 스마트 헬스케어 산업을 발전시키는 데 큰 역할을 할 것이라고 생각함. 〈인공생명의 탄생〉 책을 읽고 '생명합성의 직전에 있다', '합성 생물학이 초래할 인류의 종말, 그리고 그 종말을 멈출 수 있는 방법' 강의를 들으면서 합성 바이오에 대응할 수 있는 치료제를 개발하고 싶다는 포부를 밝힘.

진로탐색활동

생태체험에 가서 공원에 설치된 '살인진드기 SFTS바이러스 주의'라는 안내판을 보고 바이러스에 대해 탐구활동을 진행함. 돌연변이 바이러스 출현 메커니즘을 이해했으며, 현재 백신과 테트라시클린 등과 같은 항생물질을 제외하고 뚜렷한 치료제가 개발되지 못했다는 것을 알고 치료제 개발의 꿈을 키움. 특히 크리스퍼 유전자가위 기술의 원리에 대한 학습을 통해 바이러스 질병 치료에 효과적인 스크리닝법이 개발되었음을 알고 이를 발전시킨 바이러스 질병 치료제 개발 가능성을 확인함. 이후 〈크리스퍼 유전자가위〉 책을 추가로 읽음.

▶ **살인진드기 SFTS바이러스에 감염되었을 때 어떻게 치료하나요?**

현재는 백신이나 항바이러스제가 개발되지 않아, 대증요법으로 수액을 투여하거나 출혈이 있는 경우 수혈을 합니다. 혈압이 떨어지면 혈압 상승제를 투여하며, 급성 신부전이 오면 혈액투석을 하는 등 보조적인 방법을 활용하여 치료합니다.

▶ 스크리닝법을 통해 치료제를 어떻게 개발할 수 있나요?

바이러스는 우리 몸에 들어오면 세포 속 유전자에 의존해 생존하고 증식합니다. 이 중 특정 유전자가 바이러스 증식과 관련이 있으면서 세포 성장에 타격을 주지 않는 숙주인지 찾아내는 과정을 스크리닝 방법이라고 합니다. siRNA를 활용한 어레이 스크리닝법이 많이 사용되고 있는데 혼합 스크리닝과 달리 세포를 열과 행으로 배열해 일일이 검색하는 기술입니다. 개별 세포 변화를 정확하게 관찰할 수 있지만 siRNA를 활용하기 때문에 유전자가위에 비해 유전자의 발현을 완전히 억제하지 못하는 문제가 있습니다.

▶ 스크리닝법의 한계를 극복하기 위한 새로운 방법에 대해 알고 있나요?

크리스퍼 유전자가위를 활용한 어레이 스크리닝법이 개발되었습니다. 이는 기존 스크리닝법보다 더 안정적이면서 효율적으로 바이러스 숙주 인자를 찾을 수 있습니다. 이 기술을 적용해 콕사키바이러스 증식에 관여하는 숙주 인자를 밝혀 수족구병을 일으키는 엔테로바이러스를 찾아 치료제를 개발하는 데 기여했습니다.

동물실험토론

동물실험에 대한 토론에서 찬성 측 입장은 의약개발 및 효능 향상, 실험용 쥐의 병리 메커니즘을 통해 인간 질병을 치료하는 길을 제공할 수 있다고 주장함. 특히 '예쁜꼬마선충'은 포유동물에서도 잘 보존된 신호전달경로의 유전학적 분석에 이용되고, 인간의 퇴행성 신경질환, 암, 노화 등을 이해하는 데 도움이 된다는 구체적인 예시를 들어 동물실험의 필요성을 강조함.

▶ 동물실험으로 꼬마선충을 활용하는 이유는 무엇 때문인가요?

　꼬마선충의 체세포는 5개의 상염색체와 1개의 성염색체(X염색체)로 이루어지고, 크기가 작으면서 많은 수를 다룰 수 있으며, 배양의 편의성, 짧은 생식주기, 광학적 투명성 등의 특성으로 관찰이 용이하고 유전학적 분석을 하기 좋아 동물실험에 많이 활용되고 있습니다. 또한 꼬마선충은 포유동물에서도 잘 보존된 신호전달물질로 인간의 퇴행성 신경질환, 암, 노화 등을 이해하는 데 도움이 됩니다.

▶ 질병을 치료하기 위해 인간화 모델을 만들고 있는데 어떤 동물들이 사용되고 있나요?

　인간화마우스, 소형영장류인 마모셋 원숭이, 미니피그, 꼬마선충 등의 첨단동물모델은 인간의 줄기세포나 조직을 이식해 생체기능을 갖추어 항암제와 간 치료제 등 환자맞춤형 의약품과 지카·메르스·사스 등 신종 감염병 치료제 개발을 위해 활용되고 있습니다.

▶ 동물실험을 대체할 수 있는 방법이 있나요?

　동물실험을 대체할 수 있는 방안에는 vitro 방법이라 알려진, 인간 세포와 조직을 이용하는 정교한 테스트 방법으로 장기 세포칩과 3차원 피부모델이 있으며, silico 모델이라 부르는 고도의 컴퓨터 모델링 기법으로 특정 물질의 위험도를 동물실험을 대체할 수 있는 표준 신약 테스트가 있습니다.

📋 장기 세포칩 면접

장기 세포칩의 장점은 무엇인가요?

장기 세포칩 기술은 세포 자체의 기능을 파악할 뿐만 아니라 서로 다른 장기 상호작용을 파악하는 데 도움이 됩니다. 예를 들어 음식물이나 경구 투여된 약물의 경우, 위에서 소화, 소장과 대장에서 흡수, 간에서 대사과정이 순차적으로 일어납니다. 또 장 호르몬, 면역신호 인자, 신경 및 혈관 구조를 통해 서로 영향을 주고 받으면서 일어나는 생명현상을 이해할 수 있어, 환자 맞춤형 약물을 생산하는 데 도움이 됩니다.

장기 세포칩의 활용 분야에 대해 설명해주세요.

새로운 치료제를 개발하기 위한 신약개발 과정뿐만 아니라 약물동력학 연구를 위한 모델, 약물의 효능을 평가하기 위한 스크리닝 플랫폼, 부작용 및 독성을 평가하기 위한 모델시스템 등 다양한 분야에 활용이 가능합니다. 예를 들어 장세포와 간세포를 동시 배양하여 약물과 약물의 대사체 농도를 측정하여 인체에서의 제거 속도를 예측하는 데 활용이 되고 있습니다. 또한 장 내벽의 융모 구조를 모사한 구조체 위에서 장세포를 배양할 경우 점액발현, 미생물 부착, 약물흡수 등 여러 측면에서 기능을 개선하기 위한 연구를 진행할 수 있습니다.

주제탐구활동

주제탐구활동에서 '연고의 항생효과실험의 후속활동'으로 각 연고의 성분들을 찾아 성질을 비교하고 실험보고서를 재작성함. 마데카솔 케어의 '네오마이신황산염'은 그람 음성균에 효과가 높고, 후시딘의 '퓨시드산'은 그람 양성균에 효능이 높은데 그람 음성균인 대장균을 대상으로 항생제의 효능을 비교한 실험의 문제점을 인식하고 이를 보완하여 추가적인 실험을 설계함.

▶ 연고의 종류에 따라서 항생 효과의 차이가 있나요?

후시딘은 퓨시드산나트륨 성분이 강한 살균 효과로 2차 감염예방을 위해 사용하고 항균력이 뛰어나기 때문에 상처 부위가 덧나지 않고 흉터 없이 빠르게 낫는 특징이 있습니다. 단점으로는 항생제 내성이 생길 수 있어 1주일 이내로 사용해야 합니다. 마데카솔은 센텔라아시아티카 성분이 있어 새살이 빨리 돋게 하는 피부재생 효과가 뛰어납니다. 감염성이 적은 상처나 민감한 피부의 상처, 가벼운 화상에 효과적입니다.

▶ **그람 음성균과 그람 양성균은 어떻게 다른가요?**

세균의 세포벽의 형태에 따라 다른 색으로 착색시켜 분류됩니다. 그람염색법은 열을 가하여 고정시킨 세균을 염기성 색소인 크리스탈 바이올렛으로 염색하고 아이오딘 혼합용액으로 처리한 다음 알코올이나 아세톤을 사용하여 세척할 때 탈색되면 그람 음성균, 탈색되지 않으면 그람 양성균으로 분류됩니다. 특히 그람 음성균은 세포벽이 얇아 착색된 후 세척하면 쉽게 씻겨나가 탈색이 되는 특징이 있습니다.

📋 연고의 항생작용 면접

항생제에 내성이 있는데 연고 항생제에도 내성이 생기지 않나요?

네, 연고에도 내성이 생깁니다. 특히 퓨시드산은 황색포도상구균에 높은 내성을 가지고 있습니다. 따라서 무피로신 항균제를 사용할 것을 추천드립니다. 이 제품은 내성이 제일 낮은 항균제로 병원에서도 많이 사용하는 제품이며 안정성이 높아 소아과에서도 많이 쓰는 항생제입니다.

연고의 항생 효과에 대해 2년간 탐구한 이유가 있나요?

연고의 항생 효과에 대해 알아보기 위해 대장균을 가지고 실험했는데, 실험 결과분석에서 후시딘보다 마데카솔이 항생효과가 더 높다는 결과가 나와 그 이유가 궁금하여 조사하다 그람 음성균임을 나중에 알게 되었습니다. 그래서 3학년 때 추가적으로 문헌조사를 통해 탐구방법을 설계하면서 보고서를 작성하였습니다.

교과 세특
기록 사례

📍 국어 관련 교과 세특

'의학의 관점에서 바라본 문학'이라는 주제로 서평을 작성함. 소설 '삼대'에 나오는 장훈의 자살을 문학적 관점을 넘어서 의학적 관점으로 재해석한 서평문을 작성함. 장훈이 자살하는 장면에서 '혀를 깨문 것은 계획하던 바도 아니요'라는 구절에서 장훈이 비밀유지를 위하여 자살을 선택하였지만, 그가 죽고 싶어 했던 것은 아니었을 것이라고 서술하고, 그렇다면 '혀를 깨문 장훈을 살릴 수 있는 방법은 없었을까?'라는 의문을 제기함. 현재 개발 중인 피부줄기세포로부터 만들어진 '부티릴콜린에스테라제'를 이용한다면 장훈을 치료할 가능성이 있다는 의견을 제시함. 의학적 지식과 인문학적 상상력을 결합한 글쓰기로 급우들의 칭찬을 받음.

▶ '삼대'를 다른 관점에서 해석했는데 혹 다른 작품도 그렇게 분석한 사례가 있나요?

네, 시대별로 어떤 질병으로 많이 죽었으며 어떤 치료방법을 사용했는지 파악할 수 있습니다. 병의 본질을 규명하고 그러한 병이 어떻게 전개되는지 예측하는 데 도움을 주며, 병의 경과나 특정한 증상의 여부와 빈도 등을 언어적으로 표현한 글을 통해 알 수 있습니다. 문학작품을 통해서도 환자를 대하는 태도와 질병을 극복할 수 있는 다양한 방법을 탐구할 수 있는 기회를 제공해줍니다.

▶ 의학연구원에게 문학적 이해는 어떤 도움이 되나요?

환자의 고통을 이해하는 데 도움을 줄 수 있습니다. 스스로의 노력으로는 도저히 해결하기 어려운 통증이나 신체의 변화로 인해 발생하는 삶의 문제들, 아니면 오랫동안 도움을 받아야 겨우 적응이 가능한 힘든 고통을 경험하지 않은 사람은 그 병을 이해하기 힘들 수 있습니다. 하지만 문학작품을 통해 간접적으로라도 이해를 한다면 그들을 위해 치료제를 개발하는 데 도움이 될 것입니다.

▶ 피부줄기세포로 만들 수 있는 세포에는 어떤 것들이 있나요?

피부줄기세포로 피부세포와 모낭세포를 재생하여 머리카락이 나도록 할 수 있습니다. 유도만능줄기세포로 근육세포를 재생하여 근육이 손상된 환자에게 도움을 줄 수 있으며, 신경세포를 재생하여 파킨슨병 치료의 길을 열어주는 등 그 활용 분야가 넓습니다.

💬 학부모 질문

Q 국어 교과목에 진로와 관련된 내용을 기록할 수 있나요?

A 네, 가능합니다. 국어뿐만 아니라 영어 교과에는 다양한 비문학 지문이 있습니다. 이 지문을 조사하여 발표하는 활동을 한다면 기록할 수 있습니다. 또한 롤 모델 발표하기, 진로 에세이 쓰기, 진로 관련 도서 발표 활동 등 다양한 활동을 진행하고 있기에 충분히 자신의 진로와 관련된 내용을 기록할 수 있습니다.

🔍 학생부 관리 팁과 학생부 세특 예시

창의적 사고역량을 보여줄 수 있는 문학 세특 사례

섬세한 읽기를 바탕으로 문학작품의 내용과 형식이 긴밀히 연관되어 있음을 잘 이해하고 다양한 맥락에서 감상함. 채만식의 소설 〈탁류〉를 읽고, 작품의 배경인 금강의 흐름과 초봉의 삶을 연계하여 그 의미를 파악하고 주제의식을 깊이 이해함. 문학사에 대한 수업을 들은 뒤에는 고려가요 모음집, 무진기행 등 시대별 문학작품들을 문학사와 한국사를 비교하여 맥락을 파악하려 노력함. 관심의 저변을 넓혀 문학작품에 반영된 시대상을 알아가는 것에 흥미를 느낌. 근대 문학사를 정리하면서 전쟁, 독재, 산업화 등으로 인한 인간소외 현상이 현재에도 지속되고 있음을 지적하고 인간중심적 사고와 기술의 진보가 조화를 이루어야 한다는 내용을 발표함.

인간과 사회를 바라보는 깊이 있는 시각과 더불어 우수한 표현력을 드러낸 발표였음. 또한 강은교의 '우리가 물이 되어'를 배운 뒤 '물'과 같이 자신에게 생명력을 불어넣어 주는 소재를 찾아 글을 작성하고, 고려가요 '동동'을 배운 뒤 월령체 형식을 모방하여 학교생활을 월별로 풀어낸 시를 창작해내는 등 문학작품에 대한 기본적 이해와 응용력이 뛰어난 학생이라고 판단되었음.

과학적 탐구능력을 보여줄 수 있는 과학 세특 사례

과학탐구 실험 경험이 풍부하고 장기 프로젝트에서도 집중력과 근성을 발휘하는 점이 돋보이는 학생임. 2015년 노벨 생리의학상으로 우리 주변에서 볼 수 있는 개똥쑥에서 말라리아 치료제를 개발했다는 기사를 보고 난 후 '제주도 쑥뿌리 추출물의 지혈제에 관한 생리활성 탐구'라는 주제로 6개월간 쑥 항균활성, 혈액응고효능, 항산화활성 세포독성, 항염증활성에 대한 탐구활동을 실시함. 이후 쑥잎 에센셜오일의 생리활성으로 연구 범위를 넓혀 보자는 아이디어를 토대로 심혈관계 약물의 기초 소재로써 쑥뿌리의 활용 가능성에 대한 연구 결과를 정리하는 데 집중함. 그리고 이를 동아리에서 발표하고 교지에 소개하는 활동을 실시함.

화법과 작문

〈나는 내가 죽었다고 생각했습니다〉 책을 읽고 '뇌졸중으로부터 소중한 사람 지키기'를 주제로 탐구보고서를 작성함. 뇌졸중의 원인 및 증상을 파악하고 예방법을 제시하고자 책, 학술 논문 등을 참고함. 혈전에 주목하여 뇌혈관을 지키는 방법, 예방 수칙 등을 꼼꼼하게 정리하였으며, 뇌졸중 환자들이 겪는 후유증과 극복 방안에 주목하여 보고서를 작성함. 질병 예방의 중요성과 환자의 신체적, 심리적 반응에 주목하여 극복방안에 대한 나름의 고민을 내용으로 담고, 탐구 주제에 적합한 목차와 형식으로 구성함.

▶ 뇌졸중으로부터 소중한 사람을 지키려는 이유가 있나요?

뇌졸중은 전 세계 사망원인 2위, 한국에서도 4위를 할 정도로 심각한 질병이며, 살아남더라도 3명 중 1명은 반신마비나 언어장애 등의 장애를 평생 갖고 살아야 할 정도로 그 후유증 또한 심각합니다. 55세 이후 발병률이 높아지며 10살이 증가할 때마다 뇌졸중 발생률이 2배씩 증가할 정도로 심각한 증상이어서 이런 질병으로부터 사람들을 보호해주고 싶습니다.

▶ 뇌졸중을 조기에 파악할 수 있는 방법이 있나요?

뇌졸중이 의심되면 심한 두통이 생기고, 어지럽고 자주 넘어지는 특성이 있습니다. 또한 한쪽 팔과 다리를 절고 말이 갑자기 어눌해지는 특징이 있습니다. 눈을 감고 앞으로 팔을 나란히 할 경우 한쪽 팔을 제대로 펴지 못하거나 비정상적으로 축 처지는 증상이 나타날 수 있습니다.

▶ 뇌출혈, 뇌경색, 뇌졸중은 어떤 차이가 있나요?

뇌출혈은 뇌혈관이 터져 출혈이 생기는 것으로 뇌출혈의 약 75%는 고혈압이 원인입니다. 뇌경색은 뇌혈관이 막혀 뇌로 혈액이 공급되지 않아 뇌 손상을 일으키는 질병입니다. 뇌졸중은 뇌출혈과 뇌경색을 모두 포함하는 것으로 뇌혈관이 막히거나 손상되어 나타나는 질병입니다.

독서
환자들의 복약 순응도를 높여 치료비와 사망 위험률을 낮추자는 주제로 발표함. '메디티메'라는 약 복용시간을 알려주는 진동 기능, 처방약 자체에 대한 정보 제공, 해당 질병에 대한 정보 제공, 환자 맞춤형 정보 제공 등을 통해 치료 효과를 높일 수 있으므로 약을 복용할 수 있는 애플리케이션이 필요하다고 강조함.

▶ 복약 순응도에 관심을 가지게 된 동기가 있나요?

노인요양병원에서 봉사활동을 하며, 복용 방법이 약마다 다름에도 불구하고 어르신들이 식사 후 한꺼번에 약을 드시는 모습을 보았습니다. 중복 약 복용으로 인한 부작용과 먹는 방법을 제대로 지키지 못해 약의 효과가 나타나지 않는 문제점을 발견하고 복약 순응도에 관심을 가지게 되었습니다.

▶ 복약 순응도를 높일 수 있는 어플 사용 시 어떤 점을 보완하면 좋을까요?

복약 순응도가 좋지 않은 환자들은 '단순히 잊어서', '다른 일로 바빠서'라는 이유로 약을 제대로 챙기지 못합니다. 이를 알려주는 알람으로 복약 순응도를 높일 수 있었습니다. 좀 더 보완한다면 약 처방전 사진을 찍어 언제 어떤 약을 먹어야 가장 효과가 좋은지 알려주고 몸의 상태에 따라 어떤 약을 빼서 먹는 것이 좋을지, 약에 관한 상담이 필요할 경우 상담을 할 수 있는 서비스까지 제공하면 좋을 것 같습니다.

▶ 복약 순응도를 높일 수 있는 헬스케어 서비스에는 어떤 것이 있을까요?

당뇨 환자는 아침에 공복전 혈당을 체크하는데 혈당량에 맞춰 인슐린을 조절해서 먹는 것이 아니라 조제된 약을 그냥 복용만 하는 문제가 있었습니다. 혈당량을 체크한 후 디지털로 인슐린 약을 조절하여 투여할 수 있는 헬스케어 서비스가 있다면 좋겠습니다. 또한 고혈압, 저혈압 환자들의 혈압을 주기적으로 측정하여 혈압약을 조절하는 서비스도 나오면 좋을 것 같습니다.

독서
진로 관련 독서 발표에 참여해 면역항암제와 관련된 신문 기사를 읽고, 암 세포가 증식하는 과정과 기존의 항암치료 특징과 부작용에 대하여 언급함. 2018 노벨 생리의학상 수상내역으로 면역 항암제의 원리와 활용 방안을 추가적으로 설명하는 등 다양한 자료를 수집해 내용을 설명함. 특히 생명공학자로서 항암연구를 통해 건강한 노후의 삶을 제공하겠다는 포부를 밝힘. 이후 암에 대해 추가적인 정보를 수집하기 위해 〈암의 스위치를 꺼라〉 책을 읽고 사고를 키우고 관점을 확립함.

▶ 〈암의 스위치를 꺼라〉 책은 암을 어떻게 치료하는 것이 좋다고 하나요?

암 치료는 항암과 방사선, 수술로 이루어지는데, 이는 암에 독을 가하거나, 태우거나, 몸에서 잘라내어 치료하는 기존의 방법이 아니라, 암의 생성과정을 인식하고 그 과정을 중단시키면 암이 치유된다는 내용입니다. 암의 생성과정은 그 과정을 지속하기 위해 특정한 환경을 필요로 하는데 식단과 생활방식만 바꿔도 많은 암이 실제로 예방될 수 있다고 말합니다.

▶ 대용량 비타민C는 체내에서 어떤 작용을 하여 치료를 하는 건가요?

비타민C를 저용량으로 사용하면 항산화 작용을, 고용량을 사용하면 산화작용을 촉진하여 암세포에만 선택적으로 흡수되어 활성산소를 발생시켜 암세포를 죽게 합니다. 또한 정상세포에 흡수된 비타민C는 체내 방어시스템에 의해 안전하게 통제됩니다.

▶ 비타민을 복용하는 것과 주사로 투여할 때 효능에 차이가 있나요?

비타민C는 소화기관에서 제한된 수준만 흡수되고 나머지는 체외로 배출되지만, 정맥주사로 투여할 경우 경구요법보다 흡수율이 100배 이상 높아집니다. 비타민 정맥주사와 기존 항암제를 병행 사용할 경우 항암제의 부작용인 피로, 오심, 불면증, 변비, 우울증 등이 개선되고 신체적 기능이 향상되었습니다.

📍 영어 관련 교과 세특

영어독해와 작문

모둠원들과 변형 문제 활동을 할 때 지문 속에서 Paraphrasing을 활용하여 빈칸 추론 유형과 지시어, 연결어의 관계를 정확히 파악하여 논리적인 글의 순서 문제를 출제 후 결과물의 완성도를 높이는 데 기여함. '암 치료를 위한 유전자 배열 연구'라는 지문해석 및 구문 분석활동을 한 후, liquid biopsy와 연관된 논문을 찾아 읽음. 평소 영어지문을 공부할 때, 자신의 진로와 연관을 짓거나 흥미를 갖고 있는 분야와 연관 지어 재미있게 공부함.

▶ 암의 유무를 확인하고자 조직생검을 하던 것을 액체생검(혈액검사)으로도 대체할 수 있나요?

네, 가능합니다. 암 세포로부터 유래한 cfDNA(cell-free DNA), CTC (Circulating Tumor Cell, 혈관 내에서 순환하는 암세포) 등을 이용하여 암의 조기진 단(스크리닝), 재발 가능성 및 항암제 효과(동반진단)를 분석하는 검사가 개발되어 가능합니다. 검출한 암세포 유래 cfDNA를 NGS기술을 통해 해독하고 생물정보학(BI, Bioinformatics) 분석을 통해 암을 유발하는 변이가 있는지, 사용하고자 하는 항암제에 대해 효과를 볼 수 있는지 나아가서는 혈액 속에서 암을 유발하거나 암세포가 있는지 등을 확인하는 최첨단 개인 맞춤형 정밀 의학 서비스가 있어 대체 가능합니다.

▶ 유전자 검사로 암 발병을 어떻게 예측할 수 있나요?

유전자를 이용해 특정 암을 찾아내는 검사로 차세대염기서열분석법(NGS)이 있는데, 암·희귀병 유전자 염기서열을 한 번에 분석하는 검사법입니다. 암은 위암·폐암·대장암·유방암·난소암·악성 뇌종양 등 10종, 혈액암 중 급성 골수성·림프구성 백혈병 등 6종(5개군), 유전성 질환 중 유전성 난청·망막색소변성 등 4개 질환군을 검사할 수 있습니다. 정상 유전자 염기서열과 비교하여 유전자 변이가 일어난 것을 파악하여 암을 예측할 수 있습니다.

실용영어

평소 피부 관련 분야에 관심이 많아서 Health and Exercise와 관련하여 피부병의 원인을 선천적 원인과 후천적 원인으로 분류하여 PPT와 함께 수업시간에 영어로 발표함. 피부병과 관련된 내용을 발표하면서 어려운 어휘들을 접할 수 있었음.

발표를 준비하면서 피부병의 주된 원인들 중 하나가 화장품에 포함된 독성물질이라는 것을 알게 되었고, 관련 내용의 신문기사를 스크랩하여 읽음. 또한 관련 분야에 더욱 흥미가 생겨 해조류의 성분을 활용한 피부의약품 개발과 관련된 심화자료를 찾아보고 영어로 요약하는 활동을 수행함. 특히, 해조류에서 추출된, 피부에 도움이 되는 새로운 물질에 대해 알게 되었고, 더 나아가 피부에 좋은 성분을 가진 식물들에 대해 조사함. 이를 통해 자신의 진로에 대해 확신을 갖는 모습을 보임. 영자신문에 실린 화장품 회사의 신제품에 대한 내용을 관심 있게 읽기도 함.

▶ **피부 가려움증의 가장 일반적인 원인은 무엇인가요?**

피부 건조증, 아토피 피부염, 접촉성 피부염, 두드러기, 피부 진균 감염 등이 대표적입니다. 위 증상은 일부분에 가려움증이 발생할 수 있지만 전신성 피부 가려움증은 음식물, 약물, 물림, 쏘임과 같이 전신에 영향을 미치는 알레르기 반응이 나타나고 담석, 만성 신장 질환에 의해 생길 수 있습니다. 이처럼 전신성 피부염 질환이 발생할 경우 정확한 원인을 알기 위해 피부 검체 채취(생검)를 하거나 알레르기 반응을 일으킬 수 있는 물질을 패치 또는 작은 바늘(피부 단자 검사)을 이용하여 확인할 수 있습니다.

▶ **피부병을 유발하는 화장품 성분은 무엇인가요?**

계면활성제가 피부병을 유발하는 대표적인 물질입니다. 음이온계 계면활성제로 SLES(Sodium lauryl ethylene sulfate, 라우릴 에틸렌 황산 나트륨)는 아토피성 피부염을 유발할 가능성이 높은 물질입니다.

▶ **화장품 성분 중 피부병을 치료하는 데 사용되는 대표적인 물질은 무엇인가요?**

마그네슘설페이트는 해수, 온천수, 광천수 등 미네랄이 많은 광물성 무기염 성분으로부터 얻을 수 있습니다. 이 성분은 화장품으로 인한 피부병이나 상처의 회복 및 통증 완화 등을 위해 사용하는 물질이며, 수분과 유분을 잘 분산하고 농도를 묽게 희석시켜주는 성분입니다.

▶ **바이오 신약과 바이오시밀러의 차이점은 무엇인가요?**

바이오 신약은 몸에서 나오는 호르몬과 단백질을 이용해 이 속에 있는 유전정보들을 다른 미생물이나 세포 등에 이식해서 배양하고 생산하여 만들어진 약품입니다. 바이오시밀러는 화학 합성을 이용하지 않은 약품들을 복제한 것을 말합니다. 최초의 바이오 신약은 당뇨병 치료제 인슐린입니다.

▶ **환경오염으로 사망하는 비율은 어느 정도 되나요?**

사망자 6명 중 1명이 환경오염으로 사망했습니다. 환경오염 사망자 중 2/3는 대기오염에 의한 질환입니다. 그 다음은 수질오염이며, 저개발국가일수록 환경오염으로 인한 사망 확률이 더 높습니다.

▶ **미나마타병을 치료할 수 있는 방법은 무엇인가요?**

미나마타병은 수은중독으로 인해 발생하며 다양한 신경학적 질병을 야기합니다. 수은에 오염된 어패류를 많이 먹어 일어나는 신경의 중독증, 손발의 저림 등의 감각 장해나 운동 실조 등 여러 가지 증상이 있습니다. 치료는 수은을 체외로 내보내는 방법으로서 발(BAL; british antilewisite)이나 에틸렌디아민테트라아세트산 (EDTA) 등의 금속 킬레이트제가 쓰이며 리허빌리테이션도 이용됩니다.

⊙ 수학 관련 교과 세특

확률과 통계

수학과 관련된 자유주제 탐구활동에서 '유전과 확률'을 주제로 탐구하여 동기, 과정 및 자신의 소감을 포함한 결론의 형식을 잘 갖추었으며, 내용 또한 심도가 있어 높은 평가를 받아 연구자로서의 우수한 역량을 보임. 탐구활동은 생명과학 시간에 배운 지식을 보다 수학적으로 접근해 탐구하며 수학적 호기심과 통찰력을 기름. 수학이 다른 학문에서도 핵심적인 요소로 활용된다는 사실에 흥미를 느끼게 되었다는 소감을 보고서에 표현함. 확률 단원의 순열과 조합 개념을 잘 이해하고 있으며 순열과 조합 관련 문제를 기본 원리를 적용해 쉽게 해결하는 등 문제해결력이 뛰어나고 개념을 단원별 흐름에 따라 잘 정리하는 능력이 인상적임. 여러 문제를 알고리즘적 사고력을 바탕으로 분석하고 다양한 전략을 찾아내어 문제를 해결하는 수학적 사고력과 수업에 대한 집중력이 남달라 많은 발전이 기대됨.

▶ 유전과 확률을 주제로 탐구 활동을 할 수 있는 방법에는 무엇이 있나요?

조건부확률을 이용하여 가족력 질병의 발병을 확률로 조사합니다. 부모 중 한 쪽이 제2형 당뇨병에 걸렸을 경우 자녀가 발병할 확률은 20%, 부모 모두 당뇨병일 때 자신이 당뇨병에 걸릴 확률을 구하는 문제를 출제하여 탐구하는 방법이 있습니다. 당뇨병 발병의 유전적인 영향을 조사하는 방법도 있습니다.

▶ 인간과 침팬지의 염기서열이 비슷하다는 것을 수학적으로 어떻게 밝힐 수 있나요?

염기서열은 4종류지만, 3염기설에 의해 유전암호가 결정됩니다. 인간의 DNA

는 약 30억 개의 염기 배열로 이루어져 있는데 침팬지의 염기서열에 대해 순열과 조합으로 이를 비교하여 밝힐 수 있습니다.

▶ 최근 생명정보학이 각광을 받고 있는 이유는 무엇 때문인가요?

과거에는 오랜 시간과 많은 비용을 들여서 실험을 해도 정작 얻어지는 정보의 분량은 그다지 많지 않았는데, 최근 바이오 의료데이터 활용능력과 데이터 공유로 그 중요성이 커지고 있습니다.

첫째, 유전체 서열판독기술을 포함한 다양한 오믹스(Omics) 기술이 개발되면서 바이오 의료 정보량이 급증했습니다. 둘째, 인터넷 기술의 발전으로 세계 전역에서 생산되는 바이오 의료정보를 공유할 수 있습니다. 셋째, 인공지능을 포함한 정보기술의 혁신으로 컴퓨터를 이용한 정보 분석능력이 크게 향상되어 크게 각광받고 있습니다. 따라서 생명현상을 탐구하기 위해서는 반드시 엄청난 분량의 정보를 정교한 컴퓨터 기술로 분석하는 것이 필요해지고 있습니다.

미적분

등비급수 단원에서 그림을 그려 발표하고 친구들에게 등비급수를 논리적으로 설명해 친구들이 이해하기 쉽도록 알려줌. 이를 통해 생명과학의 세포분열 개수가 늘어나는 것이 등비급수와 연관이 있음을 생각하고 문제를 해결함. 특히 암을 조기에 발견하여 치료하는 것이 발견 후 치료하는 것보다 효과적이라는 것을 수학과 연관 지어 생각함. 인체 내에서 암세포가 성장하는 데 걸리는 시간을 구하는 것에 어려움이 있어 배양기에서 배양했을 때의 시간을 구해봄. 이 과정에서 멜서스의 지수함수를 이해하고 이를 이용하여 시간에 따른 암세포의 개체수를 식으로 나타내봄. 시간에 따른 암세포의 개체수의 변화를 수학적으로 생각해볼 정도로 수학적 적용능력과 지식의 확장능력이 뛰어남.

▶ 세포수 증가는 등비급수를 따르나요?

모든 세포가 다 적용되는 것은 아닙니다. 체세포분열을 하는 세포는 대부분

등비급수를 따르고 있습니다. 일부 세포 중 G0기에서 멈춘 세포는 세포분열을 하지 않기에 적용되지 않는 경우도 있습니다.

▶ 멜서스의 인구 증가 모델을 지수함수로 설명하는 것에 한계가 있나요?

인구가 적은 초창기에는 인구수가 기하급수적으로 성장했지만, 현실적으로는 식량, 거주공간, 천연자원 등의 영향을 받아 성장이 제한되어 맬서스의 인구 증가 모델을 '로지스틱(logistic) 모형'으로 수정하였습니다. 이런 특성은 자연현상이나 사회현상에서도 적용되는데, 일정한 공간에 토끼를 번식시키면 처음에는 기하급수적으로 개체수가 늘어나지만 시간이 지날수록 안정적인 상태를 유지하게 됩니다.

미적분

〈가우스가 들려주는 수열이론 이야기〉 책을 읽고, 수열의 극한에 대한 심화적인 지식을 정리하여 독후감으로 작성함. 수열의 극한을 심화시켜 이해하고, 교과서의 이야기가 있는 수학에서 혈액의 속도에 대한 푸아죄유의 모세관 법칙에서 거리 r에 대한 속도의 순간변화율인 dv/dr을 구하면 혈관의 같은 지점 내 혈액의 속도 변화를 알 수 있다는 것을 이해함. 이를 통해 우리 주변의 거의 모든 것에 미적분의 원리가 들어있다는 것을 이해하고 흥미 있게 학습하는 계기가 됨.

▶ 푸아죄유 법칙이란 무엇인가요?

저항이 커질수록 전자의 흐름(전류)은 방해를 받게 됩니다. 혈관에서도 마찬가지로 혈액의 끈적끈적한 정도(η), 혈관 내강의 크기(r), 지나가야 되는 혈관의 길이(L) 등을 가지고 특정 혈관의 저항(R)을 알 수 있는 법칙으로 끈끈한 점도가 높을수록, 지나가는 혈관이 길수록 저항이 커지고, 혈관 내강의 크기가 클수록 저항이 작아집니다.

▶ 모세혈관에서 혈액의 이동속도를 푸아죄유 법칙으로 설명할 수 있나요?

$$flow\ rate\ =\ \frac{\pi r^4 \Delta P}{8\eta L}$$

flow rate = 혈류 속도
r = 혈관 반지름
ΔP = 혈관 양 말단 간 혈압 차
η = 점성도(viscosity)
L = 혈관 길이

식을 통해 구할 수 있습니다. 약 0.5mm/s로 가장 느린 혈류 속도를 나타내고 있습니다.

▶ 심장에서 하루 방출되는 혈액량은 얼마 정도 될까요?(단, 일반인 기준 70ml/회, 1분 72회)

하루를 기준으로 하면 1,440분×72회×70=7,257,600ml이므로 약 726L 정도의 혈액이 방출됩니다.

<table>
<tr><th>기하</th></tr>
<tr><td>메테인 분자의 결합각이 벡터의 내적을 이용하여 109.5°가 될 때 정사면체 입체모양이 가장 전자쌍 반발을 최소화한 모양임을 설명. 분자구조에 대해 더 탐구하며 개량신약의 효능을 검증할 때 분자구조가 동일하고, 독성 및 임상시험이 동일한 결과를 얻어야 안전성을 확보할 수 있다는 내용을 알게 됨. S자 생장곡선에 호기심을 가지고 시그모이드 함수임을 알고, 미생물의 무한 증식이 가능하지만 환경 저항 때문에 S자형을 따르게 된다고 설명함.</td></tr>
</table>

▶ 메테인이 평면이 아닌 입체 상태로 존재하는 이유는 무엇 때문인가요?

전자쌍 반발의 이론에 의해 전자쌍은 최대한 멀리 떨어질 때 안정적인 상태가 될 수 있습니다. 따라서 메테인 분자가 평면에서 존재할 경우 90°로 입체보다 반발력이 커서 안정적인 상태가 될 수 없기에 입체 상태로 존재합니다.

▶ **사이클로헥산이 입체 상태로 존재할 경우 어떤 모양이 될 수 있나요?**

　메테인과 마찬가지로 입체 상태로 존재하기에 배 모양과 의자 모양으로 존재할 수 있습니다. 배 모양을 cis-형, 의자 모양을 trans-형이라고 합니다.

▶ **시그모이드 곡선처럼 생장곡선을 나타내는 것도 있나요?**

　네, 있습니다. S자 모양의 시그모이드 곡선(식물의 경우는 로지스틱곡선)은 박테리아 군집의 증가, 동물의 생장 등에서 확인할 수 있습니다. 곰페르츠 곡선·모노몰레큘러 곡선은 식물의 줄기 끝 등 길이생장에 한계가 없는 형태의 직선적으로 증가하는 지수곡선 또는 포물선을 이루는 곡선 등으로 나타납니다.

🔍 과학 관련 교과 세특

화학Ⅰ

'바디버든' 영상을 시청한 후, 환경호르몬이 여성 자궁에 미치는 영향과 생리통을 유발하는 합성물질에 대해서 알게 됨. 또한 인간의 몸에 유해한 화학물질의 유입을 막기 위해 일상생활 속에서 실천할 수 있는 방안에 대해 탐구하고 실천함. '케모포비아'에 관한 기사를 읽고 제습제에 에이즈 치료제에 쓰인 화학물질을 예로 들어 화학이 인류의 삶에 이바지하고 있는 사례에 대해 설명하고 자신의 생각을 정리하여 보고서로 작성함.

▶ **환경호르몬이 생리통을 더 유발하게 하는 이유는 무엇 때문인가요?**

　계면활성제의 성분이 여성호르몬과 비슷한 분자구조여서 여성호르몬으로 착각하여 정상적인 에스트로겐의 기능을 방해 또는 차단하는 역할을 합니다. 그로 인해 무월경증, 하혈, 생리통 및 생리량 증가, 성조숙증, 자궁내막증, 자궁선근증, 불임 등 여성질환을 야기합니다.

▶ 바디버든을 줄이기 위해 어떤 노력을 해야 하나요?

바디버든은 몸에 쌓이는 유해물질의 총량을 말합니다. 이 바디버든을 줄이기 위해서는 향수 제품에서는 DEP(디에틸프탈레이트), 매니큐어에서는 DBP(디부틸프탈레이트), 샴푸나 린스 등에는 피부와 눈을 자극시키는 디옥산, 헤어스프레이에는 발암물질인 폼알데하이드, 기초 화장품에는 트리에탄올아민과 파라벤 등이 함유되어 있어 사용을 가급적 줄이는 것이 중요합니다. 식기도 플라스틱 제품보다는 유리제품을 사용합니다. 또한 체내 쌓인 유해물질을 제거하기 위해서는 디톡스를 하는 것이 좋습니다.

▶ 디톡스 방법에는 어떤 것이 있나요?

크게 3가지 방법이 있습니다. 첫째, 반신욕을 통해 몸속의 독소를 배출하고 혈액순환을 촉진해 신진대사를 향상시키는 방법이 있습니다. 둘째, 채식과 디톡스 차를 즐기는 것입니다. 환경호르몬을 배출시켜주는 식이섬유를 섭취하거나, 해독이나 신경 진정작용에 좋은 검은콩, 귤껍질차, 노폐물 배출에 좋은 우엉차, 연근차 등을 마시면 좋습니다. 셋째, 림프마사지를 하면 피부에 쌓인 노폐물을 제거하는 데 도움이 됩니다.

화학I
불면증에 대한 경험을 동기로 수면유도제를 주제로 자료를 조사하여 발표함. 수면유도제가 알레르기나 천식을 치료하기 위한 목적으로 만들어진 항히스타민제의 부작용을 이용하여 만든 개량신약임을 소개함. 이후 암세포가 정상세포보다 포도당을 많이 흡수하는 이유 등을 발표하며, 친구들의 질문에도 친절하게 답변함.

▶ 수면유도를 하는 천연 음식에 대해 알고 있나요?

상추는 신경을 안정시키고 수면을 유도하는 락투카리움 성분이 풍부해 수면 장애에 도움을 줍니다. 체리는 생체리듬을 조절해주고, 수면 상태로 만들어주는 멜라토닌 성분이 풍부합니다. 셀러리에도 멜라토닌이 많이 들어 있으며, 그 잎에는 숙면에 좋은 비타민 A, 엽산, 마그네슘도 풍부해 함께 섭취하는 것이 좋습니다. 길초근은 전통적으로 불면증, 신경성 불안증 등 진정작용에 효능이 있습니다. 또한 천연아데노신 성분으로 수면유도기전을 조절하여 수면 욕구를 증가시킵니다. 바나나에는 세로토닌의 재료가 되는 트립토판과 마그네슘이 풍부하며, 수면 촉진 아미노산인 트립토판 성분도 함유하고 있습니다. 호두, 대추, 키위 등에도 칼슘, 마그네슘이 많아 숙면을 도와줍니다.

▶ 수면제의 약리작용은 어떻게 되나요?

대부분의 수면제는 중추신경계를 억제하여 수면을 유도합니다. 벤조디아제핀계 약물, 이미다조피리딘계 약물, 바르비탈류, 클로랄 유도체, 독세핀, 항히스타민제, 생약제제인 길초근(valerian root)과 호프(hop) 복합제 등이 있습니다. 생체리듬 조절 호르몬인 멜라토닌이 부족할 때 멜라토닌 수면제를 공급해 줌으로써 수면 주기를 조절하고 수면의 질을 높일 수 있습니다.

▶ 암환자가 일반인보다 포도당을 더 많이 섭취하게 되는 이유는 무엇 때문인가요?

암뿐만 아니라 당뇨병, 심장병, 비만, 뇌졸중 등과 관련있는 대사 증후군 질환자들은 설탕에 의해 가속화됩니다. 높은 혈당을 낮추기 위해 췌장은 인슐린이라는 호르몬을 많이 생산해 일정한 혈당이 유지되도록 도와줍니다. 암환자는 인슐린이 지속적으로 많이 분비되는 고인슐린으로 배가 부르다는 신호를 차단해 계속 섭취하게 됩니다. 따라서 포도당을 많이 섭취하게 됩니다.

약물 부작용에 관심을 가지고 천연 의약품(알칼로이드), 개발과정을 화학요법과 함께 발표할 때 신약 개발과정 동영상을 먼저 보여줘 이해를 시킨 후 발표함. 중화반응의 염과 수용액의 액성을 주제로 제산제의 원리, 염의 가수분해, 공통이온 효과를 참고하여 강산과 약산을 비교하여 자발적으로 반응이 진행되는 이유를 설명함.

▶ 약물 부작용에는 어떤 것들이 있나요?

임산부의 입덧 방지용으로 판매가 되었던 '탈리도마이드'라는 약이 있습니다. 이 약은 개, 고양이, 래트, 햄스터와 닭에게는 어떠한 독성도 나타나지 않았습니다. 그래서 부작용이 없는 기적의 약으로 선정되어 독일과 영국에서 많이 사용되었습니다. 그런데 이후 태어난 아기들이 사지가 매우 짧고 손발가락이 모두 없거나, 사지가 없는 기형아 출산을 한다는 것을 알게 되었습니다. 최근에는 약물의 효능에 대해 추가적으로 조사하여 약물 재창출로 활용되고 있습니다.

▶ 탈리도마이드를 활용해 어떤 질병을 치료하는 데 사용하고 있나요?

탈리도마이드는 신생혈관 억제의 특징을 가지고 있어 한센병과 다발성 골수종, 암 등의 치료에 제한적으로 사용하고 있습니다.

▶ 제산제로 사용되고 있는 물질과 그 특징은 무엇인가요?

탄산수소나트륨과 같은 탄산염은 위/십이지장 궤양, 위염, 위산과다 증상을 개선하는 특징이 있으나 역류성 식도염을 유발할 수 있으며, pH 상승에 의해 병용약물의 흡수나 배설에 영향을 주고 있습니다. 수산화알루미늄이나 수산화마그네슘 같은 겔 성분의 약물은 역류성 식도염을 유발하지 않고 부드럽게 넘어가는 장점이 있으나 장기투여로 인한 알루미늄 뇌증을 유발하며 항생물질의 흡수를 저해하는 특징이 있습니다.

주제 탐구활동으로 화학 반응속도를 변화시키는 촉매 작용의 메커니즘에 대해 의문을 가지고 반응속도와 촉매를 주제로 활성화에너지 관점에서 발표함. 폼산의 분해과정을 예로 들어 촉매의 작용을 설명하는 영상을 제작함으로써 친구들의 이해를 도왔으며 효소의 작용, 특징, 종류, 활용 예시를 설명하는 보고서를 작성함. 〈케미컬 라이프〉 책을 읽고 화학물질을 정확하게 알고 사용해야 하는 이유를 학습함. 곤충의 생물학적 특성을 이용한 DDT의 살충 원리와 분해 과정에서 DDT가 환경에 미치는 부정적인 영향을 소개함. DDT를 대체할 수 있는 친환경 살충제를 조사하고 화학농약의 폐단을 설명하며 화학농약을 대체하는 식물 호르몬을 기반으로 한 약과 천적을 이용한 해충 퇴치법 관점에서 보고서를 작성함. 오레가노 오일과 같은 천연 항생제를 조사하여 보여주는 등 호기심이 많고 궁금한 점을 끝까지 탐구하는 열정이 있음.

▶ 촉매 반응 메커니즘은 어떻게 되나요?

촉매는 자신은 소모되거나 변화되지 않으면서 기질의 반응속도를 변화시키는 물질로 반응에 필요한 활성화 에너지를 변화시켜줍니다. 효소는 생체촉매로 경로나 구조를 바꾸어 주거나 낮은 활성화 에너지로 반응속도를 빠르게 해줍니다. 엿당과 말테이스는 효소-기질복합체를 형성하여 포도당 2개 분자로 쉽게 분리해줍니다.

▶ DDT의 살충 원리는 어떻게 되나요?

살충제가 나오기 이전에는 제충국으로 모기를 죽이는 향불이나 천연농약이 사용되었는데 제충국과 비슷한 화학적 구조를 가진 DDT를 합성하게 되었습니다. DDT는 곤충의 신경을 마비시켜 죽게 만드는 물질로 잘 분해되지 않아 농축되어 조류, 포유류의 신경계까지 영향을 주고 있습니다.

▶ 천연살충제에는 어떤 것들이 있나요?

목초액은 토양살균제나 해충의 기피제로 사용되며, 초산액은 빙초산을 활용하여 살균, 살충 효과를 얻을 수 있습니다. 담배잎차는 알카로이드 계열로 살충 효과가 있습니다. 또한 오레가노 오일과 같은 살충제는 딱정벌레 침입을 막아주는 역할도 합니다.

생명과학 I
생명과학 주제 발표시간에 '데오드란트'에 대해 발표함. 겨드랑이 악취의 원인, 증상, 예방에 대해 관련 의약품의 성분을 조사하여 PPT뿐만 아니라 다양한 보조자료를 활용하여 발표함. '마약보다 각성제 부작용이 더 크다'라는 기사를 읽고 시험기간에 친구들이 커피를 너무 많이 마시는 것이 걱정되어 부작용을 야기시킬 수 있는 카페인의 최소량과 커피를 마신 후 집중도와 암기력의 변화 여부가 궁금하여 직접 설문조사를 실시함. 설문결과를 바탕으로 카페인이 아데노신과 분자구조가 비슷하여 신경세포가 카페인과 결합하면 수면상태를 유지하지 못하여 각성효과가 나타난다는 내용을 발표함.

▶ 데오드란트 부작용은 무엇인가요?

데오드란트는 겨드랑이 부분이 축축해지면 박테리아 성장을 촉진하여 암내가 나는데 이를 억제하기 위해 사용합니다. 데오드란트에는 트로클래산이 포함되어 있는데 이는 모낭염을 유발시킵니다. 또한 모공 깊숙한 곳에서 발생하는 염증으로 붓고 지속적으로 통증을 유발하는 특징이 있으며, 호르몬을 교란시켜 면역력을 저하시키고 림프샘을 막아 체내 독소 배출을 막으며, 심하면 암까지 발생할 수 있습니다.

▶ 각성제가 마약보다 왜 더 위험한가요?

각성제 복용은 커피를 마시는 것과 다르지 않다고 생각하여 지속적으로 많은 양을 복용할 수 있습니다. 여기에 각성 효과 덕분에 공부에 집중하느라 식사를 건너뛰어도 배고프지 않고, 밤늦게까지 책상에 앉아 있어도 피곤을 느끼지 않기 때문에 습관적으로 복용하여 인지능력을 떨어뜨리는 문제를 야기하며 위험하다고 생각하지 않기 때문에 마약보다 더 위험할 수 있다는 것입니다. 또한 마약성분인 암페타민과 ADHD, 기면증 치료제로 사용되는 애더럴(Adderall)은 광학이성질체로 더 큰 위험을 야기할 수 있습니다.

▶ 아데노신은 어떤 역할을 수행하나요?

아데노신은 RNA를 구성하는 물질로 피로가 쌓이면 분비되는 물질입니다. 이 물질이 뇌에서 생성되어 아데노신 수용체와 결합하면 신경세포의 활동을 둔화시켜 졸음을 일으킵니다. 또한 두뇌와 근육을 연결하는 신경전달물질의 이동을 방해하여 정신적으로나 신체적으로 느리게 반응하는 역할을 합니다.

생명과학II

원핵생물의 유전자 복제과정을 이해하고 진핵생물의 유전자 복제과정과 어떤 차이가 있는지 조사함. 이 과정에서 DNA복제 시 새로 합성된 DNA는 프라이머의 결합부위만큼 짧아지는 것을 인지하고, 이 문제를 해결하기 위하여 존재하는 텔로머레이스와 텔로미어의 관계를 정리함. 이후 UCSF연구진이 배양한 유방암, 전립선암 세포와 종양을 쥐에 이식해 생긴 암에 대해 연구를 찾아보면서 텔로머레이스를 이용한 항암치료에 대한 포부를 키움. 또한 알츠하이머 환자의 뇌의 특정 부분에서 텔로미어의 길이가 단축되는 것, 에이즈를 일으키는 HIV 바이러스 유무에 따라 일란성 쌍둥이의 텔로미어 길이 차이를 보인다는 것을 조사하여 텔로머레이스가 인간 질병의 해결책이 될 수 있음을 인지함.

▶ 원핵생물의 유전자 복제과정은 어떻게 되나요?

원핵세포의 DNA에서 프로모터와 작동 유전자 및 기능적으로 연관되어 있는 구조 유전자들이 모여 있는 유전자 집단을 오페론이라고 합니다. 젖당 오페론은 대장균에서 포도당이 없을 때 젖당을 분해하여 포도당 수치를 높이는 역할을 수행하는 유도성 오페론이라고 합니다. 반면 크립토판 오페론은 크립토판이 부족할 경우 전사되는 억제성 오페론의 복제과정이 진행됩니다.

▶ 텔로미어 길이를 늘릴 수 있는 방법이 있나요?

　캘리포니아 대학에서 암 진단을 받은 35명을 대상으로 10명의 생활방식을 바꾸어 채식(과일, 채소, 특별한 화학 처리가 안 된 곡물, 저지방 등), 적당한 운동(1주일에 6일 30분씩 걷기), 스트레스 감소시키기(요가 스트레칭, 호흡, 명상 등)로 생활습관을 바꾼 결과 대략 10%의 더 긴 텔로미어가 관찰되었습니다. 이는 스트레스가 텔로미어의 길이를 짧게 만들므로 스트레스를 줄이고자 하는 후천적인 노력을 통해 수명을 연장할 수 있다는 뜻입니다.

▶ 텔로머레이스를 활용한 질병 치료는 어떻게 진행되고 있나요?

　암, 간 섬유화, 폐 섬유화, 재생 불량성 빈혈 등의 질병에 대한 치료법으로 텔로머레이스에 대한 연구가 활용되고 있습니다. 특히 암세포의 경우 텔로머레이스의 활동을 억제하는 항암제를 개발하려는 연구가 활발하게 진행되고 있습니다.

생명과학II

평소 장이 안 좋아 자주 먹는 소화제에 대해 관심을 가짐. 성분을 소개하고 소화제의 소화 흡수 촉진 원리에 대해 설명하면서 미생물을 통해 소화능력을 높이는 것이 중요하다는 것을 깨닫고 마이크로바이옴에 관심을 가지고 〈미생물의 힘〉을 읽고 발표함. '동물실험은 윤리적으로 정당한가?'라는 주제토론에서 동물실험으로 만들어진 약물의 92%가 임상시험을 통과하지 못한다는 기사를 인용하여 동물실험을 대체할 수 있는 'Lab on a chip'을 소개함.

▶ 증상에 따른 소화제 선택방법에 대해 알고 있나요?

　가스가 차고 자주 헛배가 부르는 경우 시메티콘이 포함된 소화효소제, 복통이 있거나 신물이 올라올 경우 제산제 및 위산분비 억제제, 복부 팽만감과 오심 등의 증세나 변비가 동반된 소화불량인 경우 위장 운동촉진제, 설사를 동반한 소화불량의 경우 장관운동을 억제하는 약과 함께 소화제를 복용하는 것이 좋습니다. 소화제는 의사의 처방 없이 약국에서 구매할 수 있지만, 약사에게 증상을 이야기하고 적합한 약을 복용하는 것이 좋습니다.

▶ 소화제의 원리는 어떻게 되나요?

소화제는 위에서 소화가 잘 되도록 도와주는 역할을 합니다. 음식물이 위에 머무는 시간은 음식마다 차이가 있지만 식사 한끼는 보통 4~5시간 머무는데 소화효소를 통해 20~30분 정도의 시간 안에 죽과 같은 상태로 만들어 소화가 잘 되도록 도와주는 역할을 합니다.

▶ 식후 30분에 약을 복용하라는 이유에 대해 알고 있나요?

공복에 약을 복용하는 것이 약효에 더 좋을 수 있습니다. 식후 30분에 복용하라고 하는 약은 음식물의 다양한 생리활성물질과 약의 성분이 서로 경쟁적으로 흡수되고자 하다 보니 흡수율이 떨어질 수 있는 단점이 있기 때문입니다.

생명과학실험

실험활동으로 '감자세포의 삼투압 측정'에서 감자세포의 몰농도를 측정하고 반트호프 방정식을 이용해 감자세포의 삼투압을 정확히 계산해 냄. 이 과정에서 세포 사이에 물 이동의 주된 원동력이 삼투현상이며, 물질 이동방식에는 ATP 소모 유무에 따라 능동수송과 수동수송로 구분되고, 수동수송에는 확산과 삼투현상이 있다는 것을 자세히 비교 설명함. 감자세포의 삼투압을 보다 정확하게 측정할 수 있는 방법에 대해 고민함. 농도가 진한 용액 위에 높은 압력을 가하면, 용매가 진한 용액에서 묽은 용액으로 이동하는 역삼투 현상이 나타남을 실용화되고 있는 각종 과즙의 농축을 예로 들어 설명함.
'pGLO 박테리아 형질전환'실험에서 아라비노스가 있는 배지에서 형질전환이 잘 된다는 것을 알게됨. UV램프로 확인할 수 있는 실험에 대해 추가적으로 조사하는 열정을 보임. 〈생물학 실험서〉 책을 읽고 형질전환을 이해하기 위해 분자단위의 메커니즘을 이해할 필요성을 느끼고 〈분자생물학:유전체와 단백질체의 구조와 동역학〉 책을 읽을 정도로 지적 호기심이 높음. 추가적으로 형질전환이 생명공학에서 사용되는 예시까지 조사하여 친구들을 이해시킴.

▶ 감자세포의 몰농도를 어떻게 측정할 수 있나요?

몰농도가 다른 설탕용액에 감자세포를 넣고 삼투현상에 의해 감자세포의 무게 변화가 0인 지점이 감자세포의 몰농도가 됩니다.

▶ 반트호프 방정식을 이용하여 삼투압을 구할 수 있는데, 이때 고려해야 하는 것은 무엇인가요?

수용액의 이온화도를 고려해야 합니다. 설탕용액은 이온화가 되지 않아 이온화도(i)=1이지만, 소금물은 $Na-$, $Cl-$로 이온화되어 i=2가 되므로 2를 곱해주어야 합니다.

▶ pGLO 박테리아 형질전환실험은 무엇인가요?

대장균에 녹색형광 단백질유전자를 플라스미드에 삽입하여 pGLO 박테리아에 항생제 저항성 유전자를 삽입하여 형질전환된 대장균은 자외선 램프에서 녹색형광을 나타내어 형질전환되었는지 확인할 수 있는 실험입니다.

▶ 단백질체를 이해하는데 동역학과 같은 물리가 필요한 이유는 무엇 때문인가요?

단백질에 관한 연구에서 가장 중요한 문제는 아미노산(amino acid)들의 서열로부터 단백질의 자연상태(native state)의 구조, 역할 및 응용성을 예측하고 접힘(folding) 및 잘못 접힘 동역학(misfolding kinetics)의 원리를 규명하는 것이 중요합니다. 이는 기초 학문적으로 생명공학 및 의학적으로도 인간의 실생활에 큰 영향을 미치기에 단백질의 열역학적, 동역학적 성질을 정량적으로 규명하는 지식을 이해하는 것이 중요합니다.

주제 탐구활동 발표에서 파스퇴르의 과학적 업적과 사회적 공헌을 소개하기 위해 '프랑스인이 가장 좋아하는 과학자, 파스퇴르'를 주제로 선정함. 광견병 백신과 저온살균법을 조사하여 파스퇴르가 생물학에 기여한 바를 설명함. 발표에 집중할 수 있도록 파스퇴르의 광견병 백신으로 살아난 소년의 일화를 소개한 점이 돋보임. 영상매체를 활용해 파스퇴르가 조국 프랑스를 위해 한 헌신적인 행동들을 소개하며 그의 됨됨이를 본보기로 삼아 자신뿐만 아니라 사회를 위해 힘쓰는 과학도가 되겠다는 포부를 밝힘.

▶ 파스퇴르가 사회적 공헌을 한 내용은 무엇인가요?

파스퇴르는 "과학이 상용화를 통해 인류사회 공헌에 이바지할 때 비로소 그 사명을 다하는 것이다"라는 일념하에 중앙아프리카, 카메룬, 이란, 브라질 등 특히 풍토병과 지역 전염병 등이 만연하는 개발도상국가에 연구소를 세워 질병 및 치료제 개발 연구를 통해 인류사회 공헌을 실현하고 있습니다.

▶ 저온살균법을 사용하는 이유는 무엇 때문인가요?

약 60℃에서 30분 가열하는 것을 저온살균법이라고 합니다. 이 방법은 병원균 미생물인 곰팡이와 박테리아, 효모 등의 세균과 부패균, 바실러스 균(Bacillus subtilis) 등의 개체수를 감소시키고, 음식물 고유의 향을 보존하기 위하여 실행하고 있습니다. 저온살균법은 살균온도와 시간에 따라 세 가지로 나눌 수 있습니다. 65℃로 가열하고 30분 후 냉각하는 저온 장시간 처리(LTLT)법, 72℃에서 15초간 살균하는 고온 단시간 처리(HTST)법, 138℃ 정도의 온도에서 2초 동안 살균하는 최고온 처리(UHT)법으로 분류합니다. 이 중 최고온 처리법은 균을 감소시키는 차원의 살균이 아닌 거의 멸균에 가까운 살균법이라 할 수 있습니다.

▶ 사회에 어떤 기여를 하는 과학도가 되고 싶은가요?

전기가 없는 곳에서 전기 없이 사용할 수 있는 원심분리기를 개발하여 진단할 수 있도록 도움을 준 것처럼 선진국에서 백신을 1+1으로 구매할 수 있도록 하여 저개발국가에 1개를 기부하여 모든 사람이 건강한 삶을 살 수 있도록 도와주는 일을 하고 싶습니다.

고급화학

생명공학 분야에 합성고분자가 약물의 부작용을 줄이거나 약물전달복합체 제조에 사용된다는 것을 새롭게 알게 되었고 환경호르몬 발생과 같은 문제점을 가지고 있음을 인식하게 되는 계기가 되었다고 함. 화학1에서 공유결합을 학습하면서 배위결합에 관심을 갖고 있어 배위 화합물을 주제로 발표함. 전이금속과 배위 화합물의 분자식을 통해 착이온과 리간드, 상대이온의 정의를 설명하고 전이금속의 배위수에 따른 화합물의 구조를 모형과 함께 체계적으로 분류함으로써 이해를 도움. 혈액이나 엽록체 등 생명체의 필수적인 부분이 배위화합물로 이루어져 있다는 사실을 소개함으로써 친구들이 배위 화학에 관심을 갖게 되는 계기를 마련함. 주제를 중심으로 관련 내용을 체계적으로 정리하여 일목요연하게 발표하는 능력이 뛰어남.

▶ 배위결합을 가진 약물에 대해 알고 있는 것이 있나요?

덴드리머가 있습니다. 중심 분자로부터 나뭇가지 모양의 단위구조가 반복적으로 뻗어 나오는 거대분자 화합물로서 의료용 약물 운반체, 표적지향성 물질, 수용성 향상 물질 등이 있습니다. 덴드리머는 독성이 없고 면역반응이 없으며 생분해성 특징을 가지고 있는 장점이 있습니다.

▶ 엽록체에 배위결합이 있나요? 엽록소에 배위결합이 있나요?

엽록소에 있습니다. 엽록소a, b에는 Mg^{2+}이 포르피린 고리의 N과 배위결합으로 킬레이트를 형성합니다. 적혈구 속 헴 단백질도 중심에 Fe^{2+} 원자를 중심으로 배위결합을 형성하고 있으며, 비타민 B12는 악성 빈혈 치료제로 중심에

Co2+가 있습니다.

▶ 킬레이트 약물에 대해 알고 있는 것이 있나요?

킬레이트제로 EDTA(에틸렌디아민테트라아세트산)의 염은 금속 중독을 치료하는 데 직접 사용됩니다. 킬레이트제가 생체의 상처 입기 쉬운 조직에 결합하는 것보다 독성이 있는 금속에 보다 강하게 결합하기 때문에 금속 중독을 치료하는 곳에 사용됩니다. 그리고 EDTA를 넣으면 지시약과 반응하여 색을 띠게 되는 용액 속 금속이온은 EDTA와 더욱 반응을 잘 하기 때문에 금속이온은 지시약에서 떨어지고 EDTA와 결합합니다.

💬 학부모 질문

Q 고급화학과 같은 전문교과는 과학고에서만 수업을 들을 수 있는 것 아닌가요?

A 꼭 그런 것은 아닙니다. 학교 간 공동교육과정이나 온라인 공동교육과정(교실온닷)을 통해 학생들이 자신의 진로에 맞는 과목을 선택할 수 있는 기회를 제공하고 있으므로 전문교과 과목을 이수할 수 있습니다. 수학으로는 심화수학I, 심화수학II, 고급수학I, 고급수학II를 들을 수 있으며, 과학으로는 고급물리학, 고급화학, 고급생명과학, 고급지구과학, 물리학 실험, 화학 실험, 생명과학 실험, 지구과학 실험, 융합과학 탐구, 과학과제 연구, 생태와 환경, 정보과학 과목이 개설되었을 경우 이수할 수 있습니다.

🔍 학생부 관리 팁과 학생부 세특 예시

고급화학 수업에 참여하여 탄화수소와 탄화수소 유도체에 관심을 가지고 다양한 화학결합에 대해 조사하면서 심화탐구활동을 진행한 사례

(고급화학) 주제탐구 발표시간에 화학1에서 배운 탄화수소의 개념에서 확장하여 '고분자 화합물'에 대해 조사하고 이를 프레젠테이션을 활용하여 설명함. 고분자의 정의, 종류 및 화학공학과 생명공학 분야에 활용되는 예를 동영상과 함께 제시하여 친구들에게 쉽게 이해시키고자 노력함. 발표를 준비하며 생명공학 분야에 합성고분자가 약물의 부작용을 줄이거나 약물전달복합체 제조에 사용된다는 것을 새롭게 알게 되었고 환경호르몬 발생과 같은 문제점을 가지고 있음을 인식하게 되는 계기가 되었다고 함.

화학1에서 공유결합을 학습하면서 배위결합에 관심을 갖게 되어 배위 화합물을 주제로 발표함. 전이금속과 배위 화합물의 분자식을 통해 착이온과 리간드, 상대 이온의 정의를 설명하고 전이금속의 배위수에 따른 화합물의 구조를 모형과 함께 체계적으로 분류함으로써 이해를 도움. 혈액이나 엽록체 등 생명체의 필수적인 부분이 배위화합물로 이루어져 있다는 사실을 소개함으로써 친구들이 배위 화학에 관심을 갖는 계기를 마련함. 주제를 중심으로 관련 내용을 체계적으로 정리하여 일목요연하게 발표하는 능력이 뛰어남.

생명과학에 높은 관심을 가지고 다양한 실험을 해보고자 리포솜을 활용하여 항암치료가 가능하다는 것을 알고 이를 자세히 조사하여 보고서를 작성해 발표한 사례

(생명과학II) 리포솜 캡슐이 약학 분야에 이용된다는 기사를 읽고 관련 자료를 읽으면서 다양한 항암치료제를 비교 분석하여 발표함. 특히, 박테리아가 자발적으로 생산하는 외막소포체를 항암제를 전달하는 약물전달체로 사용하여 신개념 리포좀인 항암제 운반 미니세포(mini cell) 약물전달시스템을 소개함. 이 미니세포는 박테리아의 말단부분을 떼어내 모든 유전물질을 비워버리고 여기에 항암제를 주입한 400nm의 운반체로 특정 암조직의 단백질만 선별적으로 찾아가는 항체를 이용하여 암을 표적지향하여 치료할 수 있는 장점이 있으며, 특히, 리포좀 약물 Doxil보다 100배 정도 효율을 지니고 있다는 점을 소개함. 또한 암치료 외에 리포솜을 활용한 다양한 질병 치료에도 관심을 가지고 '리포솜을 활용한 질병 치료' 주제로 보고서를 작성하여 제출함.

⊙ 사회 및 기타과목 관련 교과 세특

한국사

평소 본초학에 관심을 가지고 향약집성방 중 '향약본초의 특성과 성취'라는 논문을 참고하여, 향약 범주의 변화, 본초서의 내용과 특징에 대해 보고서를 작성함. 약물을 섞어 조제하는 방법, 약물 분량, 수치법, 복용법에 대한 다양한 정보를 습득함. 약에 대해 많은 지식을 담고 있는 서책을 조사하며 자신의 진로에 관한 심화적인 정보를 습득하는 열정을 보임.

▶ **향약집성방을 편찬한 이유는 무엇인가요?**

중국의 방서에 나와 있는 약재와 우리나라 약재의 이름을 통일하여 혼란을 막기 위해서입니다. 또한 생장하는 곳이 다르면 약효도 달라진다는 것을 알고 동일한 효능을 나타낼 수 있는지 확인하고자 했습니다. 이처럼 복제약이 제 기능을 나타내기 위해서는 동등성 평가를 해야 하는 것이 중요하다는 것을 깨닫게 되었습니다.

▶ **우수한 한약재를 생산하기 위해 필요한 관리체계가 있나요?**

농산물 생산 및 취급과정에서의 위해요소를 차단하기 위해 마련된 규범으로 농산물 생산자 및 관리자가 지켜야 하는 농산물 우수관리제도(GAP, Good Agricultural Practices)를 운영하고 있습니다. 이는 농산물의 재배, 수확, 수확 후 처리, 저장과정 전반에 있어서 소비자가 그 관리사항을 알 수 있게 해주는 제도입니다. 한약재의 원료가 되는 약용작물은 고품질의 한약재로 재배하고 있습니다. GAP제도는 농산물 이력추적관리, 종자 및 묘목의 선정, 농경지 토양 관리, 비료 및 양분 관리, 물 관리, 작물 보호 및 농약 사용, 수확작업 및 보관, 수확 후 관리 및 시설, 환경오염 방지 및 농업 생태계 보전, 농작업자의 건강, 안전, 복지까지 고려하여 체계적으로 교육 및 관리하고 있습니다.

▶ **수치법이란 무엇인가요?**

산지에서 채취한 약재를 선별, 세척, 건조의 과정을 거쳐 조제하기 좋은 상태로 가공하는 것을 수치라고 합니다. 수치를 통해 독성, 부작용 등을 없애주고, 약재의 악취를 없애고 복용하기 쉽도록 하면서 약효를 강화시켜주는 것을 말합니다.

생명과학연구원이 지녀야 할 윤리적 덕목 및 생명을 대할 때의 마음가짐과 도덕적으로 성공한 인물에 대해 조사하고 보고서로 작성함. 미래의 자신이 생명과학연구원이 되어 사회에 기여하기 위해 행해야 할 노력에 대해 잘 알고 있음.

▶ 생명과학자에게 요구되는 책임은 무엇인가요?

생명현상 탐구를 목적으로 하는 생명과학자는 생명 자체에 대한 관념을 넘어 인간과 자연의 관계를 정립할 수 있는 생명 감수성과 지구온난화, 식량, 건강문제 등에도 관심을 가지는 자연과의 관계성을 가져야 합니다. 여기에 생명존엄성 의식도 가지고 있어야 합니다.

▶ 국가생명윤리위원회는 어떻게 운영되고 있나요?

생명과학 발전에 따르는 윤리와 안전문제를 총괄하는 독립 상설기구로서 위원장을 포함하여 15인 이내로 구성할 수 있습니다. 위원의 임기는 2년이며, 연임할 수 있습니다. 생명과학 분야 지식과 기술 적용으로 야기될 수 있는 윤리와 안전문제에 대처하고 그러한 문제를 사전에 예방하기 위한 기본계획을 수립하고 전반적인 대책을 마련하는 임무를 수행합니다.

▶ 생명 관련 특허를 받기 위해서는 어떤 조건을 충족해야 하나요?

생명윤리기본법에 의해 금지되는 연구로부터 나오는 기술과 그 생산물에 대해서는 생명특허를 받을 수 없습니다. 또한 단순한 유전자 염기서열 구명 또는 그 기능이 밝혀지지 않은 유전물질에 대해서는 특허를 받을 수 없습니다.

일본어를 좀 더 즐겁게 배우기 위해 노래를 만들어 일본어 표현이나 문법을 공부하고, 일본 드라마나 영화대사에 적용시켜 응용능력을 기름. 일본 화장품 기업인 '시세이도'라는 기업에서 출시되고 있는 제품들을 우리나라 제품들과 비교하여 보고서로 작성, 일본 화장품의 특징과 국내 화장품 특징들을 비교 정리하여 발표함.

▶ **일본 화장품의 특징에 대해 설명해주세요.**

해외브랜드와 차별화를 위해 내세운 동백 오일, 하토무기 엑기스, 선복화, 율무, 목단껍질, 백련, 당귀 등 일본 전통 성분을 활용한 화장품이 신뢰도가 매우 높습니다. 또한 일본인들은 올인원 화장품을 선호합니다. 그래서 BB크림이 큰 인기를 얻고 있습니다.

▶ **일본 화장품과 국내 화장품의 공통점은 무엇인가요?**

고령화 사회로 접어들면서 안티에이징 제품이 큰 인기를 얻고 있습니다. 그래서 콜라겐, 코엔자임Q10, 줄기세포를 이용한 노화방지 화장품 등이 판매가 잘 되고 있습니다. 또한 천연 기능성 화장품이 인기를 얻고 있어 세계적인 트렌드로 자리 잡고 있다는 점과 젠더리스(Genderless) 화장품이 서서히 관심을 받고 있습니다.

▶ **코로나 이후 화장품 산업은 어떻게 변화될 것이라고 예상하나요?**

코로나로 인해 외출이 줄어들어 색조화장보다는 기초화장으로 피부 탄력을 잡아주거나 진정케어제품, 항균/항염화장품이 큰 인기를 얻고 있습니다. 또한 마스크를 착용함에 따라 아이쉐도우, 아이라이너 등 아이 메이크업 시장은 유지 되고 있습니다. 앞으로 화장품은 마이크로바이옴과 뇌파 진단기반 뷰티기술, 인 공지능과 빅데이터를 접목한 맞춤형 화장품 등 정밀화학 바이오 기술이 접목된 뷰티기술, 구독시장이 증가할 것입니다.

PART
3

독서
심화 탐구

전공적합성
인재 독서

📍 크리스퍼가 온다(제니퍼 다우드나 외 1명, 프시케의 숲)

크리스퍼가 온다 줄거리

제니퍼 다우드나, 새뮤엘 스턴버그 저자는 21세기의 인류가 스스로의 한계를 넘어서려 하고 있는 미래 담론의 핵심 기술인 '크리스퍼 유전자가위'에 대해 소개한다.

유전자가위란 타깃 유전자만을 정밀하게 조준해서 편집할 수 있는 최첨단 기술로서, 인류가 직면한 거대한 문제를 획기적으로 해결할 것으로 기대된다. 특히 저자인 제니퍼 다우드나는 해당 기술을 최초로 개발한 당사자(2020년 노벨화학상 수상자)로, 이 책을 통해 유전자가위의 연구 개발 과정과 그 원리를 상세하고 명쾌하게 밝힌다. 크리스퍼에 대한 가장 적확한 교양과학 지식을 이 책에서 얻을 수 있다.

주목할 만한 점은 저자가 크리스퍼의 '실제 적용'에 대해 심도 깊게 논의한다는 것이다. 그녀가 개발한 유전자가위는 활용도가 높고 가격이 저렴해서 의학과 농축산업 분야의 비약적인 발전은 물론 산업적인 잠재력이 무궁무진하다. 아울러 그만큼 무분별한 사용의 위험성도 있어 윤리적인 도전도 만만치 않다. 저자는 이러한 양면성을 포괄적으로 검토하며 유전자가위에 대한 사회적, 윤리적 논의를 강력하게 촉구한다.

▶ **크리스퍼 유전자가위는 어떻게 작동하나요?**

크리스퍼 Cas9 단백질은 먼저 가이드 RNA와 결합한 다음, 가이드 RNA가 잘라야 할 DNA 표적 부위에 결합했을 때 다시 표적 DNA로 옮겨가 효소작용을 통해 DNA를 잘라냅니다. 이때 크리스퍼 Cas9 단백질은 여러 단계를 거칠 때마다 다른 효소나 유전자와 결합하기 가장 좋은 형태로 구조를 바꿉니다. 가이드 RNA 역시 표적 DNA와 결합한 뒤에도 수시로 구조를 바꿔가며 단백질의 활성에 영향을 미칩니다.

▶ **크리스퍼 유전자가위를 어떻게 적용하고 있나요?**

가이드 RNA가 코로나 바이러스의 RNA에 결합하면, 캐스13이란 효소 단백질이 형광(螢光) 입자가 붙어 있는 RNA가닥을 잘라내어 형광 입자가 레이저를 받고 빛을 내는 것으로 코로나 바이러스를 탐지할 수 있습니다. 기존보다 빠르게 감염 여부를 확인할 수 있으며, PCR 증폭의 과정을 거치지 않았기에 환자의 바이러스 양을 측정할 수 있는 장점이 있습니다.

▶ **바이러스와 면역에 관한 지식을 확장시키기 위해 추가적으로 읽은 책이 있나요?**

〈팬데믹 시대를 위한 바이러스+면역특강〉 책을 읽었습니다. 지구온난화로 빙하 속에 있던 바이러스가 나타나기도 하며 팬데믹은 앞으로 지속적으로 더 빠르게 일어나기에 면역력을 높이기 위한 노력과 백신을 통해 항체를 형성하여 보호하는 것이 중요하다는 것을 알게 되었습니다.

질병 정복의 꿈, 바이오 사이언스(이성규, MID)

저자는 100세 시대에 건강하게 오래 살고자 하는 인간을 이해하고자 다양하게 개발되고 있는 치료제를 소개하고 있다.

생명의 길이만큼이나 생명력, 즉 건강도 함께 욕망하고 있다. 그래서 오래 사는 것만큼이나 건강하게 사는 것이 중요한 시대다. 치매와 같은 퇴행성 뇌질환이 노화와 함께 찾아오고, 당뇨병은 끈질기게 우리를 위협하고, 비만은 우리 일상에서도 흔히 발견된다. 건강과 수명 모두를 욕망하는 인류에게 어떤 해결책이 있을까?

바이오 사이언스, 즉 생명과학은 인류가 꿈꾸는 건강과 수명의 열린 문일 될 것이다. 이 문은 열리기 시작한 지 오래되진 않았지만, 과학의 발전과 과학자들의 노력으로 인해 그 좁았던 입구가 점점 넓어지고 있다. 다양한 치료제 개발과정을 보면서 꿈을 키워나가길 바란다.

▶ 〈바이오 사이언스〉 책을 읽고, 가장 기억에 남는 내용은 무엇인가요?

에이즈 치료를 위해 칵테일 요법으로 정해진 일정에 따라 약을 먹어야 효과를 볼 수 있습니다. 그런데 이를 지키지 않을 경우 바이러스 수를 증가시키는 단점과 병 자체를 치료할 수 없다는 단점이 있는데 잠복 상태의 HIV를 제거하려면 먼저 잠자는 HIV를 깨운 다음 공격을 감행하는 '충격과 살해(shock and kill)' 전략이 있다는 것을 알게 되었습니다.

▶ 다양한 치료제에 관한 내용이 많은데, 그중에 가장 관심 있는 치료제는 무엇인가요?

기후 온난화로 다양한 바이러스가 출몰하여 바이러스로 인한 팬데믹 현상이 지속될 것이라는 기사를 보고 바이러스를 보다 효과적으로 치료할 수 있는 범용백신에 관심을 가지게 되었습니다. 돌연변이가 생기더라도, 같은 코로나계열의 바이러스는 다 치료할 수 있는 범용백신이 개발된다면 더욱 건강한 삶을 살 수 있을 것이라고 생각하여 범용백신을 개발하고 싶습니다.

▶ **코로나계열 바이러스에는 어떤 것이 있나요?**

RNA바이러스로 표면에 독특한 왕관 모양의 스파이크 단백질의 모양에 따라
알파, 베타, 감마, 델타코로나바이러스 등 4가지 속으로 세분화됩니다. 사스, 메
르스도 코로나계열 바이러스입니다.

 플라이 룸(김우재, 김영사)

플라이 룸 줄거리

저자는 자신의 조그만 실험실부터 세계 최고의 연구소까지 경험하
고 초파리를 연구하면서 과학과 사회의 공명에 대한 고민을 털어놓
는다. 초파리는 신경회로와 행동을 연구하는 분야에서 가장 효과적
인 모델생물이다. '공격성의 신경생물학적 원리는 무엇인가?', '감정
은 어떻게 조절되고, 기억은 어떤 방식으로 저장되는가?' 이런 질문
들이 초파리 행동유전학을 통해 진화생물학, 발달유전학, 분자생물
학을 이해시켜주고 있다. 그리고 '시간지각', 즉 심리학과 인지과학의
뜨거운 화두인 '동물이 시간을 인지하고 추정하는 능력'의 비밀 또한
초파리 연구를 통해 해결하는 등 생물학자를 희망하는 학생들에게
도움이 되는 내용들이 실려 있다.

▶ **초파리로 연구할 때의 장점은 무엇인가요?**

초파리는 유전학 연구를 할 때 매우 이상적인 모델동물입니다. 첫째, 크기가
작고 실험실에서 배양하기 쉽습니다. 둘째, 한 세대가 약 2주 정도로 매우 짧고,
많은 자손을 번식합니다. 셋째, 거대 침샘 염색체(4개의 염색체)로 쉽게 관찰 및

분석이 쉽습니다. 넷째, 감수분열 과정에서 재조합이 일어나지 않아 염색체를 추적하기 용이합니다.

▶ 초파리를 대상으로 연구할 때 한계점은 없나요?

인간 질병 연구에 이용되기에는 몇 가지 한계가 있습니다. 가장 큰 한계점은 초파리가 무척추동물이므로, 척추동물에서만 나타나는 다양한 생명현상 또는 조직의 기능에 대해서 연구하기에는 상당한 한계가 있습니다. 또한 심혈관계의 경우 2심방 2심실 구조는 포유동물에서만 나타나는 구조이며, 혈관계 역시 개방혈관계를 가지는 초파리의 혈관계는 폐쇄혈관계인 복잡한 사람의 혈관계를 연구하기에 근본적인 한계를 지니고 있습니다. 뼈대계의 경우도 외골격 구조를 가진 초파리를 이용하여 인간의 뼈대계를 연구하는데 역시 한계가 있으며 초파리에는 존재하지 않는 후천성 면역체계를 이해하는 데 한계가 있습니다.

▶ 초파리 이외의 실험 모델 동물은 어떤 것이 있나요?

꼬마선충, 개구리, 도롱뇽, 닭, 생쥐 등이 있습니다. 그중 쥐는 인간과 매우 흡사한 구조, 생리, 유전자를 가진 포유류이며, 태어난 지 6주에서 8주면 차세대 생산이 가능하고 한 번에 8마리에서 10마리가량의 새끼를 낳습니다. 이는 유전자의 기능을 확인하는 데 있어서 절대적으로 중요한 덕목입니다. 그리고 유전자 파괴, 유전자 삽입, 유전자 편집 등이 쥐에게서 가능해지면서 많은 첨단 생물학 연구에 꼭 필요한 실험 모델 동물이 되었습니다.

내 몸 안의 작은 우주, 분자생물학(다다 도미오 외 1명, 전나무숲)

저자는 세포의 구조에서부터 유전자 해독 프로세스까지 포괄적으로 다루었다. 병에 걸렸을 때 먹는 각종 조제약은 분자생물학의 도움이 없었다면 제조하는 것 자체가 불가능했다. 인류의 건강에 도움을 줄 수 있는 새로운 신약 역시 분자생물학에 기초한다. 인간의 유전자를 분석해 향후 발병할 수 있는 병을 알아내는 것이나 암을 정복하기 위해 암세포를 끊임없이 연구하는 것 역시 정확하게 분자생물학의 영역이기도 하다. 특히 '면역력'에 있어서 가장 중요한 것이 세포들의 건강한 생성과 순환, 자살이라고 할 수 있는데 분자생물학적 기초 없이 면역력을 공부하는 것은 모래성을 쌓는 것과 마찬가지이다. 그런 점에서 분자생물학은 면역력 이해를 위한 초석을 다지게 하고, 분자생물학이 우리의 생활과 그리 멀지 않음을 알 수 있게 한다.

분자생물학의 가장 기초적인 세포의 구조에서부터 단백질의 활동과 효소의 역할, 세포들 간의 정보 교환방법, DNA의 구조에 대한 심층적인 이해와 복제 시스템, 유전자 해독과 유전자 치료 등 분자생물학에서 다루는 내용 대부분을 빠짐없이 포괄적으로 다루고 있다. 특히 언론에서 많이 등장한 '인간 게놈프로젝트'를 이해할 수 있는 튼튼한 기초를 제공하기도 한다. 뿐만 아니라 일반인들이 잘못 알고 있는 과학상식은 물론 헷갈리는 부분에 대해서도 짚고 넘어간다. 'DNA, 유전자, 게놈'의 차이점과 유사성에 대한 명쾌한 해설을 하는 것은 물론 암의 유전 여부에 대한 부분도 과학적으로 밝혀준다.

▶ 필수 아미노산이란 무엇인가요?

체내에서 전혀 합성되지 않거나, 합성되더라도 아주 적기에 반드시 음식물로부터 섭취해야 하는 아미노산으로 어느 한 종류가 빠져도 발육·성장 및 몸의 유지에 영향을 주어, 성장이 잘 안 되거나 정지될 수 있습니다. 성인의 필수아미노산은 이소류신·류신·리신·메티오닌·페닐알라닌·트레오닌·트립토판·발린의 8종이 있습니다. 유아에게는 히스티딘도 포함됩니다.

▶ 프로테오믹스는 어떻게 활용할 수 있나요?

프로테오믹스는 유전 정보에 의해 발현되는 단백질체를 대상으로 단백질들을 동정하고, 특성을 분석하며, 종합적인 정량 정보를 얻어내는 학문 분야로 단백질 간의 상호작용, 특정 단백질 및 그와 상호작용하는 단백질들의 구조적인 특성까지 연구하는 분야로 그 개념이 확장되고 있습니다. 프로테오믹스를 통한 바이오 마커로 단백질들의 차이를 비교 분석하여 질병의 원인을 파악하여 치료제를 개발하는 데 도움을 얻을 수 있습니다.

▶ 오믹스 기술에는 어떤 것이 있나요?

오믹스 기술은 유전체공학, 전사체공학, 단백질체공학, 대사체공학, 지질체공학이 있습니다. 최근 단백질체와 유전체공학을 융합한 키노믹스 등의 기술이 있습니다. 오믹스 기술은 항생제의 개발뿐만 아니라 질환진단과 치료수단으로도 활용되고 있으며, 약물의 체내 반응기작을 규명하는 분석에서도 중요하게 사용되는 기술입니다. 또한 복잡한 인체 생체반응의 분석을 위해서도 사용되어 개인의 맞춤형 치료를 위한 정밀 분석도구로 활용 가능성이 높습니다.

나를 속이는 뇌, 뇌를 속이는 나(로랑 코앙, 사이언스타임즈)

나를 속이는 뇌, 뇌를 속이는 나 줄거리

프랑스의 뇌 과학 전문가 로랑 코앙은 우리의 눈높이에 맞춰 미로 같은 머릿속을 잘 헤쳐 나갈 수 있도록 흥미롭고 다양한 사례들로 대화를 이끈다. 한 사람이 다른 사람에게 무의식적으로 정보를 전달해서 영향을 끼치는 '영리한 한스 효과'에서부터 환자가 자신의 장애를 인식하지 못하는 '질병 인식 불능증'까지 여태 몰랐던 뇌 과학의 세계에서 재치 넘치는 길잡이 역할을 해준다.

'뇌가 색깔과 그림자를 어떻게 인식하는지', '왜 사람마다 수학적 능력이 다른지', '왜 우리는 가만히 있지 않고 뭔가를 하려고 드는지' 등 뇌에 관한 다양한 물음에 쉽고 명쾌하게 답한다. 또한 신경학자이자 신경 의사의 시각으로 뇌 손상을 입은 환자들을 통해 뇌의 기능을 밝혀주고, 신경과학의 중요한 발견들이 의료와 교육 분야

에서 직접적으로 활용되는 사례들도 보여준다. 이 책을 끝까지 따라가면 한때 인터넷을 뜨겁게 달궜던 '파·검/흰·금 드레스 색깔 논란'이나 벼락치기 공부법의 하나인 '색반전 암기법'의 비밀을 풀 수 있다.

▶ 영리한 한스 효과란 무엇인가요?

　한스라는 말(馬)이 질문자의 표정, 억양, 관객들의 반응 등을 읽고 발굽을 두드려 질문에 답을 맞춘 것처럼 질문자가 보내는 무의식적 단서나 신호들을 읽어내어 질문자의 기대효과를 얻는 것입니다. 따라서 눈을 가릴 경우 정답을 전혀 맞추지 못했습니다. 이처럼 인간도 상대방의 작은 움직임 등을 빠르게 캐치하여 올바른 피드백을 해줄 수 있는 능력이 있다고 봅니다.

▶ 질병 인식 불능증이란 무엇인가요?

　자신의 몸에 생긴 질병이나 이상 상태를 알아차리지 못하거나 질병이나 이상 상태를 부정하는 증상을 말합니다. 이처럼 시각 인식 불능증(또는 안면인식장애)

을 가진 내용을 이해하고자 〈아내를 모자로 착각한 남자〉라는 책을 읽으며 뇌의 각 역할의 중요성을 깨닫게 되었습니다.

▶ **치매환자가 가족의 얼굴을 보고 잘 구분하지 못하는 현상도 안면 인식장애인가요?**

네, 치매환자뿐만 아니라 뇌졸중이나 뇌종양이 얼굴 인식 부위에 발생하면 사람 얼굴을 못 알아볼 수 있습니다. 하지만 안면 인식장애라고 하더라도 옷차림, 목소리, 말투, 행동 습관 등으로 누구인지 알아차릴 수 있습니다. 또한 안면 인식장애로 누구인지 몰라도 이 사람이 좋은 사람인지 나쁜 사람인지는 구별할 수 있습니다.

📍 크레이지 호르몬(랜디 허터 엡스타인, 사이언스타임즈)

크레이지 호르몬 줄거리

저자는 인간과 호르몬의 관계를 제대로 알 때, '우리가 과연 누구인지'에 관한 새로운 통찰을 얻을 수 있다고 말한다. '크레이지 호르몬'은 호르몬이 성 분화(sex differentiation)에 어떤 영향을 얼마나 미치는지에 관한 답을 제시한다. 또한 남성도 여성도 아닌 간성인(intersex)들의 삶을 보여줌으로써 독자들로 하여금 '남성과 여성'이라는 이분법적인 성별 시스템을 고찰하게 한다.

성별뿐만 아니라 호르몬이 키, 질병, 증오나 사랑과 같은 감정, 포만감, 성욕 등에 어떤 영향을 미치는지 과학적으로 탐구한다. 기존에 출간된 호르몬 관련 도서들이 대부분 '어떻게 건강해질 수 있을지', '어떻게 질병을 극복할 수 있을지'에 초점을 맞춰 호르몬을 이야기했다면, 이 책은 호르몬이라는 존재 자체에 초점을 맞춘다. 인간을 구성하는 다양한 요소를 호르몬의 관점에서 돌아보는 과학서라고 할 수 있다.

▶ **남성과 여성을 결정하는 성호르몬에는 어떤 것이 있나요?**

성 호르몬에 의해 남성과 여성을 결정하게 됩니다. 남성은 안드로겐(테스토스테론), 여성은 여포호르몬(에스트로겐), 황체호르몬(프로게스테론)이 있습니다. 성호르몬의 불균형으로 남녀의 외부 생식기를 모두 가지고 있거나, 외부 생식기의 형태만으로는 성별을 판정할 수 없는 간성인(intersex)이 나타날 수 있습니다.

▶ **호르몬을 통해 건강해질 수 있나요?**

호르몬은 그리스어 '호르마오(Hormao)'에서 유래한 것으로 '자극하다, 흥분시키다'라는 뜻을 지니고 있습니다. 다른 영양소들과 달리 스스로 만들어내고 분비됩니다. 몸속에 있는 수많은 장기가 제 역할을 수행할 수 있도록 도와주는 서포터 역할을 통해 우리를 움직이게 하고 활력 넘치게 하는 것이 바로 호르몬입니다. 혈관 건강을 돕는 인슐린, 노화방지 및 대사증후군 치료에 돕는 성장호르몬, 생체리듬을 조절하고 수면을 돕고 면역력 향상을 돕는 멜라토닌 등이 있습니다.

▶ **비만과 스트레스를 호르몬으로 예방할 수 있나요?**

새벽 3시부터 날이 밝을 때까지 렘수면 시 분비량이 증가하는 각성 호르몬인 코티솔(당질 코르티코이드)은 항염증 작용을 하고 알레르기를 억제하며 지방 연소작용을 도와 다이어트 호르몬이라고도 합니다. 또한 스트레스에 대항해 몸을 지키기 위해 코티솔이 분비되는데, 지나치게 분비되면 혈당치가 높아지고 면역력이 떨어지는 원인이 됩니다. 이처럼 비만과 스트레스 모두 효능이 있는 코티솔을 통해 건강까지 챙길 수 있습니다.

📍 10퍼센트 인간(앨러나 콜렌, 시공사)

10퍼센트 인간 줄거리

저자는 제2의 게놈, 마이크로 바이옴이 밝히는 신비한 미생물의 과학을 소개한다. 인류가 지구상의 선배인 미생물을 어떻게 효율적으로 활용하고, 어떻게 그것과 공존하는 방향으로 진화해왔는지 생각해볼 수 있다. 비로소 우리 자신의 몸에 대한 통찰을 갖게 될 것이다.

한 시간이 멀다 하고 배를 움켜쥐며 화장실로 달려가는 사람, 알레르기 비염으로 코를 킁킁대는 사람, 당뇨병 때문에 하루에도 몇 번씩 스스로 인슐린 주사를 놓는 사람, 자폐증 아이를 둔 사람, 불안장애로 인해 일상생활에 지장이 있는 사람, 아토피 증상이 있는 아이를 위해 자극 없는 세제를 고르고 있는 사람, 체중 관리 때문에 다이어트 보조식품을 끼고 사는 사람… 이러한 질병들은 죽음에 대한 공포나 병에 대한 경각심을 심각하게 불러일으키는 것은 아니지만, 분명히 삶의 질을 현격히 떨어뜨리는 것들이다.

우리 몸은 살과 피, 뇌와 피부, 뼈와 근육 등 10퍼센트의 인체 세포와 박테리아, 바이러스, 곰팡이 등 90퍼센트의 미생물로 이루어져 있다. 우리 자신은 하나의 개체가 아닌 수많은 생명이 어우러진 하나의 집합체라고 볼 수 있다. 몸속 미생물의 불균형이 우리의 신진대사와 면역체계, 더 나아가 정신건강에 어떠한 영향을 끼치는지 밝힌다. 또한 항생제 남용, 무분별한 제왕절개, 신중하지 못한 분유 수유, 항균 제품에 대한 맹신이 우리 몸에 예상치 못한 흔적을 남겨두었는지 이야기하고, 획기적 치료법인 대변 미생물 이식의 현재와 미래에 관해 논한다.

▶ '10퍼센트 인간'이란 무엇을 의미하나요?

우리 몸에서 인간의 세포는 10%에 불과하고, 유전자는 겨우 0.5%를 차지합니다. 나머지는 공생하거나 기생하는 미생물이 차지하고 있을 정도로 미생물이 중요한 역할을 한다는 의미입니다. 항생제 치료 뒤에 온갖 병치레를 할 정도로 21세기형 질병에 시달리고 있다는 내용을 알려주고 있습니다. 또한 비만, 장염, 충수염, 그 외의 자가면역 질환도 체내 미생물의 불균형으로 야기되었다는 것을 알려주고 있습니다.

▶ 항생제 치료를 통해 병균을 죽여 건강한 몸으로 회복하는 것이 아닌가요?

　항생제는 세균 감염을 치료하기 위해 필수이지만 세균과 장내 유익균을 함께 죽여 고혈압, 당뇨, 아토피 피부염 등 각종 만성질환에 취약하게 만드는 치명적인 부작용이 존재합니다. 장내 미생물이 항생제에 노출되면 생존을 위한 긴축반응(stringent response)을 일으키며 이로 인해 항생제에 내성을 갖는 세균들이 늘어 장내 미생물 구성에 심각한 왜곡현상이 발생하게 됩니다. 이와 함께 항생제 내성 세균 대부분이 돌연변이를 보유하고 있고 항생제를 투여해도 오래 유지되는 성질로 왜곡된 장내 미생물 구성이 쉽게 회복되지 않아 만성질환을 야기시키는 문제점이 있습니다.

▶ 항생제 내성균을 효과적으로 치료할 수 있는 방법은 없나요?

　다제내성균인 슈퍼 박테리아를 치료하는 방법은 소변검사나 혈액검사를 통해 내성 없는 항생제나 두 가지 이상의 항생제를 함께 투여하는 방법과 인체의 면역세포와 면역물질로 이겨낼 수 있습니다.

인류의 운명을 바꾼 약, 약의 탐험가들(도널드 커시 외 1명, 세종서적)

약의 탐험가들 줄거리

저자는 온갖 위험을 무릅쓰고 약을 개발해낸 사람들의 에피소드를 소개한다. 약을 찾아 헤매는 건 질병 자체만큼이나 오래된 일이다. 인류의 역사만큼이나! 신석기시대 미라의 주머니에 들어 있던 자작나무 버섯은 편충 치료제로 밝혀졌다. 인류는 모든 재료를 사용해 약을 만들어왔다. 마구잡이 채취 시절부터 바이오 기업까지 신약개발이 성공할 확률은 불과 0.1%다. 페니실린, 아스피린, 인슐린 등 인류의 운명을 바꾼 약들은 그런 어려운 연구과정을 거쳐서 실용화된 "꿈의 약"이다.

이 책은 식물의 시대부터 합성화학을 거쳐 전염병 의약품 시대별로 각 분야의 원조가 된 의약품이 탄생한 과정을 알려준다. 신약개발 과정에 대해 전면적으로 탐구한 책은 이 책이 최초라고 할 수 있다. 제약 산업의 최전선에서 35년 동안 일한 저자는 자신의 지식과 경험을 살려 흥미롭게 서술했다.

▶ **이 책을 읽고, 깨달은 점은 무엇인가요?**

신약 성공률 0.1%의 불가능한 여정을 위해 포기하지 않고 도전하여 성공하는 연구자들을 보면서 포기하지 않으면 성공시킬 수 있을 것이라는 자신감을 가지게 되었습니다. 또한 인공지능과 약물 데이터베이스, 입자가속기 등의 발전으로 보다 빠르게 약을 개발할 수 있다는 것을 확인하고 제약연구원에 확신을 가지게 되었습니다.

▶ **입자가속기가 제약 산업에 어떤 도움을 줄 수 있나요?**

분자수준의 단백질 사진을 찍어 단백질이 어떻게 결합되었는지, 입체적인 구조는 어떻게 되는지 등을 확인할 수 있습니다. 열쇠와 자물쇠 설에 의해 항원과 잘 결합할 수 있는 치료물질을 보다 쉽게 찾을 수 있어 개발하는 비용과 시간을 절약해줍니다.

▶ 인공지능을 활용하면 신약 후보물질을 발굴하는데 시간을 얼마나 단축할 수 있나요?

AI 활용 신약개발 스타트업인 인실리코 메디슨은 새로운 신약 후보물질 발굴, 합성 및 검증까지 단시간에 수행할 수 있는 AI 시스템 'GENTRL'을 개발하여 섬유증 및 기타 질환 치료를 위해 DDR1 억제제 타깃물질 6개를 발굴 및 합성한 후 in vitro 및 in vivo에서 검증하는 프로세스를 단 46일 만에 마칠 정도로 시간을 단축했습니다. 이전에는 8년 이상의 시간과 수백만 달러가 소요되었습니다.

AI를 활용한 신약개발 연구 분야

구분	연구 분야	구분	연구 분야
1	정보의 통합 및 합성 Aggregate and Synthesize Information	9	전임상 실험 설계 Design Preclinical Experiments
2	질병기전 이해 Understand Mechanisms of Disease	10	전임상 실험 실행 Run Preclinical Experiments
3	바이오마커 구축 Establish Biomarkers	11	임상시험 디자인 Design Clinical Trials
4	데이터 및 모델 생성 Generate Data and Models	12	임상시험 대상자 모집 Recruit for Clinical Trials
5	기존 의약물질 리포지셔닝 Repurpose Existing Drugs	13	임상시험 최적화 Optimize Clinical Trials
6	신규 후보물질 도출 Generate Novel Drug Candidates	14	데이터 공개 Publish Data
7	후보물질 검증 및 최적화 Validate and Optimize Drug Candidates	15	실제 임상 근거 분석 Analyze Real World Evidence
8	의약 디자인 Design Drugs		

출처 : BenchSci, 150 Startups Using Artificial Intelligence in Drug Discovery, 2019.9.(Last Updated 2019.9.3.)

코로나19 치료제 인공지능으로 후보물질 도출

기업	내용
한국 파스퇴르 연구소	• AI기반 약물스크리닝 기법을 통해 코로나19 치료제 후보물질로 나파모스타트 (급성 췌장염 치료제_약물재창출) 확보 • 종근당이 나파벨탄로 코로나19 치료제 개발을 위해 임상 2상 진행
디어젠	딥러닝 기법 기반 알고리즘을 활용하여 코로나19 치료제 후보물질 도출
아론티어	AI기반 신약개발 통합 플랫폼 기술을 활용하여 코로나19 치료제 후보물질 발굴 진행
부광약품	레보비르(B형 간염)
신풍제약	파라맥스(말라리아)
엔지켐생명과학	EC-18(ARS등)
이뮨메드	HzVSF(B형 간염)
SK케미칼	후탄(항응고제)
영풍제약	페로딜(뇌경색)

📍 진단이라는 신약(김성민, 바이오스펙테이터)

진단이라는 신약 줄거리

저자는 환자에게 꼭 맞는 항암제를 찾아내는 최첨단 테크놀로지를 소개한다.

진단은 임상시험의 성공과 실패를 나누는 결정적인 요소이며, 시판 후 약물의 시장 규모를 결정짓는 기준이다. 제약기업은 개발 초기부터 어떤 바이오마커로 동반진단 키트를 개발할 것인지 고민해, 의료 현장에서 처방되기 시작하면서 동시에 동반진단 키트를 승인받는 것이 이상적이다.

홀로토모그래피 현미경을 이용하면 각각의 균에 대한 이미지 데이터베이스를 구축해놓을 수 있다. 그리고 패혈증 환자가 들어오면 마찬가지로 혈액을 뽑아 현미경에서 관찰해 어떤 균인지 찾아낼 수 있다.

구체적으로는 혈액 안에 있는 균을 배양하는 과정을 줄여 진단속도를 빠르게 돕는다. 전 처리 과정 없이 박테리아의 3D 이미지와 함께 부피, 표면적, 질량 등 수치화된 데이터를 얻을 수 있기에 가능한 일이다. 세포 단위에서 벌어지는 변화를 실시간 동영상 수준으로 보여주는 현미경 기술과, X-레이를 분석해 암 진단의 오진을 줄이면서 치료제 선택의 정확성을 높일 수 있는 AI기반 기술을 소개한다.

▶ 바이오마커란 무엇인가요?

바이오마커란, 일반적으로 단백질이나 DNA, RNA, 대사물질 등을 이용해 몸 안의 변화를 알아낼 수 있는 지표입니다. 즉, 특정 질병이나 또는 암의 경우에 정상이나 병적인 상태를 구분할 수 있거나 치료 반응을 예측할 수 있고 객관적으로 측정할 수 있는 표지자를 의미합니다. 정상적인 생물학적 과정, 질병 진행상황, 그리고 치료방법에 대한 약물의 반응성을 객관적으로 측정하고 평가할 수 있는 역할을 가져야 바이오마커라고 할 수 있습니다.

▶ 바이오마커는 어떻게 분류하나요?

바이오마커는 그 활용에 따라 약물 타깃의 존재를 확인하는 타깃마커, 병의 유무를 진단하는 진단마커, 특정 약물에 대한 반응군과 비반응군을 구별할 수 있는 예상마커, 약물 치료 효과를 모니터링할 수 있는 대리표지자마커, 질병의 예후를 알려주는 예후 바이오마커 등이 있습니다.

▶ 광학현미경과 홀로토모그래피 현미경은 어떤 차이점이 있나요?

기존 현미경에선 세포를 전처리하거나 유전자 조작을 해야 하기 때문에 세포가 살아 있는 상태가 아니거나, 살아 있더라도 변형이 생기는 문제가 있었습니다. 전처리 과정이 짧게는 수 시간, 길게는 하룻밤이 걸리기 때문에 세포를 바로 볼 수 없는 단점이 있었습니다. 홀로토모그래피 현미경은 엑스선을 여러 각도에서 인체에 투영하고, 이를 컴퓨터로 재구성해 인체 내부 단면을 보는 CT와 원리가 유사합니다. 샘플을 올려놓고 버튼만 누르면 1초 만에 세포 내부 구조를 볼 수 있는 것과 세포 전처리가 필요 없어 세포를 있는 그대로 볼 수 있는 장점이 있습니다. 100nm(10-7m)입자까지 볼 수 있는 현미경으로 세포를 염색도 하지 않고도, 3차원으로 촬영하여 적혈구, 백혈구는 물론 암세포까지 볼 수 있습니다.

바이오마커의 종류와 특징

종류	특징
Target biomarker	약물 타깃의 존재를 측정할 수 있는 마커
Diagnostic (screening) biomarker	건강한 사람과 임상증상이 없더라도 어떤 질병이 시작되는 사람을 구분할 수 있는 바이오마커 - 초기 암 진단 마커가 해당함
Prediction biomarker	특정 약물에 대한 반응군과 비 반응군을 구분할 수 있는 바이오마커
Efficacy biomarker	약물 치료의 효과를 모니터링할 수 있는 바이오마커로 대리표지자(surrogate biomarker)로도 사용될 수 있으며 신약개발 단계에서 특정약물에 대한 연구개발을 계속할 것인지 결정할 때 판단근거가 됨
Prognostic biomarker	질병의 예후를 알려주는 마커로서 질병의 진행 정도를 알려주는 바이오마커
Mechanism of action biomarker	타깃에 대한 약물의 효과를 정량화할 수 있는 바이오마커
Toxicity biomarker	특정약물에 대한 부작용 증상이 나타난 그룹을 찾아낼 수 있는 마커
Translation biomarker	전임상과 임상시험에서 모두 사용할 수 있는 바이오마커
Disease biomarker	질환 유무 또는 임상결과를 보여주는 바이오마커
Staging biomarker	진행성 질병에서 각 단계를 구분할 수 있는 마커

출처 : 항암제 개발에서 Biomarker의 중요성, 분자세포생물학 뉴스레터(2016.08)

바이오 화장품(김은기, 전파과학사)

바이오 화장품 줄거리

저자는 피부과에서 알려 주지 않는 피부 시크릿, 바이오에 그 해답이 있다고 소개한다. 화장품은 급속히 진화하고 있으며 초특급의 속도로 피부세포 연구가 진행 중이다. 4차 산업 기술과 맞물린 바이오 기술이 화장품에도 적용되기 시작했다. 바이오 기술을 통해 건성 피부에는 어떤 미생물들이 살고, 미생물들이 면역세포와는 무슨 꿍꿍이를 꾸미고 있는지를 바이오 빅데이터로 알아낼 수 있다. 이처럼 화장품이 바이오 기술을 적극 도입하는 것 역시 당연한 결과일 것이다. 피부색, 주름, 노화, 모두 세포 속 DNA가 하는 일이기 때문이다.

하지만 바이오 기술의 원리는 일반인에게는 어렵기만 하다. DNA나 줄기세포에 관한 내용도 과학적인 지식 없이 쉽게 이해하기 어렵다.

하지만 이제 그런 걱정은 넣어두길 바란다. 이 책은 바이오가 어떻게 화장품에 적용되는가를 일반 독자들도 이해하기 쉽게 설명한다. 피부가 햇빛을 받으면 왜 검어지는지, 보톡스 주사는 무슨 원리로 주름을 없애는지를 마치 친한 친구에게 이야기를 들려주듯 일상적인 언어로 알아듣기 쉽게 설명한다. 알면 알수록 더 잘 보이는 피부, 쉽게 설명하는 바이오와 과학적 지식을 통해 더욱 아름다운 피부로 거듭날 수 있도록 돕는다.

▶ 피부재생에 도움을 주는 바이오화장품이 있나요?

일반 EGF(Epidermal Growth Factor) 화장품이 피부 표피층에서만 작용했다면 FGF7(KGF : Keratinocyte Growth Factor)은 피부재생에 특화된 성장인자로 진피층부터 세포를 성장시키고 피부세포 주변 환경까지 도와주는 특징이 있습니다. FGF7은 피부 탄력을 좌우하는 케라틴, 엘라스틴의 생성 및 활성화를 돕고 히알루론산을 합성시킵니다. 또한 노화관리뿐만 아니라 상처나 화상, 궤양 등 피부의 물리적 손상을 치료하는 의학적 치료 목적으로 활용되고 있습니다.

▶ 줄기세포 화장품은 피부재생 등의 긍정적인 효과만 있나요?

줄기세포 화장품은 '인체 지방 유래 줄기세포 배양액 화장품'이 공식 명칭입니다. 정상적인 사람의 피부에 상처가 나면 피하지방 아래 있는 피부 줄기세포가 작동해 상처를 아물게 한다는 원리에 착안하여 당뇨병 환자나 심혈관 환자 등 버거씨병을 앓고 있는 환자의 피부재생능력이 떨어진 조직세포의 치료를 가능하도록 한 화장품입니다. 그러나 동물 줄기세포유래 조성물이 함유된 일명 줄기세포유래화장품은 그 자체가 살아있지 않으면 원래 가지고 있던 분화, 재생 능력이 없으며 세포가 죽으면서 야기되는 독성물질이 유출되어 피부에 좋지 않은 영향을 미칠 수도 있다는 단점이 있습니다.

▶ 유통되는 줄기세포 화장품에는 줄기세포가 들어 있나요?

유통되는 줄기세포 관련 화장품은 살아있는 줄기세포를 직접 사용하는 것이 아니라 동물 또는 식물의 줄기세포를 추출한 배양액 또는 그 추출물을 원료로 사용한 것이 대부분입니다. 그래서 제품을 선택할 때는 식약처 기준과 개별 인증을 받았는지를 자세히 살펴보고 선택해야 합니다. 주로 사람의 피부 지방세포, 제대혈 및 태반 등의 줄기세포를 배양하여 얻은 배양액을 이용하거나 진득찰, 범부채, 용과, 에델바이스 및 인삼 등 약용 또는 식용식물 캘러스 배양추출물을 사용하고 있습니다.

융합형
인재 독서

 드로잉 피직스(돈 레몬스, 레몬컬쳐)

드로잉 피직스 줄거리

저자는 탈레스의 발견, 피타고라스 모노코드 및 아르키메데스의 저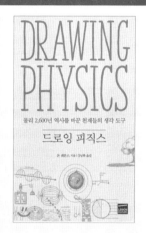
울에 대한 설명을 시작으로 다빈치와 지구반사광, 행성의 운동에
대한 케플러의 법칙, 뉴턴의 요람을 이야기하며, 20세기와 21세기
에 이르러서는 광전효과, 수소원자, 일반 상대성, 지구의 온실 효과,
힉스 보손 등 물리학자들이 사용하는 대표적인 그림들을 사용해서
물리학의 핵심 개념을 연대순으로 설명한다. 수학 없이 그림으로 물
리 개념을 설명하여 세상의 현상들을 보다 쉽게 설명해주고 있다.
인간은 고대부터 물리적인 우주를 이해하려고 노력해 왔다. 아리스
토텔레스는 천체를 이루는 구가 완벽하다는 관점을 가졌고, 아인슈
타인은 그와 달리 모든 운동은 상대적이라는 관점을 가졌다. 종종,
이러한 다양한 이해는 단순한 그림에서 시작된다. 그림은 수학 이전
시대에 사용한 세상에 대한 묘사법으로서, 소박하지만 물리학자들
이 일을 하는 데는 효과적인 도구며, 물리 2600년 역사의 전통 중 일부다. 이 책은 짧고 우아한 에세
이와 단순한 그림을 결합하여 고대부터 현대에 이르는 물리학 천재들의 51개 핵심 아이디어를 쉽고,
재미있게 전달한다.

▶ 인공광합성이란 무엇인가?

　인공광합성이란 말의 의미 그대로 자연계의 광합성을 그대로 모사하여 이산
화탄소와 물로부터 수소, 탄소 및 산소로 구성되는 화합물을 합성하는 기술을

말합니다. 자연의 나뭇잎에서 일어나는 광합성과 마찬가지로 태양광–연료를 생산하기 위해서는 물의 분해가 반드시 일어나야 하며, 이때 생성된 수소 이온이 직접적으로 환원이 되면 수소 기체가 발생하고 물속에 이산화탄소가 용해되어 있으면 수소 이온과 경쟁 환원반응을 통해 개미산, 메탄, 일산화탄소, 메탄올 등 C1화합물들이 생성하게 됩니다.

▶ 물리학이 생물학 발전에 어떤 영향을 미치는가?

물리학적인 방법과 법칙성을 기초로 생체 고분자의 물성과 구조형성, 분자유전, 생체의 운동, 운동생리(근육수축), 에너지 대사, 감각 수용, 뇌와 신경계의 생리, 세포의 분화·증식의 제어 메커니즘 등 미크로(양자적·분자적) 수준에서 거시적 수준까지를 연구할 수 있도록 도움을 주고 있습니다. 그중에서 생물물리학의 연구에 큰 획을 그은 업적은 왓슨과 크릭에 의한 DNA의 2중 나선형 구조를 발견한 것입니다. 현재의 생물물리학은 생체 고분자 물성, 생물운동, 생체막, 생물 에너지 생산 메커니즘, 광생물학 및 컴퓨터를 이용한 생명현상의 시뮬레이션 등 광범위하게 연구되고 있습니다.

▶ 양자생물학은 어떤 것인가?

로빈 새들은 눈에 크립토크롬(cryptochromes)이라 불리는 일종의 단백질을 가지고 있는데, 그들은 양자 얽힘(entanglement) 상태의 한 쌍의 입자를 만들어 빛에 반응합니다. 이 얽힌 쌍은 어떤 임의의 방해로 인해 파괴되기 전에 오랫동안 서로 다른 양자 상태 사이를 진동합니다. 이 쌍은 변환(trance) 상태에서 자기장내 특정한 양자 상태를 지속해 뇌에 신호를 만들어내고, 이 신호는 자기장 센서처럼 작동한다는 것을 확인한 후 양자생물학에 관심을 가지게 되었습니다. 이후 효소 촉매(catalysis), 광합성, 조류 항법 등 양자효과가 이러한 시스템의 일반적 특징인지, 자연과 물질들이 작용을 개선하기 위해 적극적으로 연구하고 있습니다.

 내 인벤토리에 구글을 담다(박정철, 프리렉)

내 인벤토리에 구글을 담다 줄거리

저자는 국내 최초 구글 이노베이터라는 구글 공인자격을 얻었다. 구글의 앱들을 이용하면서 얻어낸 삶의 변화들을 독자들과 공유한다. 자신의 마지막 자기계발은 구글과 함께한다고 외칠 만큼 구글은 그에게 인생의 페이스메이커나 다름없다. 기존의 자기계발 책들이 부지런하게 생활하다 보면 멋진 인생을 살 수 있을 것이라고 말하는 것에 대해 독자들이 싫증을 내고 있으며, 무한 경쟁시대에 전략적인 방법이 아니다고 강조한다.

최근 우리를 둘러싼 환경은 그 어느 때보다 빠르게 변하고 있다. 개인의 힘으로는 모든 변화를 따라갈 수 없을 정도다. 하지만 끊임없이 업데이트되는 구글과 함께라면 어떨까? 세상의 변화를 감지하고 이에 대응하는 산출물을 만들어내는 구글은 나만의 가장 든든한 파트너이자 페이스메이커가 될 수 있다.

구글에는 구글 독스, 유튜브, 지메일 등 여러 편리하고 강력한 도구들이 많이 있다. 그리고 업데이트를 통해 항상 시대 변화에 최적화된 도구를 제공한다. 저자는 든든한 아이템 하나를 가지고 있는 것만으로도 삶의 질이 올라가고, 과거보다 더 효율적인 삶을 꾸릴 수 있을 것이라고 소개한다.

▶ 대학에서 학과와 관계없이 SW교육을 실시하나요?

대구 중학교 3학년 학생들이 '코로나나우' 어플을 만들어 국가 지정 격리병상 가동 현황, 국내 확진자 수, 퇴원환자 수, 사망자 수 등을 한눈에 볼 수 있도록 정리했습니다. 이처럼 자신의 진로와 관련된 어플이나 프로그램을 제작 및 응용할 수 있는 능력을 갖출 수 있도록 SW교육을 실시하고 있습니다. 기계언어를 이용하여 상상을 현실로 구현할 수 있는 시대에 맞는 인재를 양성하기 위한 목적으로 운영하고 있습니다.

▶ **자신의 전공에 추가적으로 어떤 응용능력을 갖추는 것이 좋은가?**

소셜네트워크서비스(SNS), 사물인터넷(IoT), 클라우드 컴퓨팅 등으로 저장되는 데이터의 양이 폭발적으로 증가하고 있습니다. 또한 앞으로 더 빠른 속도로 증가할 것이며 IT의 발달로 데이터 접근 및 분석 도구가 일반화되고 있습니다. 이러한 상황에서 데이터 이용의 중요성이 더 높아지고 있어 데이터 활용능력(data literacy)이 국가경쟁력을 높이기 위한 중요한 항목이 되었습니다. 특히, 국가생명연구자원정보센터는 국내 생명연구자원정보의 총괄관리와 생명정보 분야의 전문 연구를 위해 대용량 오믹스 데이터, 국가 유전체/생명정보 데이터 등 국가 바이오 빅데이터를 구축하여 데이터 활용능력을 신장시키고 있습니다.

📍 10대에게 권하는 공학(한화택, 글담출판사)

10대에게 권하는 공학 줄거리

저자는 어른들에게조차 공학이 무엇인지 물어보면 정확히 대답하는 사람이 없다고 한다. 수많은 공과대학 신입생들이 입학을 앞두고도 공학과 과학의 차이를 모른다는 사실에 이 책을 집필했다. 이 책은 상상 그 이상의 세계가 도래할 미래 세대의 주인공인 청소년들에게 공학이란 무엇인지, 공학이 어떻게 우리 사회를 움직여 왔는지, 공학이 앞으로 만들어 갈 미래 사회는 어떤 모습인지 공학 전반에 대해 엔지니어가 직접 설명한다. '10대에게 권하는 공학'은 '지금 각각의 공학 분야가 관심을 기울이는 기술은 무엇인지', '미래에는 어떤 공학 기술이 떠오를지', '지금 공학자들의 고민은 무엇인지' 등 공학 전반의 화젯거리를 담아냈다.

아침에 일어나면 설비엔지니어가 설계한 배관망으로 흘러 들어온 물을 이용해 세수하고, 기계엔지니어가 제작하고 조립한 버스를 타고, 토목엔지니어가 건설한 도로를 달려 학교에 가는 보통 청소년의 하루 일과를 통해 우리가 의식하지 못한 곳곳에 공학이 숨어 있음을 알려 준다. 단순히 전자엔지니어가 통신 회로를 구성한 스마트폰, 소프트웨어엔지니어가 개발한 스마트폰 앱만이 아니라 우리가 누리고 있는 물질적 풍요 모두 공학적 사고의 결과물임을 보여 줌으로써 공학적 사고의 중요성을 강조한다.

▶ 미래 유망 바이오기술에는 무엇이 있나요?

분야	기술명
플랫폼바이오 (Platform Bio)	• 프라임 에디팅(Prime editing) • Cryo-EM 생체분자 구조분석기술(High-resolution cryo-EM bio-imaging) • 공간 오믹스 기반 단일세포 분석기술(Single cell spatial reconstruction)
레드바이오 (Red Bio)	• 조직 내 노화세포 제거기술(Senolytics) • 디지털 치료제(Digital therapeutics) • 실시간 액체생검(Real-time liquid biopsies)
그린바이오 (Green Bio)	• 엽록체 바이오공장(Chloroplast biofactory for high-level production of biomolecules) • 식물 종간 장벽제거기술(Removing interspecific incompatibility for cross-species hybridization)
화이트바이오 (White Bio)	• 바이오파운드리(Biofoundry) • 무세포 합성생물학(Cell-free synthetic biology)

출처 : 2020 10대 바이오 미래유망기술, 한국생명공학연구원

화학으로 바라본 건강 세상 줄거리

저자는 몸을 플라스크 삼아 연구하여 숨겨진 건강 비밀을 밝혀주고 있다. 우리 신체 안에서는 수많은 화학반응이 일어났고 일어나고 있으며 앞으로도 생명이 다하는 순간까지 일어날 것이라는 것을 알려주면서 화학의 창문으로 건강을 들여다보길 바라며 이 책을 집필했다.

실험실에서는 실험 후 나온 결과들을 놓고 분석기기를 사용하여 그 구조를 분석하고 해석하였는데 몸을 이용한 건강 실험에서는 느낌과 몇 가지 신체 반응 결과가 전부였다. 그래도 학생들에게 유익한 내용으로 수업을 진행하고 무언가 도움을 주기 위해서는 자신이 먼저 실험을 실시하고 그 결과를 이야기하는 것이 필요하다고 판단해 열심히 건강 실험을 지속적으로 실시했다. 약 6여 년에 걸쳐 각종 책을 읽고 영상을 보면서 터득한 지식을 직접 실행에 옮겨 본 결과 확실히 우리 신체는 계속 화학반응을 일으키며 그에 따라 변화가 일어난다는 확신이 들었다.

저자는 "건강은 많은 측면에서 생각할 수 있다. 우리 몸의 건강을 위해 필요한 것이 정말 무엇인지 정리해본 결과 다음 7가지, 곧 물, 공기, 빛, 온도, 음식물, 신경, 호르몬이 중요하다고 보았다. 실제로 감기나 환절기 알레르기 등의 문제점이 있을 때 그 문제를 해결하기 위하여 생활조건을 바꾸어 실행하면서 그 문제들을 해결했다."라며, 실제로 자신에게 적용하여 효과를 보았던 내용을 소개한다. 대다수 건강 관련 저서는 의사들이 저술한 것으로서 각종 병을 어떻게 치유할 수 있는지 기술되어 있지만, 이 책은 건강을 바라보는 관점을 다르게 접근했다는 점에서 특별하다.

▶ 생명시스템에서의 화학반응은 어떤 것이 있나요?

생명체 내에서 일어나는 모든 화학반응인 물질대사, 영양소의 소화, 혈액의 응고, 해독작용 등 생명체에서 일어나는 다양한 화학반응은 효소에 의해 일어나고 있습니다.

▶ 우리 생활에 관여하는 효소에는 어떤 것이 있나요?

식품 산업에서 응유효소를 넣어 치즈를 응고시킬 때, 팩틴 분해효소를 넣어 과즙 음료수를 만들 때, 의약품 산업에서 소화가 잘 안 될 때 소화제로 소화효소가 사용되며, 당뇨와 단백뇨 등 신장질환 여부를 검사하는 요검사지, 피부 각질층을 제거하는 단백질 분해효소를 이용한 화장품 등이 있습니다.

▶ **자연치유력을 향상시킬 수 있는 방법에는 어떤 것이 있나요?**

잘못된 식습관과 생활습관은 암뿐만 아니라 만성질환, 난치병의 원인이 되므로 식습관을 교정하는 것이 건강의 큰 물줄기를 바꾸는 바로미터가 됩니다. 현미밥과 채식 위주의 식습관이 좋습니다. 매일 30~60분 걷기운동과 잦은 스트레칭을 합니다. 매일 해독재생식품(비타민, 오메가3, 천연발효식품 등)을 챙겨먹습니다. 스트레스를 쌓아두지 말고 즉시 풀고 여행을 다니면서 충전을 합니다. 요가나 단전호흡을 통해 몸의 에너지를 비축합니다. 좋아하는 음악을 들으면서 즐겁게 일합니다.

📍 에코데믹 끝나지 않는 전염병(마크 제롬 월터스, 책세상)

에코데믹 끝나지 않는 전염병 줄거리

저자는 광우병, 에이즈, 코로나의 전신인 사스, 조류 인플루엔자, 라임병, 웨스트나일뇌염 등은 인간의 탐욕이 만들어낸 환경 전염병으로 환경 변화에 따른 생태계의 파괴로 기인한다고 말한다. 6가지 신종 전염병을 통해 변화와 재앙의 순환 고리를 보여준다.
저자는 최근 들어 자주 일어나는 대규모 전염병들이 인간의 자연 파괴 행위에서 비롯된 것이라고 역설한다. 인간이 숲을 없애고, 생물들 간의 균형을 교란하고, 지구 온난화를 일으키고, 세계를 돌아다니며 각지의 토착 생물들을 뒤섞고, 항생제를 남용하고, 초식동물에게 고기를 먹이는 등 온갖 자연 파괴 행위를 저지름으로써 새로운 전염병들이 생기고 위세가 강화되었다는 것이다.

인간은 이제 치명적인 신종 전염병이라는 자연의 역습 앞에서 두려움에 떨고 있다. 이 책은 인간이 자연 위에 군림하는 자가 아니라 다른 생물들에 의존해서 살아가는 존재이며, 서로 얽힌 수많은 종 가운데 하나일 뿐이라는 사실을 받아들이고 생태계 전체를 보호하고 복원해야 한다는 것을 일깨우고 있다.

▶ 환경변화에 따른 전염성 질병과 그에 미치는 영향으로는 어떤 것이 있나요?

환경 변화	질병	영향을 미치는 경로
댐, 수로	말라리아	모기 번식장소의 증가
	열대피부병(사상충증) (River blindness)	흑파리 번식 감소, 질병 감소
농업의 증가	말라리아	살충제의 이용과 매개체의 생존력 증가
	베네주엘라출혈열	쥐의 수 증가, 접촉기회의 증가
도시화	콜레라	위생시설의 열악, 수질오염 증가
	뎅기열	하수처리시설과 매개체인 Aedes aegypti 모기의 번식 장소 증가
삼림파괴	말라리아	매개체의 번식장소 증가와 사람과의 접촉기회 증가
	리슈마니아증	매개체인 sandfly의 접촉 증가
조림	라임병	진드기 숙주의 증가, 외부의 노출 증가
해수면 온도 증가	적조	독성 조류의 증가
강수량의 증가	한타바이러스증후군	쥐의 먹이 증가, 행동패턴의 변화

출처 : Wilson ML, Ecology and infectious disease, The Johns Hopkins Univ. Press, 2001 장재연 외, 2003 재인용.

▶ 기후변화에 따른 어떤 매개체를 통해 질병이 전파되나요?

기후요인	모기	병원균	척추동물(쥐)
기온증가	• 생존력 감소 • 일부 병원체의 생존력 변화 • 개체수 증가 • 사람과 접촉 증가	• 부화율 증가 • 전이계절 증가 • 분포 증가	• 따뜻해진 겨울은 쥐의 생존에 유리
강수량 감소	• 더러운 물이 고여 있어 모기가 알을 낳을 곳 증가 • 지속된 가뭄으로 달팽이 수 감소	• 영향 없음	• 먹이의 감소로 개체수 감소 • 사람 주변으로 이동하여 접촉기회 증가
강수량 증가	• 개체수의 질과 양이 증가 • 습도의 증가로 인한 생존력 증가 • 홍수에 의한 서식지 제거 기능	• 직접적 영향에 대한 증거없음 • 일부 자료에 의하면 말라리아 병원균이 습도와 관련있음	• 먹이의 증가로 개체수 증가 가능성이 있음
홍수	• 홍수는 매개체의 서식지와 전이에 변화를 초래 • 서식지를 쓸어내림	• 영향 없음	• 동물의 배설물에 오염될 수 있음
해수면 상승	• 홍수가 소금물에서 알을 낳는 모기가 많아지는 것에 영향을 줌	• 영향 없음	• 영향 없음

출처 : IPCC, 2001; 박윤형 외, 2006.

 햅틱스(리넷 존스, 김영사)

햅틱스 줄거리

저자는 촉각의 메커니즘과 이 정교한 감각을 재현하는 기술을 쉽고 간결하게 소개한다.
사람 간의 가벼운 접촉과 악수조차 꺼려지는 언택트 시대, 역설적으로 더욱 주목받는 기술이다. 손끝에서 일어나는 미세한 감각의 재현에 관해 끊임없이 연구하고 도전하는 분야, '햅틱스'다. 사실 햅틱스는 언택트 시대의 기술혁신 선두주자로 있다고 해도 과언이 아니다.

애플, 페이스북, 마이크로소프트, 디즈니 등 세계적인 기업들이 햅틱 장치를 작업하는 전담팀을 두고 있고 게임, 자동차, 의료, 모바일 등 여러 업계에서 다양한 햅틱 애플리케이션 개발에 적극적으로 참여하고 있다. 코로나바이러스로 인한 비접촉, 비대면으로 햅틱장치 및 기술에 관한 수요가 커지고 있다.

'햅틱스란 무엇인가?', '우리는 어떻게 촉각 정보를 받아들이고 뇌로 전달할까?', '촉각은 다른 감각과 어떤 점이 다르며, 다른 감각이 소실된 경우 어떻게 보완하는가?', '다양한 응용 분야에서 사용되는 햅틱 장치에는 어떤 것이 있는가?', '햅틱 기술을 통해 이루어야 할 도전 과제는 무엇인가?' 등의 질문에 답하며 손끝에서 일어나는 섬세하고도 신비한 감각의 과학 속으로 독자를 안내한다.

▶ 촉각의 메커니즘은 어떻게 되나요?

사람의 촉감을 느끼는 과정은 물리적 자극이 피부 속의 감각 신경에 연결되어 있는 기계적 자극 수용기(mechanoreceptor)를 자극하고, 전기적 신호로 변환되어 척수를 거쳐 뇌로 전달되어 지각 및 인식됩니다.

▶ 햅틱스 기술이 인터페이스로 표현되기 위해서 필요한 렌더링 기술은 어떤 것이 있나요?

햅틱스는 기계공학, 전자공학, 컴퓨터공학, 생물학, 심리학 등 다양한 분야가 융합된 학문으로 여러 분야에서 단순히 정보를 인식하는 것을 넘어 차가움, 부드러움, 끈적함과 같은 질감까지 파악할 수 있습니다. 이런 변화를 감지하기 위해 충돌 검출(collision detection), 접촉 저항력 계산(contact impedance), 형상 표현(shape representation), 마찰력(surface friction), 동역학 계산(dynamics), 표면 무늬 및 굴곡 표현(surface curvature), 질감표현(texture modeling), 물리적 제약상태(physical constraints) 등을 고려해줍니다.

▶ 우리의 삶을 바꾸는 햅틱스 기술은 어떻게 발전될까요?

의사가 원격조종기를 사용해 동작을 로봇 손이 그대로 재현하여 환자에게 수술을 진행하는 '다빈치 수술 시스템'이 개발되었으며, 이는 의사의 손 떨림과 같은 문제도 보완할 수 있습니다. 이외에도 신경계 장애로 손을 움직이지 못하는 환자의 재활 치료를 위한 '햅틱 장갑'과 다른 감각의 소실을 보완하기 위한 '촉각 치환 시스템' 등 여러 햅틱 기술이 발전되어 언택트 시대, 비접촉, 비대면으로 햅틱 기술은 게임, 자동차, 의료, 모바일 등 다양하게 활용될 것입니다.

 아인슈타인이 괴델과 함께 걸을 때(짐 홀트, 소소의책)

아인슈타인이 괴델과 함께 걸을 때 줄거리

저자는 과학과 수학, 그리고 철학사에서 중요한 분기점이 된 쟁점과 주제를 다룬다. 특유의 명쾌함과 유머를 발휘하면서 양자역학의 불가사의, 수학의 토대에 관한 질문, 그리고 논리와 진리의 본질을 파헤친다.

슈퍼컴퓨터를 일종의 현미경처럼 이용하여 아주 단순한 어떤 공식이 생성하는 기하학적인 형태를 조사하여 생물들의 경이로운 세계를 이해하고, 그 패턴은 더욱더 작은 스케일에서 자신의 복사본을 무한히 많이 담고 있는 '망델브로 집합'을 알려주며, 또한 수학자 에미 뇌터부터 컴퓨터의 선구자 앨런 튜링, 그리고 프랙털의 발견자 브누아 망델브로에 이르기까지 우리가 알고 있는 유명한 사상가뿐만 아니라 학계 또는 대중에게 홀대받은 사상가들의 인간적인 면모도

놓치지 않는다. 특히 이 책은 천재적인 과학자들의 인간적인 면모부터 아인슈타인의 상대성이론, 끈이론까지 가장 아름답지만 심오한 개념을 핵심만 들추어내어 알기 쉽게 전달할 뿐만 아니라 글이 전하는 생각의 깊이와 힘, 그리고 순수한 통찰의 기쁨을 만끽하게 해준다.

▶ 망델브로 집합은 무엇인가요?

망델브로 방정식은 변수가 Z와 C 두 개뿐인 아주 간단한 방정식입니다.

$$Z_{n+1} = Zn^2 + C$$

즉, 복소수 Z를 제곱한 다음, 거기에 C를 더해서 새로운 Z를 만듭니다. 새롭게 만들어진 Z를 다시 제곱한 다음 거기에 다시 C를 더해서 다시 새로운 Z를 만듭니다. 이렇게 무한히 반복하여 Zn의 값이 아주 작은 두 허수 사이를 왕복한다는 것을 알아냈고, 컴퓨터를 이용하여 Zn의 값이 무한히 발산하지 않는 각각의 C값을 화면 위에 점으로 표현되는 것을 망델브로 집합이라고 합니다. 망델브로는 그림을 계속 확대해 보았지만 세부적인 형태가 끝없이 계속되는 처음의 모양과 똑같은 구조가 계속 나왔습니다. 이것은 영원히 확대해도 같은 모양과 구조가 계속 나오는 프랙털 구조가 나온다는 특징이 있습니다.

▶ **공인인증서 폐지로 생체인증 보안기술이 쉽고 편리해 널리 사용되고 있지만 안전성을 확보하기 위해 도입하고 있는 보안기술은 무엇인가요?**

다중 생체인식 기술을 활용하고 있습니다. 생체인식 기술은 개인별로 차이가 있는 사용자의 고유한 생체정보 또는 독특한 행동을 이용하여 분실 및 도난 등의 문제로부터 안전성을 높이기 위해 사용되고 있습니다. 지문, 얼굴인식, 손모양, 홍채, 음성, 서명, 걸음걸이 등을 복합적으로 활용해 안전성을 확보하고 있습니다.

▶ **과학자 롤모델을 조사하면서 얻게 되는 것은 무엇인가요?**

롤모델을 조사하면서 그들이 어떤 노력 과정을 통해 성공했는지 깨닫고 힘들거나 어려울 때 극복할 수 있는 힘을 얻을 수 있습니다. 그들이 성공 후에도 지속적으로 연구하는 모습과 결과물을 확인하면서 꿈을 위해 지속적으로 도전하는 것이 중요함을 깨달을 수 있습니다.

 논문이라는 창으로 본 과학(전주홍, 지성사)

논문이라는 창으로 본 과학 줄거리

저자는 과학 연구의 최종 산물인 논문이라는 창으로 과학 연구의 현장을 객관적으로 들여다본다. 또한 과학 논문이 무엇인지를 이해하고 과학자가 되려면 어떤 소양이 필요한지에 관한 성찰의 내용을 소개한다.

오늘날 논문의 의미, 과학 학술지의 탄생을 둘러싼 배경, 논문을 바라보는 여러 가지 시선 그리고 논문 이면에 숨겨진 고민의 흔적들이라는 네 가지 주제로 의생명과학 논문을 둘러싼 숨은 이야기들을 들려준다. 직접 논문을 읽고 써야 하는 대학원생에게 논문의 의미를 다시금 되새기며 논문 작성에 대한 구체적인 인식의 틀을 갖추는 데 도움을 주고, 과학자를 꿈꾸는 대학생에게는 훌륭한 과학자로 성장하기 위해 어떤 소양을 쌓아야 하는지에 대한 통찰의 기회가 될 것

이다. 기초의학이나 생명과학 분야에 관심이 많은 비판적인 고등학생에게는 실험실 연구의 면면을 보여줌으로써 의생명과학에 대한 이해를 높여주고, 왜 과학자에게 인문사회학적 소양이 필요한지를 헤아려볼 수 있는 기회를 마련해준다.

▶ 논문은 너무 어렵고 이해하기 힘든데 보다 쉽게 내용을 이해하는 데 도움을 얻을 수 있는 것이 있나요?

삼성경제연구소 등 기업연구소에서 발간된 자료나 삼정회계법인 등 회계법인, 은행, 증권회사에서 발간된 자료를 보면 최신 기술에 관한 동향과 발전가능을 쉽게 확인할 수 있습니다.

한국개발연구원(KDI)	삼정KPMG경제연구원

> ### ▶ 생명공학자는 왜 윤리적이어야 하나요?

생명공학자들은 법적으로 규제되지 않는 일은 무엇이든지 할 수 있다는 생각을 하기 쉽습니다. 또한 새로운 것과 진보에 대한 맹신에 사로잡혀 경쟁과 빠른 성취에 몰두한 나머지 정치가와 사업가의 회유에 쉽게 빠질 수 있습니다. 그래서 생긴 것이 '헬싱키 선언'입니다. 헬싱키 선언은 인체를 이용한 의학연구에서 피험자의 복지에 대한 고려가 과학적, 사회적 이익보다 항상 우선되어야 하며, 그 어떤 국가의 윤리적, 법적 요구와 규제사항도 피험자의 보호를 위하여 축소하거나 배제할 수 없도록 하고 있습니다.

마블이 설계한 사소하고 위대한 과학(세바스찬 알바라도, 하이픈)

저자는 SF가 제시하는 현실의 과학, 상상력 속에 미래가 있다고 생각하여 우리 삶 속의 크고 작은 과학과 연결하여 소개한다.

과학자의 눈으로 마블의 각종 설정을 바라보며 리얼한 현실 과학을 풀어 놓는다. 픽션은 어느 정도의 현실을 반영하고 있다. SF장르의 영화나 만화, 소설도 마찬가지이다. 우리가 사랑하는 마블 시리즈 역시 이야기가 진행되는 배경은 현실과 닮아있지만 실제로는 존재하지 않는 가상의 과학을 활용한다. 우리가 상상한 과학은 그 모습 그대로는 아니지만 어느 정도 닮은 형태로 우리의 생활 속에 자리 잡았다. 모든 이가 현실에 안주하여 공상하기를 관두었다면 이러한 발전 역시 일어나지 않았을 것이다.

이 책에서는 마블 유니버스에서 설정하고 있는 가상의 과학을 분석하고 현실에서 진행되는 그와 닮은 연구를 소개한다. 가령, 최근 마블 시리즈 내의 가장 큰 세계관 변화는 양자 역학을 응용한 '시간 여행'이다. [앤트맨과 와스프]에서 처음 등장한 양자 영역에 대한 설정은 [어벤져스: 엔드 게임]에서 중심 서사의 배경으로 작용한다. 몸의 크기를 원자만큼, 그보다 더 작은 양자만큼 줄이면 세상은 어떻게 보일까? 고스트와 행크 핌 박사의 수많은 그림자는 어떤 과학적 현상을 묘사하고 있는 걸까? 우리가 살고 있는 이 우주가 사실 또 다른 우주의 일부라면, 그러니까 다중 우주론이 실제라면 이를 이용해 무엇을 이룰 수 있을까? 이 질문들은 꽤 진짜 같아서 영화적 상상력을 떠나 현실에서도 이룰 수 있을 것만 같다.

▶ 캡틴 아메리카 윈터솔져에서 '슈퍼솔져 프로젝트'를 위해 슈퍼솔져 혈청을 주입하는데, 이런 실험이 실제로 가능한 것인가 또한 문제점은 없는 것인가요?

실제로 운동선수들이 순간적인 힘을 내어 보다 좋은 성적을 얻기 위해 '아나볼릭 스테로이드'를 맞아 근육이 커지고 근력을 상승시키지만, 피부염이나 알레르기 반응이 일어나며 테스토스테론이 분비되지 않는다는 단점이 있습니다.

▶ 어벤져스 인피니티워에서 스파이더맨이 거미에 물려 뛰어난 능력을 가지는데, 실제로 가능한가요?

거미에 물렸다고 해서 유전자 변형이 일어나지는 않습니다. 하지만 만약에 그 거미나 RNA종양바이러스를 가지고 있다면 가능할 수 있습니다. 이보다 CRISPR-Cas9 유전자가위 기술로 DNA의 특정한 부분을 인지하고 특정 유전자를 자른 후 그 틈에 원하는 유전자를 삽입하여 변경할 수 있습니다.

BRIC동향_마블 영화 속 생명공학	BRIC View_리뷰 논문 요약
http://naver.me/GaLmKSTL	항암 치료에서 노화세포의 역할 : 친구인가 적인가? http://naver.me/G85kC3IY

📍 더 위험한 과학책(랜들 먼로, 시공사)

더 위험한 과학책 줄거리
저자의 어디서도 찾아볼 수 없는 기발한 상상력과 그 상상력을 과학적인 방법으로 풀어가는 책이다. "당신은 성층권까지 높이뛰기를 할 수 있다면, 어떤 방법을 쓰겠습니까?" 혹은 "달뿐만 아니라 목성, 금성과 우주 셀카를 찍는다면, 어떤 방법으로 찍겠습니까?"

그 해답을 과학적으로 알려주고 있다. 과학적이며 정확한 전체적으로 실현 가능한 우주 여정을 소개한다. 집을 통째로 날려서 이사하는 방법이나 나비의 날개에 파일을 실어 해외에 전송하는 법을 과학적으로 알려준다든지, 우사인 볼트와 술래잡기를 한다거나 우주에서 소포를 부치는 방법을 알려주는 등, 기상천외한 발상에 웃음을 짓다가 어느새 자연스럽게 과학적 지식과 정보를 습득하게 된다. 실제로 이 책에는 물리학, 화학, 기상학, 생물학, 천문학 등의 다양한 분야의 과학적 지식이 담겨 있으며, 놀라운 것은 이런 복잡하고 어려운 과학 공식이 자연스럽게 유머와 함께 녹아 있다는 것이다.

▶ 밤이 없는 날이 지속된다면 어떤 현상이 일어날까요?

백야 현상이 지속되는 북극과 가까운 나라 러시아, 핀란드, 노르웨이 등에서 여름철에 백야 현상이 관찰됩니다. 숙면을 취하는 데 도움을 주는 멜라토닌은 밤에 많이 분비됩니다. 그런데 빛으로 인해 멜라토닌이 잘 분비되지 않아 숙면을 취하지 못하고 피로가 쌓이게 됩니다. 멜라토닌은 활성산소 중화 및 해독, 암세포 대항 등 여러 역할을 수행합니다. 또한 제대로 잠을 자지 못하면 성장호르몬이 부족해 키가 크지 못하고, 수면부족으로 인해 비만까지 야기시킬 수도 있습니다.

▶ 과학을 공부해야 하는 이유는 무엇인가요?

과학을 공부하면 과학적 사고력을 기를 수 있습니다. 과학을 통해 자연과 세계에 대한 과학적 감수성을 길러 자연의 원리를 이해하게 됩니다. 그리고 과학을 공부하면 생명의 기원, 지구의 기원, 우주의 기원, 문명의 탄생과 발전, 인간의 존재와 진화의 원리를 이해할 수 있습니다. 마지막으로 과학의 본질을 이해함으로써 인간의 본성을 이해할 수 있습니다.

PART
4

자소서 엿보기

계열별 관련 학과
자소서 엿보기

 약학 관련 학과 자소서

지원동기와 노력과정

〈신약개발이라는 꿈에 도달하기 위한 항해의 시작〉
저는 당뇨와 같은 만성난치성 질환 환자들에게 안전하고 효과적인 약을 제공하여 삶의 질을 높여주는 약학연구원이 되고 싶습니다. 요양병원에서 봉사하던 중 환자들이 하루에도 몇 차례씩 한 움큼이나 되는 약을 복용하는 모습을 보고 효과적인 신약을 개발하여 환자들의 복약 편의성을 향상시키고 싶다는 생각을 하게 되었습니다. 신약개발이라는 꿈을 갖게 된 이후 이에 필요한 학업능력과 연구능력을 오랫동안 길러왔습니다. 고등학교 시절 학교 수업에 성실한 자세로 임해 최상위권 성적을 유지하고 다양한 동아리 활동을 통해 부족한 실험에 대한 열망을 충족시키고자 끊임없이 노력하였습니다.
약학대학 생화학연구실에서 바실러스 메가트리움균을 이용한 유전자 재조합실험에 참여했습니다. 열충격법과 PCR 결과 해석은 낯설고 어려웠습니다. 하지만 생화학 R&E 반장으로서 책임감을 가지고 연구방법과 내용을 확실하게 숙지해야겠다고 생각했습니다. 참고할만한 실험 영상을 편집하고 도서관에서 참고자료를 찾아 읽으며 친구들에게 모르는 내용을 유창하게 설명할 수 있을 만큼 개념을 이해하기 위해 노력했습니다. 그 결과 어려웠던 실험이론을 이해하게 되면서 팀원 모두의 실험참여도가 높아졌고, 자연스럽게 성공적인 실험 결과도 거둘 수 있었습니다. 또한 일회성 프로젝트였던 활동을 후배들도 경험할 수 있게 하는 초석을 마련해주었다는 점에서 뿌듯했습니다. 책으로만 접할 수 있었던 인슐린 대량생산에 사용된 기술을 직접 경험했을 때의 희열은 저를 약학대학 진학의 길로 이끌었습니다. 이후 화학생명분자과학부 화학나노과학과에 진학해 약학의 기본이 되는 화학과 생명에 대해 학습하고 약학의 기초를 탄탄히 다졌습니다.

〈지속적인 관심을 통해 발견한 해양천연물이라는 보물섬〉
학부시절 '자연과의 대화 환경생태'를 수강하며 청라고동 독으로부터 추출해 개발된 만성통증치료제 prialt의 사례를 접했습니다.

모르핀조차 듣지 않는 말기 암 환자들에게 prialt가 제공되면서 일상적인 삶을 향유할 수 있게 해주었다는 이야기는 저에게 큰 울림을 주었습니다. 이후 천연물로부터 유래한 약리활성물질에 대해 관심을 가지게 되었습니다. 특히 해양천연물을 기반으로 한 신약 소재 연구에 대한 논문들을 찾아 읽으며 해양천연물에 대한 지속적인 관심을 기울였습니다.

국내 해양방선균으로부터 분리한 스트렙토클로린의 강력한 항암 활성과 대량합성 연구사례를 접한 후에는 해양천연물의 특이한 화학구조 분석을 통한 생리활성 연구로 만성난치성 질환을 치료할 수 있을 것이라는 가능성에 대해 깊이 고민하는 시간을 가졌습니다. 순천만 박람회에서 봉사활동을 하며 대한민국이 경쟁력 있는 갯벌 보유국이라는 사실을 알게 된 후 저는 갯벌 생물과 공생 미생물을 구성하는 물질, 2차 대사물질에서 분석한 강력한 약리 활성을 갖는 물질을 발굴하겠다고 결심했습니다. 이를 통해 약학연구원으로서 새로운 분야에서의 신약개발연구에 매진하겠다는 구체적인 목표를 설정할 수 있었습니다.

진로희망	진로 체험활동
당뇨병 환자로서 고통을 경험하고 안전하면서 효과적인 약을 개발하고자 함.	생화학연구실에서 바실러스 메가트리움균을 이용한 유전자 재조합실험에 참여하여 연구방법을 익히면서 꿈을 키워나감.
동아리활동	**대학교 활동**
다양한 실험과 탐구활동을 계획하여 장기 프로젝트 연구를 진행하면서 과학의 흥미를 느끼게 되었고, 후배들에게 동아리활동이 지속될 수 있도록 지도와 도움을 주는 열정을 보임.	청라고동 독으로부터 만성통증치료제를 개발한 사례를 보면서 천연물신약에 관심을 가지고 관련 논문을 읽으면서 해양천연물 신약에 관심을 가짐. 육상천연물신약은 조만간 고갈이 되고 있어 새로운 약리효과를 얻을 수 있는 보고가 될 것이라고 희망을 가짐.

학업계획

〈도전정신으로 개척하는 미지의 항로 신약개발〉

'도전하지 않으면 아무것도 할 수 없다'를 항상 마음에 새기며 살고 있습니다. 고등학생 시절 발표시간이 되면 과도한 긴장으로 내용을 효과적으로 전달하지 못해 심적으로 힘들었던 경험이 있습니다. 긴장감을 극복하고자 고등학교 과학발표동아리에서 활동하며 실전 경험을 쌓기 위해 노력했습니다. 발표하는 모습을 촬영한 뒤 동아리 부원들과 피드백을 주고받으며 개선점을 찾아내 수정하기를 끊임없이 반복했습니다.

처음에 미숙했던 발표 실력은 점차 향상되었고 고등학교 2학년 때 과학연구발표대회에서 동상을 수상하는 성과도 거두었습니다. 대학세미나에서는 '시판 중인 혈당강하제의 제형에 따른 특징과 생체 내 작용 차이'라는 주제의 발표를 성공적으로 수행했습니다. 그 결과 교수님의 긍정적 평가와 추천으로 단과대학 전공리더십 장학금이라는 성취를 이룰 수 있었습니다. 발표에 대한 두려움을 극복하기 위해 노력하는 과정에서 함양한 도전정신으로 해양천연물, 특히 갯벌 생태계의 미생물로부터 약리활성물질을 연구하는 분야를 개척하는 약학연구원으로 성장하고 싶습니다.

〈○○대학교 약학대학에서 이룰 전문약학연구원의 꿈〉
학부 시절 화학전공을 통해 과학적 원리를 탐구하여 학문적 기초를 다졌다면 ○○대학교 약학대학에 진학해서 의약품분석화학, 독성학, 약물학 등을 공부하며 과학적 원리를 생체와 연관하여 학습할 것입니다. 5학년 때 천연물화학과 약물분석학을 심도 있게 학습할 수 있는 심화전공을 선택하고자 합니다. 6학년 때에는 실습에 임하며 전문지식과 실무능력을 두루 갖춘 약학연구원으로 성장하기 위해 노력하겠습니다. 또한 PYLA에 참여해 팀 프로젝트를 수행하며 학교에서 배운 지식을 다방면으로 활용하고 여러 사람과의 만남을 통해 하루하루 성장하는 도전적이고 진취적인 인재로 거듭나겠습니다.

교과활동	진로 체험활동
많은 사람들 앞에서 발표하는 것에 두려움을 가지고 있어, 수업시간에 적극적으로 발표하려고 도전하면서 발표능력을 향상시켜 나감.	과학연구발표대회에 지속적으로 참여하여 과학적 지식과 탐구능력을 향상시켜 나갔으며, 발표 실력을 향상시켜 나감.
진로계획	대학교 활동
청라고동 독을 활용한 약물에 관심을 가지면서 독성학, 약물학에 대해 깊이 공부할 예정. 해양 천연물신약의 가능성을 확인하고 이를 보다 심층적으로 학습하고자 함.	대학세미나 참석하여 강연을 듣고 '시판 중인 혈당강하제의 제형에 따른 특징과 생체 내 작용 차이'라는 주제를 발표하여 전공리더십 장학금을 획득함.

지원동기와 노력과정

한국여성과학기술인지원센터를 통해 국과수 연구원과의 만남을 통해 연구약사라는 꿈을 키우게 되었습니다. 농약 사이다 사건, 그라목손 살인사건 등 세간을 떠들썩하게 한 약물을 이용한 사건들을 알게 되면서 법 독성 감정업무에 관심을 갖게 되었습니다.

법 독성 감정업무는 화학물질과 인체와의 관계를 규명하기 위해서는 높은 약학적 지식이 필요하다는 것을 알게 되었습니다. 이후 약품분석이 어떤 식으로 이루어지는지 알고 싶어서 약품분석실에서 진행하는 HPLC실습 과정에 참여하였습니다. 미지 시료에서 검출된 카페인에 대한 신호를 확인하고 분리도를 계산하며 분석하는 능력을 키울 수 있었습니다. 그러면서 실험실에 자신감을 가지게 되었으며 분석화학실에서 관련 실험을 하면서 과학적 탐구능력과 실험능력을 향상시켰습니다.

○○대학교는 국과수와 업무협약을 체결하여 국제화역량 인증대학에 선정되어 과학수사능력을 키울 수 있는 곳이라고 생각되어 지원하게 되었습니다. 또한 해외 실무실습을 위한 MOU를 체결하는 등 학생을 위한 교육제도까지 마련하는 등 저의 꿈을 이루는 데 든든한 조력자가 되어 줄 것이라고 생각합니다.

진로희망	동아리활동
국과수 연구원과의 만남을 통해 연구약사라는 직업을 알고 다양한 독성 물질을 감정하는 업무에서 일하고 하고 싶다는 구체적인 목표를 가짐.	동아리를 설립하여 약 제조와 약품 분석 활동을 하면서 진로를 구체화시킴.

진로계획	대학교 활동
국과수와 업무제휴된 약학대학에서 과학수사 실무능력을 배양할 것이며, 해외 실무실습을 통해 약독성연구원으로 활동하고자 함.	약품분석실에서 LC에 대해 실습하면서 미지 시료의 물질을 찾는 실습능력을 기르게 되었음. 분석화학실에서 다양한 기기를 활용하여 분석하는 기술을 습득함.

진로계획

저의 장래 목표는 국립과학수사연구원 법 독성 연구원으로서 분석 및 감정업무를 수행하고 나아가 새로운 분석법을 개발하는 것입니다. 특히 국과수는 새로운 분석기법을 배우고 이를 적용하는 활동을 하면서 기존 분석법의 단점을 보완하고 새로운 독성물질을 검출할 수 있는 기술을 개발할 수 있는 최적의 직장이라고 생각합니다. 또한 국과수 연구원이 되면 공익을 위한 업무를 수행할 수 있을 뿐만 아니라 궁극적으로는 사회에 기여하는 뿌듯한 삶을 살 수 있을 것이라고 생각합니다.

장래 목표를 이루기 위해 ○○대학교 약학대학을 졸업하고 제제 및 분석약학 대학원에 진학할 것입니다. 이전에 HPLC 기기 체험을 했을 때 기기의 작동원리나 방법은 터득할 수 있었지만 결과자료를 놓고 분석하는 데 통계학적 지식 또한 중요하다는 것을 알게 되었습니다. 이런 능력을 함양하여 보다 과학적인 분석방법을 개발할 것입니다. 또한 관련 논문을 읽으면서 연구논문을 작성하여 국제학회에서 발표하여 한국의 우수한 분석능력을 보여줄 것입니다.

📋 약학대학 면접

국과수 법독성학에서는 주로 어떤 일을 하나요?

법독성학과에서는 사인 규명 및 규제물질 감정과 관련하여 각종 생체시료와 현장증거물에서 의약품, 독극물, 부정 불량식품, 마약류 및 환경성 유해화학물질 감정을 수행하고 있습니다. 또한 국제공인 숙련도 운영 및 표준물질 생산기관으로서 국제 신뢰성 인증사업을 운영하고 있으며, 마약류 프로파일링 등 연구개발을 통하여 급변하는 범죄 환경에 잘 대처할 수 있도록 연구하여 새로운 기술을 개발하고 있습니다.

액체크로마토그래프(HPLC)의 원리는 어떻게 되나요?

크로마토그래피는 혼합물의 성분물질을 이동상과 고정상을 이용하여 이동속도 차이를 통해 분리하는 방법이며 액체크로마토그래피(High Performance Liquid Chromatography)는 이동상으로 액체를 사용하는 것이 특징입니다. 시료의 화학물질이 녹아 있는 이동상을 펌프를 이용하여 고압의 일정한 유속으로 밀어서 충진제가 충진되어 있는 고정상인 컬럼을 통과하도록 하며 이때 시료의 화학물질이 이동상과 고정상에 대한 친화도에 따라 다른 시간대별로 컬럼을 통과하는 원리를 이용하며 화학물질을 검출하고, 화학물질을 양까지 측정합니다.

액체크로마토그래프(HPLC)를 사용할 때 주의할 점은 무엇인가요?

이동상을 일정한 속도로 고정상으로 보내주는 펌프를 활용하는데 이동상의 유속과 관련이 있으므로 펌프의 성능이 매우 중요합니다. 이동상이 통과하는 관에 존재하는 기포로 인해 펌프가 작동하지 못할 수 있으므로 사용 전에 기포를 제거해야 합니다.

📍 제약 관련 학과 자소서

의미 있는 활동

고등학교에서 배우는 생명과학은 실험보다는 수업 중심이어서 1학년 때부터 생명동아리인 Bio에 가입하였습니다. 교실 공기오염의 원인 중 하나가 곰팡이라는 기사를 보고 동아리 부원들과 함께 학교 곳곳의 곰팡이가 잘 자라는 환경에 대해서 탐구했습니다.

실험은 곰팡이 배지에 빛, 습기, 온도 각각에 따른 실험환경을 설정하고 매일 육안과 현미경 관찰을 통해 곰팡이의 변화 정도를 기록하면서 진행하였습니다. 곰팡이 배양환경을 조절하기 위해선 매일 물을 뿌려주고 배양기의 온도를 맞추는 등 여러 가지 할 일들이 많아 번거로움이 있었지만 최선을 다해 담당하였지만 온도에 따른 실험에서 가설과 다른 결과가 도출되었습니다. 습도에 따른 변인통제가 제대로 되지 않았음을 파악하고 습도계를 이용하여 재실험을 하여 원하는 결론을 도출해냈고 이때의 쾌감은 정말 컸습니다. 이후 배양된 곰팡이를 도감을 통해 찾아보았는데 푸른곰팡이였습니다. 곰팡이는 인체에 해를 끼친다고 생각하였는데 푸른곰팡이는 페니실린을 만들어내는 이로운 미생물이라는 것을 알고 또 다른 이점을 가진 어떤 미생물이 있는지 조사하면서 효모를 알게 되었습니다. 효모 발효실험을 통해 알콜을 생성하는데 백포도주용 효모 39종, 적포도주용 효모 16종, 발포성 와인 효모 6종이 있다는 것을 알게 되었습니다. 단백질로 이루어진 효소의 3차원적 입체구조에 따라 수분활성도, 저장온도, pH 등에 영향을 받아 저장기간이 달라진다는 것을 알게 되었으며, 약의 성분도 약제의 입체구조에 따른 그 기능이 달라질 것이라는 생각을 하게 되었습니다.

독성시험은 과거 동물실험에 의존하였지만 현재에는 플레이트에 배양한 세포를 이용하여 진행한다는 것을 알게 되었습니다. 의약품 개발에 있어서 가장 기본적인 세포독성시험을 알아보기 위해 〈화학방부제와 천연방부제의 세포독성비교에 따른 천연 방부제 대체가능성〉이라는 실험주제로 탐구를 수행하였습니다. 실험은 화학방부제인 벤조산나트륨과 메틸파라벤, 천연방부제인 자몽 종자/왕대/목련피 추출물, 라벤더 오일을 선정하여 인간의 치아줄기세포인 DSC와 인간의 폐암세포인 A-549에 적용하여 세포독성 차이를 비교하였습니다. DMSO에 각 추출물들을 녹이고 추출물 용액을 배양액과 비율에 맞게 희석시켜 사용하였는데 라벤더오일 실험군의 경우 오일이 배양액과 골고루 섞이지 않아서 이를 해결하기 위하여 '라벤더와 로즈마리 에센셜 오일 나노에멀전의 항균 활성,2017' 논문을 읽고 오일과 배지를 섞이도록 하는 식용 비이온계면활성제를 사용한다는 것을 알게 되었습니다. 실험을 진행할 때 세포를 주입한 후 원으로 흔들어 섞어주었는데 세포가 가운데로 몰려 자라게 되는 문제가 발생하여 '세포배양 입문 노트' 책을 찾아보면서 전후좌우로 흔들어줘야 한다는 것을 알게 되었습니다. 실험을 진행하면서 많은 예비실험을 통하여 실험에 사용될 기술이나 여러 방법들을 익혀두어야 한다는 것을 알게 되었고, 많은 문제점의 원인을 스스로 찾고 이를 해결하기 위한 방안을 탐구하는 것에 많은 흥미를 느꼈습니다.

동아리활동	진로활동
생명동아리에서 교실 공기오염의 원인으로 곰팡이를 찾고, 곰팡이가 잘 서식하는 환경을 조사함. 미생물의 긍정적인 효과에 대해 조사하면서 효모의 특징과 활용 등을 조사하여 발표함.	제약연구원의 꿈을 가지고 진로노트를 활용하여 스크랩하여 정보를 수집하고 내용을 정리하면서 꿈을 키워나감. '화학방부제와 천연방부제의 세포 독성 비교에 따른 천연방부제 대체가능성'을 탐구주제로 3개월 동안 실험을 하면서 세포독성의 차이를 비교하는 열정을 보임.

생명과학 세특	화학 세특
화학방부제와 천연방부제의 장단점을 조사하여 천연방부제도 위험하다는 것을 조사하여 친구들에게 설명함.	친유성과 친수성을 잘 섞이도록 도와주는 계면활성제에 관심을 가지고 계면활성제가 활용되는 사례를 조사하여 발표함.

의미 있는 활동

평소 과학 실험을 하고 관련 도서를 읽는 것을 좋아하여 막연하게 연구원이라는 꿈을 가지고 있었는데, 2학년 겨울방학 때 공동교육과정으로 과학과제연구 과목을 수강하여 체계적인 탐구를 진행하고 싶어졌습니다. 항균효과와 관련된 실험을 모색하던 중 '친환경 항균제로 유명한 EM과 피톤치드의 혼합비율에 따라 항균효과가 달라지지 않을까?' 하는 의문이 들어 〈EM과 피톤치드의 혼합비율에 따른 항균효과〉를 주제로 탐구를 진행하였습니다. 과목을 수강하면서 배운 기본적, 통합적 탐구방법을 활용하여 실험 설계를 이해하고 먼저 배지를 만들어 손 세균과 구강세균을 배양하였고, 그 후 배지에 EM과 피톤치드의 혼합용액을 도말한 뒤 육안으로 균의 증식정도를 비교하였습니다. 하지만 실험을 하는 도중 변수가 생겼는데, 구강세균이 항온기의 온도를 이겨내지 못하여 배지에서 자라지 못했습니다. 따라서 손 세균으로만 본 탐구를 진행하게 되었습니다. 손 세균으로 진행한 탐구의 결과는 놀라웠습니다. EM과 피톤치드의 혼합비율이 1:1이었을 때가 균의 증식이 가장 억제되었습니다. 이를 바탕으로 보고서를 작성하였지만 과학과제연구 과목을 수료했음에도 불구하고 마음 한편에는 실험을 진행하지 못한 구강세균의 미련이 남았습니다. 그래서 3학년 선후배연합동아리 때 미처하지 못했던 탐구를 진행하기로 결정하고, 같은 조였던 친구들과 함께 앞선 탐구와 마찬가지로 배지를 만들어 구강세균을 키우고 혼합용액을 도말하여 항균효과를 알아보았습니다. 실험 결과 구강세균 또한 손 세균과 마찬가지로 1:1의 혼합용액에서 항균효과가 최대로 나타났습니다. 이 결과를 통해 보고서를 다시 수정하여 본 탐구를 진정으로 마무리할 수 있었습니다. 지속적인 기간을 두고 한 가지 주제에만 집요하게 파고듦으로써 탐구하는 즐거움을 얻을 수 있었으며, 이러한 경험은 대학에서 진행하는 장기연구에 큰 도움이 될 것이라 생각합니다.

고등학교 2학년 때 '전문가와 함께하는 소논문 쓰기' 프로그램 생물분야에 참여하여, 주기적으로 인근 대학에 방문하고 교수님과 함께 실험을 진행하였습니다. 카라기난을 분해하여 얻을 수 있는 산업적 이점을 인식하여 〈고분자 물질 카라기난을 분해하는 해양미생물의 분리 및 특성 분석〉 주제를 선정하여 친구 1명과 함께 탐구를 진행하였습니다. 제주 해안에서 채취한 네 가지 균들을 배지에 도말하여 증식시켰고, 그람염색, 균들의 배양 환경조절, PCR을 진행함으로써 균들의 형태학적, 생리학적, 유전학적 특성을 분석했습니다.

그리고 카라기난 분해능 실험을 진행함으로써 가장 효율적인 균을 찾아낼 수 있었습니다. 처음에는 소논문을 작성하는 형식을 알지 못하여 논문작성에 어려움이 있었습니다. 주기적으로 교수님과 메일을 주고받으면서 논문 피드백을 받고 친구와 소통의 과정을 거침으로써 논문을 보완해 나갔습니다. 이 활동을 진행하면서 대학에서 쓰게 될 논문의 작성 형식을 익힐 수 있었으며, 향후 대학에서 실험을 진행하고 논문을 작성하는 데 있어서 소중한 자양분이 될 것이라 생각합니다.

자율활동	진로활동
선후배연합탐구활동을 통해 궁금한 점을 해결하고 이해하면서 탐구활동에 흥미를 느낌. 항균작용에 관심을 가지고 지속적인 탐구활동과 한 가지 주제에 집요하게 파고드는 열정을 확인할 수 있었음.	전문가와 함께하는 소논문 쓰기 활동에서 '고분자 물질 카라기난을 분해하는 해양미생물의 분리 및 특성 분석' 주제 탐구로 소논문을 작성하는 방법을 터득함.
과학과제탐구 세특	개인별 세특
친환경 항균제에 관심을 가지고 EM에 대해 조사하면서 이를 피톤치드와 혼합할 경우 항균효과의 차이를 알아보고자 'EM과 피톤치드의 혼합비율에 따른 항균효과'를 주제로 5개월간 탐구활동을 진행함.	교내 특색프로그램에 참여하여 논문을 읽고 궁금증을 해결하는 장기 프로젝트에 적극적으로 참여하여 지적 호기심과 탐구능력을 향상시킴.

지원동기와 노력과정

동아리 활동 3년 동안 노인복지시설에서 봉사활동을 하며 노인질환으로 고생하시는 어르신들이 꾸준히 치료를 받으심에도 건강이 호전되지 않는 모습을 보았습니다. 이러한 경험을 통해 질병으로부터 고통받는 사람들에게서 그 고통을 조금이나마 덜게 해주는 일을 하고 싶어졌습니다. 또한 2학년 때 직업전문가 약사와의 만남을 통해 화학의 중요성을 깨닫게 되었고, 약을 제조하는 일도 보람찬 일이지만 현재 많은 질병을 치료하지 못하고 부작용 사례가 많음을 알고 이 단점들을 최소화하여 환자 몸에 최적화된 약을 개발하고자 의약연구원을 희망하게 되었습니다. 생명 관련 내용을 실험을 통해 직접 학습하고자 대학교 학과 체험에서 DNA추출 실험을 하게 되었습니다. 브로콜리 DNA추출실험을 통해 실제 DNA를 눈으로 보게 되면서 생명과학에 흥미를 더욱 느끼게 되었습니다.

이 실험을 통해 DNA에 대해 더 알고 싶어져 〈DNA탐정〉과 '왓슨&크릭 : DNA 이중나선의 두 영웅〉 책을 읽으면서 전에는 고치지 못했던 질병을 고칠 수 있게 되는 등 많은 이로운 점이 있다는 것을 알고 바이오의약품에 초점을 두게 되었습니다. 생물을 재료로 하는 바이오의약품을 연구하기 위해서는 생물과 화학을 배우고 이를 활용하여 의약품을 만들기 위해 ○○대학교 바이오생명공학과에 지원할 것입니다.

입학하여 생물다양성정보 및 분류실험을 통해 바이오의약품의 재료인 생물에 대한 지식을 쌓은 후 유전공학실험 등 다양한 실험을 통해 많은 실험지식을 쌓고, 심화전공인 생명공학창의설계를 수강하여 교수님들의 개인별 맞춤지도하에 연구활동을 통해 바이오시밀러의 단점을 보완한 의약품에 관한 연구 성과를 학술대회에서 발표할 것입니다. 학과 최대 행사인 기업 및 생태탐방에 참여하고 여름방학에는 글로벌프런티어에 참가하여 해외 연구소를 경험하는 등 견문을 넓힐 것입니다. 이후 의약연구원으로 취직을 하여 일반 의약품보다 부작용이 적은 바이오의약품을 개발하여 질병으로 고통받고 있는 사람들에게 새로운 삶을 안겨주는 일을 하고 싶습니다.

봉사활동	진로활동
노인복지시설에서 3년간 지속적으로 참여함.	직업전문가 약사와의 만남을 통해 치료하지 못하는 질병이 많이 있다는 것을 알고 의약연구원을 희망하게 됨.

진로활동	진로계획
대학교 학과 체험활동에서 브로콜리 DNA추출실험을 통해 DNA에 관심을 가지면서 바이오의약품에 관심을 가짐.	바이오의약품에 관심을 가지면서 효능은 비슷하면서도 값싸게 공급하는 바이오시밀러에 관심을 가지고 이를 개발하는 연구활동에 참여할 것이며, 글로벌프런티어에 참가하여 해외 연구소를 견학하여 견문을 넓히고자 함.

지원동기와 노력과정

저의 목표는 바이오의약품개발연구원으로 더 안전하고 아프지 않은 항암치료의 선구자가 되는 것입니다. 저의 구체적인 목표가 세워진 계기는 이모의 수술입니다. 이모가 대장암 수술하실 때 매우 힘들어하시는 것을 보고 현재의 항암치료 부작용의 심각성을 인지하였고, 수술이 아닌 의약품으로 암을 치료하는 방법을 개발하여 사람들을 돕고 싶다는 목표가 생겼습니다.

〈바이오 사이언스의 이해〉 책을 읽고 바이오의약품을 이용한 항암치료는 혁신으로 다가왔습니다. 이후 항암 바이오 의약품에 대한 지식을 쌓기 위해 국가항암신약개발사업단의 글들을 읽었고, 화학방부제와 천연방부제의 세포독성 실험을 할 때 인간의 폐암세포인 A-549를 이용하여 천연물질이 암세포에 미치는 영향을 알아보았습니다. 전문적인 장비들을 사용하여 암세포를 이용한 실험을 통해 바이오의약품개발연구원 꿈을 더 구체화시킬 수 있었습니다.

바이오 의약품 개발을 위해 삼투압 실험에서 삼투압을 이용한 약에 대하여 호기심을 가지고 서방형 제제에 대하여 탐구하였고, 고급생명과학 시간에 배운 리포좀을 이용한 약물전달에 대하여 호기심을 가지고 리포좀을 항암치료에 활용하기 위한 방안에 대하여 탐구하는 등 수업시간에 생긴 호기심에 능동적으로 탐구해나가는 습관을 들였습니다. 또한 아픈 사람을 치료하는 것이 좋았던 저는 〈질병의 탄생 우리는 왜, 어떻게 질병에 걸리는가〉, 〈세계사를 바꾼 10가지 약〉, 〈질병 정복의 꿈, 바이오 사이언스〉 책을 읽으면서 지식을 확장해나갔고, 인보사 케이주 사태에 대하여 조사하면서 〈위험한 제약회사〉를 읽고 제약연구원이 지녀야 할 올바른 가치관을 세울 수 있었습니다.

고등학교 재학 중 얻게 된 다양한 경험과 독서를 통해 폭넓은 배경지식이 바이오의약품을 생산하는 큰 도움이 될 것이라고 생각되어 다양한 학문적 지식과 기술, 올바른 가치관에 대하여 배울 수 있는 ○○대학교에서 분자유전학, 세포성장조절, 암생물학 등에 대해 깊이 배워 바이오 벤처를 창업할 수 있을 것이라고 생각되어 지원하게 되었습니다.

진로희망	진로활동
이모의 대장암 수술 이후 항암제 부작용으로 고통받는 모습을 보면서 바이오의약품개발연구원을 희망함.	진로탐색활동으로 항암치료제 개발을 위해 현재 개발되고 있는 항암제에 대해 알아보고자 〈바이오 사이언스의 이해〉 책을 읽고 면역항암제에 관심을 가지고 보고서를 제출함.

고급생명과학 세특	독서
리포솜을 이용한 약물전달시스템에 관심을 가지고 리포솜을 활용한 항암치료에 대해 조사하여 발표함. 이후 관련 책을 읽으며 진로를 확장시켜 나감.	질병의 탄생 세계사를 바꾼 10가지 약 질병 정복의 꿈, 바이오 사이언스 위험한 제약회사 바이오 사이언스의 이해

학업경험

뉴스를 보다 보면 에볼라, 메르스 등 전염성 질병의 소식을 종종 들을 수 있습니다. 저는 이러한 질병들에 의해 희생되는 생명들이 안타까웠고, 향후 이들을 정복하기 위한 치료제를 개발해야겠다는 다짐을 하였습니다. 그 후 저는 이런 질병과 그 치료제에 관한 기사나 잡지를 읽으면서 지식을 쌓아나 갔습니다. 그러던 중 저는 '식물백신'에 대한 한 기사를 접하게 되었습니다. 바이러스나 동물세포로부터 백신을 만들어낸다는 것은 익히 들어왔지만, 식물에서 백신을 추출한다는 내용은 다소 생소하였습니다. 마침 다가온 동아리 주제탐구 발표활동에서 이를 부원들에게 소개하면 좋겠다는 생각이 들어 관련 기사와 논문을 조사하였습니다. 조사 결과, 식물백신은 경제적이며 대량생산이 가능하고 대부분 먹는 방식으로 개발되어 냉동보관이 용이하다는 장점이 있지만, 식물의 항원단백질을 섭취하자마자 인간에게 바로 면역력이 작용하는 것은 아니라는 등의 한계도 알게 되었습니다. 이러한 저는 장점과 한계 등에 대해 발표를 진행하였고, 부원들과 선생님의 관심을 이끌 수 있었습니다. 식물백신을 조사하는 과정에서 저의 추상적이던 목표는 한층 더 명확해졌습니다. 그저 질병치료제를 개발하겠다는 포괄적인 꿈이 식물체의 특성을 조사해 식물백신의 한계를 타파하고 인류 모두가 누릴 수 있는 효율적인 백신을 개발하겠다는 꿈으로 구체화되었습니다.

그 후 백신의 효율성을 증대시키는 방안을 조사하면서 면역증강제를 알게 되었습니다. 이전까지는 백신 개발과정에서 항원개발기술에만 관심을 기울였습니다. 그러나 면역증강제를 통해 항체의 면역력이 낮게 나타날 수 있는 식물백신의 한계를 해결할 수 있다고 생각하게 되었고, 식물백신에 알맞은 면역증강제를 개발해야겠다는 새로운 목표도 생겼습니다. 이렇듯 진로에 관한 끊임없는 탐색과 노력으로 미래에 하고자 하는 일을 찾을 수 있었고, 구체적인 목표의식을 함양함으로써 학업에 더 열중할 수 있게 되었습니다.

진로희망	동아리활동
에볼라, 메르스 등 전염성 질병을 효과적으로 치료할 수 있는 치료제를 개발하고 싶어함. 특히 식물백신의 개발하고자 하는 구체적인 꿈을 가짐.	주제탐구 발표활동으로 식물 백신과 동물 백신의 장단점을 조사하여 발표함. 식물백신의 한계점을 보완할 수 있는 방법에 관심을 가지고 추가적으로 조사하는 열정을 보임.

진로활동	독서
진로보고서 활동으로 백신의 효율성을 증대시킬 수 있는 면역증강제에 대해 조사하여 보고서를 제출함.	바이오헬스케어 트렌드:블루칩 생물학이야기, 의학의 역사 생명이 있는 것은 다 아름답다

추가적으로 식물백신에 알맞은 면역증강제를 | 헬스케어 이노베이션
개발하고자 하는 포부를 밝힘 | 케미컬 라이프
인류의 절망을 치료하는 사람들

지원동기와 노력과정

저는 식물백신을 연구해 질병 치료에 이바지하고자 합니다. 식물학과 면역학으로 세계적인 포스텍은 단백질의 기작을 실시간으로 관측하는 등 백신 개발에 유용하게 사용될 수 있는 포항 4세대 방사광 가속기를 보유하고 있습니다. 또한 포스텍이 보유한 단백질 정제기술, 단백질 고발현 기술을 바탕으로 포항에 식물백신 기업지원시설이 지어지는 등 포스텍은 저의 목표를 이루는 데 최고의 대학이라고 생각하여 지원하게 되었습니다.

포스텍을 선택한 이후 저는 포스텍 진학을 위해 포스테키안 잡지를 주기적으로 읽으면서 연구자로서의 꿈을 키워나갔고, 과학시사에 대한 지식도 얻을 수 있었습니다. 또한 2, 3학년 연속으로 고교방문 설명회에 참석하여 미래의 포스테키안을 꿈꾸었습니다. 다양한 탐구활동에도 노력을 기울였습니다. 선후배연합동아리를 1학년 때부터 꾸준히 진행하였고, 천연 살충, 살균작용을 할 수 있는 물질로 지네를 활용하면 좋을 것이라고 생각하고 선행연구를 찾아보았지만 관련 내용이 없어 힘들었지만 포기하지 않고 도전한 결과 '지네식초의 살균효과와 살충효과' 보고서를 작성할 수 있었습니다. 이러한 경험은 제가 포스텍에서 높은 수준의 학문을 수양하고, 연구를 진행하는 데 큰 도움이 될 것이라 확신합니다.

포스텍에 입학하여 분자세포신호조절 연구실에 들어가 백신에 체내에서 어떻게 작용하는지 알아보며, 세포 내 단백질이 분해과정이 손상에 대해 깊이 알아보면서 질병을 치료하는 치료제를 개발할 것입니다. 또한 학부생 연구프로그램을 참여하여 식물로부터 백신을 생산할 수 있는 기술에 대해 연구할 것입니다. 또한 멘토 제도를 통해 신입생 때 부족한 점을 선배로부터 배우고, 후에 제가 멘토가 되어 신입생의 부족한 점을 보완해 주겠습니다. 그리고 최종적으로 세포막단백질연구소, 생명공학연구센터 등 포스텍 내의 쟁쟁한 연구소에서 하여 식물백신 개발을 통한 인류복지의 실현이라는 제 꿈을 실현하고 싶습니다. 저는 오직 포스텍이어야만 합니다. 포스텍은 부디 뜨거운 저의 열정을 알아주시길 바랍니다.

📋 생명과학과 면접

방사광 가속기란 무엇인가요?

방사광은 태양빛보다 1억 배 이상의 아주 밝은 빛인데 그 빛을 이용해 물질의 미세구조와 현상을 관찰하는 연구장치를 방사광가속기라고 합니다. 즉, 살아있는 세포의 움직임과 나노물질을 관찰할 수 있는 일종의 슈퍼 현미경이라고 합니다.

4세대 방사광 가속기가 기존 방사광 가속기보다 좋은 점은 무엇인가요?

현미경을 예를 들면 3세대 방사광 가속기는 빛을 한 점에서 모아 준 것보다 4세대 방사광 가속기가 더 작게 한 점에 빛을 집중시켜주는데 3세대보다 10억 배 정도 밝습니다. 3세대 방사광가속기의 빛은 X선이 강하게 나오고, 여러 종류의 파장이 나오기 때문에 이용자가 원하는 빛을 골라서 쓸 수 있는 장점이 있습니다. 하지만 4세대 방사광가속기는 그중 딱 한 파장만 나오며, 결이 맞는 X선 자율 전자 레이저가 나오는데 미세구조와 현상을 관찰할 수 있는 장점이 있습니다.

의미 있는 활동

수정란이 세포분열을 하면서 각 세포가 다른 기능을 갖도록 분화한다는 것을 알고 호기심이 생겼습니다. 설레는 마음으로 생명공학동아리에 가입하고 당근을 이용한 캘러스 실험을 실시하였습니다. 캘러스 실험에서는 멸균과정의 중요성이 강조되었기 때문에 실험기구를 깨끗이 세척하고, 햇볕에 말리는 과정에 집중하였습니다. 그러나 캘러스에서 곰팡이가 발생하여 제대로 된 결과를 얻지 못했습니다. 나름 최선을 다한 멸균과정이 잘못되었다는 사실에 허탈했습니다. 다시 알코올 소독을 추가하여 멸균을 하고 실험을 진행하였지만 2번째 실험 역시 실패하였습니다. 세균을 제거할 수 있는 방법을 추가적으로 조사하면서 학교 실험실 상태에서는 미생물을 완벽히 차단하는 것이 어렵다는 것을 알고, 실험실 환경에 대하여 조사를 하였습니다. 효과적인 실험하기 위해서는 글러브박스 같은 진공 상태에서 실험을 해야 원하는 결과를 얻을 수 있음을 알게 되었습니다. 원하는 결과를 얻지 못하여 아쉬웠지만 실험환경이 완비된 대학교에서 다시 한번 실험을 해야겠다고 다짐하였습니다. 실험 후에 조원들과 조사했던 소독방법들을 소개하는 포스터를 만들어 동아리실에 게시하여 동료 및 후배들에게 주의를 환기시켰습니다. 특히 EM을 이용한 방법은 연계동아리 숲사랑 소년단에서 접했던 내용이어서 친구들의 관심을 이끌었고 EM의 항균작용 원리와 활용 방법을 알리는 데에도 기여하였습니다.

마데카솔 분말이 있다는 사실을 알고 다양한 연고의 차이점이 무엇인지 궁금하여 이를 자유탐구 주제로 선정하고 실험을 진행하였습니다. 연고로는 가장 흔히 사용되는 후시딘, 마데카솔 케어, 마데카솔 분말을 이용하였습니다. 연고를 사용하는 목적을 크게 세균감염 예방과 상처 치유 2가지로 나누었고 쉽게 확인하기에 세균감염 예방효과가 좋을 것 같아서 대장균을 이용한 연고의 항생효과를 확인해보기로 하였습니다. 역할분담을 조정하는 회의에서 실험 아이디어를 제공한 저에게 실험진행을 총괄하는 역할이 주어졌습니다. 원활한 실험진행을 위해서 실험장소와 실험과정을 조율하고 대장균 배양을 시도하였지만 어려움이 많았습니다. 계속해서 배양에 실패하면서 원인파악을 위해 미생물 배양 방법을 조사하기로 하였습니다. 이를 통해 배지를 뒤집어 배양해야 한다는 것을 알게 되었고, 미생물을 배양하는 방법을 모두가 익힐 수 있었습니다. 실패에서 원인을 찾고 방법을 모든 조원들이 공유하는 결과를 얻었습니다. 실험결과 마데카솔 분말을 제외한 연고에서 항생효과가 나타났지만 효능에 편차가 큰 것을 알 수 있었습니다. 샘플이 적어 아쉬움이 있었지만 3학년 때 연고의 성분과 효능을 조사하는 후속활동을 진행하였습니다. 각 연고에는 특정한 성분이 있었는데 각각 작용하는 균주가 달랐습니다. 실험결과와 일치함을 확인하였지만 해석의 차이가 있음을 알게 되었고, 항생효과의 편차가 나타난 이유를 파악할 수 있었습니다. 실험결과와 해석의 오류를 줄이기 위해서는 후속활동이나 조사가 꼭 필요하며 섣부르고 왜곡된 결론은 항상 경계해야 한다는 중요한 깨달음을 얻게 된 소중한 경험이었습니다.

동아리활동	동아리활동
생명공학동아리에 가입하여 캘러스 실험을 하면서 세포 배양을 위해 멸균과정이 중요함을 깨닫게 됨. 미생물을 완벽히 차단할 수 있는 실험실 환경에 대해 조사하여 글러브박스에서 실험하는 것이 중요함을 깨닫게 됨.	숲사랑동아리에서 EM을 이용하여 항균효과를 탐구함. 이후 EM 항균작용의 원리와 활용방법에 대해 조사하여 보고서를 작성함.
2학년 진로활동	3학년 진로활동
연고의 항생작용에 대한 알아보고자 마데카솔과 후시딘을 활용하여 세균감염 예방과 상처 치유 효과를 비교 실험함.	대장균을 활용한 연고의 항생 효과 탐구에서 세균을 잘못 사용하여 실험결과의 오차를 깨닫고 적합한 세균을 찾고 관련 선행연구를 참고하여 보완한 탐구보고서를 추가적으로 작성함.

지원동기와 진로계획

인공화합물로 이루어진 화장품 성분이 인체에 미치는 해로운 영향을 조사하며 천연물질을 이용한 화장품을 만들겠다는 꿈을 키웠습니다. 하지만 3학년 때 미생물과 발효를 접하면서 발효화장품 연구원으로 구체화되었습니다.

수행평가로 주어진 생명과학 글쓰기 활동을 준비하기 위해 접한 발효과학과 발효화장품을 통해 발효가 실생활에 얼마든지 이용될 수 있는 기술임을 알게 되었습니다. 발효화장품을 주제로 글을 작성하기로 결심하고 이를 자세히 조사하였습니다. 책 〈나는 발효화장품이 좋다〉를 읽으며 미생물로부터 미생물을 치료해야 하는 상황임을 인식하였습니다. 아토피 같은 피부질환에 효과적인 것은 미생물을 통해서 좋은 미생물이 살아갈 수 있는 환경을 만드는 것이며, 이것은 더욱 효과적인 치료방법이 될 수 있다는 것을 깨달았습니다. 발효화장품에 점점 관심을 가지게 되었고, 이러한 수요가 많이 늘어날 것이라는 확신이 들었습니다. 하지만 아직은 많은 사람들이 발효화장품의 장점을 잘 알지 못하는 것 같았습니다. 저는 직접 발효화장품을 연구하고 우수성을 알리며, 발효화장품을 선도하는 연구원이 되고 싶다는 마음을 가지게 되었습니다.

제 꿈을 이루기 위해 진학할 학교, 학과를 탐색하면서 본 대학의 바이오생명공학과의 교육과정 중 생명공학창의설계과목을 접하였고, 발효화장품을 직접 만들어볼 수 있을 것 같다고 생각하였습니다. 이를 위해 전공 분야 중 미생물학, 발효공학 등을 중점적으로 공부하고, 다양한 실험과목을 통해 실험능력을 배양하여 모두에게 도움이 되는 발효화장품을 만들고 싶습니다. 우리나라 화장품은 특히 중국에서 인기가 높습니다. 중국인의 니즈를 파악하기 위해 입학 후 외국어능력 향상과정에 참여하여 중국어를 공부할 계획입니다. 또한 중국어 학습과 병행하여 국제교류프로그램을 참여하고 싶습니다. 글로벌프런티어 등을 통해 중국어와 전공에 대해 심화학습 할 기회를 잘 이용하고 중국에서 한국 화장품 시장의 동향을 직접 파악하면서 미래의 화장품산업을 선도하는 글로벌 인재로서의 역량을 준비할 것입니다.

진로희망	생명과학 세특
미생물과 발효에 대한 깊은 탐구활동을 통해 발효화장품 연구원을 희망함.	생명과학 글쓰기 활동으로 발효과학과 발효화장품을 주제로 작성함. 발효가 실생활에 활용된 사례를 조사하여 친구들을 이해시킴.

진로활동	독서
진로탐색활동으로 〈나는 발효화장품이 좋다〉 책을 읽고 미생물로부터 미생물을 치료할 수 있다는 것을 알고, 아토피를 효과적으로 치료할 수 있는 효소치료에 관심을 가짐.	감염, 경피독 세상을 바꾼 십대, 잭 안드라카 이야기 고마운 미생물, 얄미운 미생물 나는 발효화장품이 좋다 깐깐한 화장품 사용설명서 당신의 상식이 피부를 죽인다

화학생명 관련 학과 자소서

지원동기와 진로계획

민감성피부로 인해 화장품으로부터 스트레스를 받는 친구를 보며 화장품의 유해성에 대해 생각하게 되었습니다. '화장품, 얼굴에 독을 발라라' 등 화장품에 관한 책을 보면서 관심이 깊어졌고 화장품은 과학이라는 점에 매력을 느껴 화장품 연구원이 되어야겠다는 꿈을 갖게 되었습니다. 우리나라 화장품산업이 세계 1, 2위를 차지하는 것에 반해 원료의 80%를 해외에서 수입한다는 사실을 알고 우리나라의 독자적인 화장품 소재 개발이 시급하다고 생각하였습니다. 그래서 우리나라를 대표하는 자생식물을 이용한 화장품 소재를 연구하는 연구원이자 기업가가 되는 것이 저의 목표입니다.

꿈을 실현하기 위한 노력의 일환으로 저는 'cos'inkorea'라는 화장품산업 관련 사이트에 접속하여 신기능 화장품에 대해 접하고 뉴스 카테고리에서 화장품 칼럼을 보는 것을 즐겼습니다. 특히 저는 아주대학교 대학원에서 화장품과학을 전공하시는 변상요 교수님의 글에 깊은 인상을 받았고 자연스레 아주대학교에 관심을 갖게 되었습니다. 화장품과학 교수진과 생명공학, 의대피부과, 응용화학이 어우러진 최고의 커리큘럼을 보며 아주대학교 정통화장품과학연구실에 대해 알게 되었고 먼저 응용화공생명공학과에 진학하여야겠다는 목표를 가지게 되었습니다.

응용화공생명공학과에 입학하면 생화학, 표면공학을 공부하여 지식의 기반을 다질 것입니다. 학부에서 배운 지식에서 더 나아가 심화된 지식을 쌓기 위해 화장품과학연구실에 들어갈 것이며 대학원에 진학하면 천연추출물을 이용한 방부제를 연구하여 안전한 화장품을 만드는 데 기여할 것입니다. 또한 화장품과학 특화교육, 기업경쟁력 강화프로그램을 통해 화장품 업계 성공사례를 연구하여 '안전한 화장품을 만들어 나눌 수 있는 연구원이자 기업가가 되겠다'는 저의 꿈을 이루고 싶습니다. 대학원을 졸업하고 나면 세계 최대의 화장품 산업이 발달해 있는 프랑스에 가서 견문을 넓힐 것이며 돌아와 국내 기업연구소의 화장품소재개발팀에 들어가 연구개발에 힘쓸 것입니다. 기술적 노하우를 바탕으로 피부질환에 고통받는 사람들의 행복한 삶을 위해 힘쓰는 사람이 되는 것, 이것이 저의 미래목표입니다.

진로희망	화학 세특
〈화장품, 얼굴에 독을 발라라〉 책을 읽고 화장품의 유해성에 대해 알게 되면서 안전한 화장품 소재를 개발하는 화장품 연구원을 희망하게 됨.	화학방부제의 위험성을 깨닫고 천연방부제에 대해 조사하면서 쑥 추출물, 티트리, 자몽씨 추출물 등의 천연방부제가 있다는 것을 발표하고 보고서를 제출함.

진로활동	생명과학 세특
화장품 소재에 관심을 가지고 화장품의 원료인 소재가 대부분이 해외에서 수입되고 있다는 것을 알고, 한국인에게 맞는 화장품 성분, 친환경적인 화장품 원료를 개발하고자 관련 자료를 조사하여 보고서를 제출함.	화장품 성분의 피부 흡수율을 높이기 위한 방법을 조사하여 분자의 크기가 작은 나노입자나 리포좀 형태로 전달할 경우 피부 흡수를 높일 수 있다는 내용을 발표함.

학습경험

저는 어릴 때부터 시간이 흐르면서 사람이 늙고 기억을 잃어버리는 생명현상에 관심을 가지면서 궁금증을 해결하기 위해 노화현상에 관련된 '과학 다큐프라임' 영상을 보았습니다. '텔로미어'가 짧아지므로 노화가 온다는 것을 알고 텔로미어의 유전자를 찾으면 인류의 생명 연장의 시대가 올 수 있다는 사실을 알고 유전자에 관심을 확장시켜 나갔습니다.

3D 프린터를 활용하여 다양한 물건을 출력하면서 입체적인 모양을 출력하기 위해서는 지지대가 필요하다는 것을 알게 되었습니다. 만약 줄기세포를 활용하여 인공장기를 출력할 경우 지지대를 어떻게 해결할지 궁금증을 가지고 조사하면서 줄기세포 노줄과 젤 노즐을 사용하여 3차원적으로 제작할 수 있다는 것을 알게 되었습니다. 또한 혈액이 이동할 수 있는 통로를 제작하기 위해 생체튜브를 이용하여 원활한 이동이 이루어지도록 한다는 것을 알게 되었습니다. 또한 신경 절단으로 인해 손과 발을 자유롭게 사용하지 못하는 사람들에게 도움을 줄 수 있는 기술에 관심을 가지면서 '뇌-기계 인터페이스(BMI)의 발전 현황과 발전 가능성'에 대해 조사하면서 BMI기술을 입는 로봇에 접목하여 걷고 잡을 수 있도록 도와줄 수 있다는 것을 알고 생명공학로부터 의학공학 기술에 이르기까지 관심을 증폭시킬 수 있었습니다.

수술적 치료보다 생명공학 기술을 활용하여 질병을 조기에 예측하고 크리스퍼 기술로 치료한다면 더 건강한 삶을 사는 데 도움을 줄 수 있을 것이라고 생각하며, 크리스퍼 기술의 활용을 조사하면서 의생명연구원의 꿈을 키워나갔습니다. 더불어 제2의 게놈치료제라고 불리우는 마이크로바이옴에 관심을 가지고 '세균으로 아토피 치료가 가능한가' 주제로 장 질환부터 암까지 광범위하게 치료제로 활용되고 있는 사례를 발표하였습니다. 이렇게 키운 생명공학의 배경지식은 영어교과 수업시간에 '신체 부위에 따라 다른 노화의 경향'이라는 지문을 해석하는 데에도 도움을 받게 되었습니다. 이 외에도 수업을 들으면서 생명공학과 융합하여 생각하는 자세를 기르면서 실력을 향상할 수 있었습니다.

진로희망	영어 세특
노화로 인해 기억을 잃어버리는 것에 관심을 가지고 '과학 다큐프라임' 등의 영상을 보면서 건강한 삶을 위한 질병치료에 관심을 가지고 의생명연구원을 희망함.	지문발표활동으로 '신체 부위에 따라 다른 노화의 경향'을 관련 그림자료까지 제시하여 친구들을 이해시키며, 과학에 대한 높은 관심과 지식을 가짐.
동아리활동	진로활동
3D프린팅 기술을 배우면서 앞으로 소비자가 원하는 재료나 물건을 직접 생산하는 시대가 올 것이라고 확신함. 이후 모델링을 스스로 배우면서 실력을 키워나감. 3D프린팅으로 가능한 기술에 관심을 가지고 항공엔진, 인공장기, 혈관 등 다양한 것을 생산할 수 있다는 것을 그림자료와 함께 발표하여 친구들을 이해시킴.	직업인의 강연을 통해 BCI기술의 발전을 통해 로봇을 뇌파로도 조절할 수 있는 시대가 올 것임을 알게 되고, 'BCI의 발전 현황 발전 가능성'에 대해 조사하여 입는 로봇의 활용까지 소개하는 열정을 보임.

의미 있는 활동

[호기심 충전소, 과학동아리]
인공지능과 생명과학 분야에 대하여 깊이 탐구하고자 자율동아리를 창설했습니다. 특히 뇌 공학에 관심으로 뇌-컴퓨터 인터페이스(BCI)에 대하여 집중적으로 탐구했습니다. '뇌 공학과 융합하여 개발한 BCI의 발전 현황과 발전 가능성'이라는 주제로 관련 기사와 논문을 찾아보면서 앞으로 어떻게 발전할지 조사하여 토론활동을 진행하였습니다. IoT의 발전으로 BCI기술이 더 널리 활용될 것이라고 찬성 측에서 토론을 이끌었습니다. 단점으로 뇌파를 외부에서 조절하여 자신이 의도하지 않는 방향으로 악용할 수 있다는 내용으로 반론을 제기하여 보안이 필요함을 깨닫게 되었습니다. 이후 로봇 등의 의공에 관심을 가지고 재생의학까지 진로를 확장시켰습니다. 배아 줄기세포의 생명윤리로 인한 대안으로 역분화 줄기세포로 원하는 조직을 재생한 성공한 사례를 통해 유전성 근육질환을 치료할 수 있다는 점을 알게 되었습니다. 이후 재생의학과 유전공학을 기반으로 차세대 바이오 혁신기술을 개발해 유전질환을 앓고 있는 사람들과 노화로 인한 건강한 삶을 영위하고 싶은 사람들에게 도움을 주는 의생명연구원을 희망하게 되었습니다. 선천적인 유전병을 크리스퍼 유전자가위 기술로 치료할 수 있을 것이라는 확신을 가지고 Cas-9의 문제점을 조사하였습니다. 원하는 부분에 제대로 편집이 되었는지 확인하기 힘들고, 표적 이탈현상을 줄여야 한다는 문제를 안고 있다는 것을 알고 이를 더 안전적으로 교정할 수 있는 방법에 관심을 가지고 DNA 단일가닥도 교정할 수 있는 기술로 발전시키면 자폐증 외에 다양한 희귀질환 치료도 가능할 것이라는 확신을 가지게 되었습니다.

[줄기세포의 선물 '오가노이드']

저는 3년간 RCY활동을 꾸준히 해오면서 다양한 이유로 건강한 생활이 어려운 사람들을 많이 봐왔습니다. 특히 장기기능의 이상으로 불편한 삶을 살아가면서 장기이식만을 기다리시는 분들을 보면서 인공장기에 대해 관심을 가지게 되었습니다. 그러면서 오가노이드가 대안이 될 것이라는 생각으로 '오가노이드 발전 현황과 발전 가능성'이라는 주제로 탐구활동을 이어갔습니다. 오가노이드 기술은 환자 유전자를 바이오 뱅킹에 데이터하고, 유전체 교정기술을 활용하여 재생치료 및 맞춤치료가 가능하다는 것을 알게 되었습니다. 전임상 시험에서 통과한 치료물질이 인체 적용 시험에서 대부분 탈락한다는 것을 알고 동물실험을 하지 않고 환자 맞춤형 치료제를 개발할 수 있는 오가노이드를 활용한 장기세포칩으로 기관들과의 상호작용, 약물에 의한 영향 등을 종합적으로 확인할 수 있다는 것을 알았습니다. 특히 오가노이드 기술 중 뇌 오가노이드를 구현하는 연구가 가장 인상 깊었습니다. 뇌는 복잡한 신경 전달 시스템으로 구성하기 힘들고 신경 전달 시스템을 구현하는 것이 어려워 다른 장기에 비해 연구가 더디었는데 이를 통해 고령화 사회에 치매와 뇌졸중 등 뇌신경질환자를 치유할 수 있는 길이 열릴 것이라고 확신하였습니다. 그래서 오가노이드를 기반한 연구에 매진할 것이라고 다짐하게 되었습니다.

과학 동아리활동	RCY 동아리활동
동아리 탐구활동으로 BCI기술의 발전가능성에 대해 토론을 제안하여 뇌파를 조작하여 단점을 보완해야 안정적으로 사용할 수 있다는 것을 깨닫는 시간이 되었다고 함.	3년간 꾸준히 봉사활동에 적극적으로 참여함. 장기기능 이상 환자들의 불편한 삶에 안타까워하면서 이분들을 도와드릴 수 있는 인공장기 등의 재생의학의 발전에 기여하고 싶다는 포부를 밝힘.
생명과학 세특	진로활동
선천적인 유전병을 조사하여 이를 치료할 수 있는 방안으로 유전자가위 기술을 소개하며, 현재까지 진행된 연구를 소개함. 이후 유전자가위 기술의 특징을 조사하여 보고서를 제출함.	진로탐색활동으로 오가노이드를 활용한 장기세포칩으로 장기들의 영향과 상호작용을 보다 쉽게 파악할 수 있다는 점과 환자 맞춤형 약물을 제조할 수 있다는 점을 열정적으로 소개함. 특히 뇌 오가노이드를 통해 뇌신경질환 환자를 치료하고 싶다고 포부를 밝힘.

생명과학 교과시간에 게놈 치료제에 대해 조사하면서 제2의 게놈 치료제로 부상하고 있는 마이크로바이옴의 존재를 알게 되어 '세균으로 아토피 치료가 가능한가'라는 주제로 탐구활동을 이어갔습니다. 몸속 미생물의 불균형이 비만, 암, 피부질환 등 건강에 중대한 영향을 준다는 사실을 알게 되었습니다. 특히, 마이크로바이옴을 활용해 자폐증을 치료한 사례가 인상 깊었습니다. 이때까지 자폐증은 뇌의 이상으로 생기는 질환인 줄 알았는데 장내 미생물을 복원하여 자폐증도 치료할 수 있다는 것에 높은 관심을 가지게 되었습니다. 과민성 대장증후군을 치료하기 위해 대변 이식을 통해 항생제 내성균인 클로스트리듐 디피실을 제거하여 단 며칠 안에 완치된 사례를 접하면서 대변 이식 말고 음식이나 약품을 이용해 사람들의 장내 환경을 복구할 수 있는 방법이 없을까 고민했습니다. 발효식품을 활용한 '프로바이오틱스'를 활용하여 유익균의 수를 증가시킬 수 있다는 점을 알고 장내 미생물이 바이오 헬스케어 산업의 핵심으로 자리 잡을 것이라 확신하면서 관련 연구를 대학교에서 진행하고 싶습니다.

📋 화학생명공학부 면접

우리가 먹는 프로바이오틱스와 마이크로 바이옴은 어떤 차이가 있나요?

프로바이오틱스는 건강에 도움을 주는 살아있는 균을 의미합니다. 유익균의 수를 늘리고 유해균의 수를 줄여주는데 우리가 먹는 요거트, 김치, 된장, 청국장에 들어 있는 유산균을 의미합니다. 이러한 유익균의 먹이가 되는 영양분을 프리바이오틱스라고 합니다. 마이크로바이옴은 미생물(microbe)과 생태계(biome)를 합친 말로 몸속에 100조 개의 미생물과 그 유전자를 총칭하는 말입니다.

장내 세균의 불균형으로 나타날 수 있는 질병은 어떤 것이 있나요?

박테로이스 세균은 고지방식을 하는 사람에게 많이 보이며, 비타민B7을 생산하여 피부병, 우울증을 예방합니다. 루미노코크스 세균은 고지방식을 섭취할 경우 많으며 당분흡수가 잘 되어 비만이 되기 쉽습니다. 프리보텔라 세균은 식이섬유를 많이 섭취할 경우 많으며 비타민B1을 생산하여 각기병을 예방하고 뮤신 생산을 증가시키는 특징이 있습니다.

마이크로바이옴으로 치료가 가능한 질병은 어떤 것이 있나요?

대변 이식 이외에 프로바이오틱스를 섭취하여 비만, 암, 당뇨, 소화계 질환이나 치매 등 뇌질환의 다양한 질환을 치료하는 데 도움을 주고 있습니다.

학업경험

['열정'이라는 도움닫기]

평소 공부하며 힘든 일을 하지 않았음에도 자주 피로감과 무기력함을 느끼던 저는 2학년 소변검사를 통해 당뇨를 판정받았습니다. 처음에는 합병증에 대한 두려움과 건강을 관리하는 과정에서 제가 포기해야 될 것들이 너무나 많았기에 많은 좌절을 경험했습니다. 인슐린 양을 잘 못 조절해 쓰러질 뻔도 여러 번이었지만 컨디션에 맞춰 투여량을 조절하고 운동을 조절하는 시행착오를 통해 몸 상태를 정확히 파악하는 것이 중요하다는 것을 깨달았습니다. 이에 저는 저와 관련된 내용에 대해 자세히 알아보자는 목표로 공부를 하며 매일 사용하던 인슐린이 생명공학기술의 산물이라는 사실을 알게 되었고 이를 직접 체험하고자 약학대학에서 진행한 '플라스미드를 이용한 유전자 재조합기술' 연구에 지원하였습니다. '바실러스메가트리움3007을 이용한 유전자재조합' 연구에서 생전 처음 접한 긴 영어 이름의 약품들과 복잡한 실험 기구에 머리를 싸매기도 했고 학업과 실험 및 논문 작성을 병행하며 밤을 새기도 여러 번이었습니다. 하지만 참여한 실험에서 직접 세균의 염색체 DNA를 분리하여 관찰하고, 분리된 DNA를 PCR해 보며 생명공학기술의 매력에 흠뻑 빠지게 되었고 이후 방과후 생명과학II 멘토링에 참여하며 과목에 대한 이해를 확장하였고 탐구발표동아리에서 '생명공학기술'과 '신약개발' 주제로 탐구하여 발표하였습니다.

저 자신에 대해 더 알고자 시작했던 활동들은 저에게 생명과학의 무궁한 가능성에 매료시켰고 관련 분야에 대한 저의 열정은 처음 3등급의 성적이었던 저를 1,2등급의 성적으로 향상시키고 관련대회에서 수상하게끔 하였습니다. 열정을 바탕으로 한 학습은 지치지 않고 오히려 재밌다는 것, 제가 고등학교 생활동안 학업을 통해 배운 가장 중요한 가치입니다. 계속해서 몸 상태를 체크하고 조절하는 저의 하루는 남들과는 조금 다를지도 모르지만 저에게는 아무렇지 않은 일상이 되었고 이 과정에서 한계를 극복하기 위해 노력하고 공부하는 저 자신에 대해 긍지를 갖게 되었습니다.

자율활동	진로활동
소변검사에서 당뇨 판정을 받고 합병증에 대한 두려움으로 관련된 질병을 조사하고 당뇨를 예방할 수 있는 운동과 식이요법에 관심을 가지고 관리하는 열정을 보임.	대학교 연구실에서 진행한 탐구활동에 참여하여 '플라스미드를 이용한 유전자 재조합 기술'연구에 5개월 동안 팀장으로서 팀원들을 이끌며 탐구준비와 발표 등을 이끌어가는 열정을 보임.
생명과학 세특	**독서**
학급 생명멘토로 참여하여 친구들에게 자신이 알고 있는 내용을 쉽게 설명해줌.	세계를 보는 새로운 창 장난꾸러기 돼지들의 화학 피크닉

유전자재조합 기술 탐구활동 이후 생명공학기술, 신약개발에 관심을 가지고 관련 내용을 조사하여 주제발표하는 열정을 보임.

영화 속의 바이오테크놀로지
부엌에서 알 수 있는 거의 모든 것의 과학
페어푸드
과학시간에 사회공부하기
당뇨 콩팥병, 아는 만큼 길이 보인다

의미 있는 활동

[버벅이는 말, 시원하게 트다]

입학 당시 간단한 자기소개조차 어려워할 만큼 발표를 두려워했던 제가 영어토론대회, 과학탐구발표대회 수상이라는 성과를 이뤄낼 수 있었던 건 '계획과 준비, 연습'의 세 단계를 설정하고 꾸준히 실행해나갔기 때문입니다. 평소 적극적이고 활달한 성격을 지녔던 저는 발표만 하면 말을 더듬거렸습니다. 불안함과 공포감에 발표를 피하기만 했던 저는 링컨 대통령도 처음 연설할 때 떨었다는 이야기를 듣게 되었습니다. 노력으로 발표 공포증을 극복한 그분을 보며 저 또한 극복할 수 있다는 자신감을 얻었습니다. 이후 교내 과학탐구 발표동아리에 가입하여 '안되면 될 때까지'라는 집념으로 발표원고를 작성하고 녹음하여 시간이 날 때마다 듣는 방법을 통해 제가 어떤 단어를 연속해서 발음하지 못하는지, 어느 부분의 말이 매끄럽지 않은지를 점검했고 이를 하나씩 고쳐나갔습니다. 그 결과, 처음 말을 시작하기도 겁을 냈던 저는 철저한 준비를 통해 자신감 얻어 사람들 앞에 서게 되었고 교내토론, 발표대회에도 참가하며 점차 발표에 대한 두려움을 극복하였고 동시에 좋은 성적을 거둘 수 있었습니다. 이 과정에서 '계획, 준비, 연습은 불가능하다고 생각했던 것을 바꿀 수 있을 만큼 강력함을 깨달았습니다.

[동아리운영, 정답은 '소통']

'카리스마', 흔히 리더십이란 좌중을 사로잡는 것을 의미합니다. 하지만 3년간 동아리 부장으로 활동한 저는 감히 아니라고 말하고 싶습니다. 처음 동아리를 운영하기 시작했을 때 많은 활동에 초점을 맞췄던 저는 일주일에 한 번 활동을 전개해나갔습니다. 처음에는 대부분의 학생이 동아리에 참여했지만, 시간이 지날수록 보이는 빈자리에 다른 학생들의 무책임함에 짜증만을 냈습니다. 하지만 한 명이 아닌 다수의 학생들의 행동이었기에 고민했고, 익명투표를 통해 친구들에게 활동에 참여하지 않는 이유를 물어보게 되었습니다. 결과는 놀라웠습니다. 저를 제외한 모든 학생이 일주일에 한 번이라는 동아리 활동을 부담스럽다고 답했습니다. 발표주제를 정하고, 발표 자료를 조사하고, 발표를 준비하는데 많은 시간이 걸릴뿐더러 시험이 얼마남지 않았음에도 활동을 강행했던 동아리 활동에 지쳤던 것이었습니다. 소통의 부재, 저의 잘못을 인정하고 더욱 확실한 소통을 위해 관련 책을 찾아 읽으며 의견을 들어주는 방법, 서로를 존중하는 방법에 대해 간접적이나마 알게 되었습니다. 이를 바탕으로 친구들의 의견을 모아 동아리 활동 시간을 정하는 쌍방향 운영을 채택했습니다.

작은 변화지만 동아리는 이전보다 활발하게 참여하는 분위기로 변하였고 저는 리더십이란 남들보다 뛰어나거나 강한 카리스마로 이끌어야 한다는 기존의 생각을 버리고, 팀원들의 생각을 정확히 파악하고 불만이 있다면 이를 해소하기 위해 다양한 노력이 필요하다는 사실을 깨닫게 되었습니다. 연구원은 동료들과 하나의 주제로 협동하며 연구하는 사람이기에 이후 동료들과 소통하는 데 이를 적용할 것을 다짐하였습니다.

자율활동	동아리활동
발표에 대한 두려움을 없애기 위해 영어토론대회, 과학탐구발표대회 등에 적극적으로 참여하여 단점을 극복함.	3년간 동아리 부장으로 친구들의 의견을 수렴해 실험 주제를 정하고 이끌어나감. 학생들의 참여가 부족해지자 그 이유를 알아본 후 활동을 줄여 진행하자는 의견을 듣고 이를 존중하여 진행하는 리더십을 보임.

진로활동	동아리실험
과학창의캠프에 참여하여 14개 탐구 실험에 참여하고 팀별 토론활동에 적극적으로 참여하여 자신의 의견을 피력함. 특히 다른 학교와 팀을 이루어 '창의적 물리문제 해결'에 적극적으로 의견을 개진함. 다양한 매체를 이용하여 과학법칙을 실생활에서의 활용을 이해하는 시간이 되었다고 함.	소 눈, 쥐, 개구리, 붕어, 닭, 토끼 해부 교과서 밖 과학탐구 발표 신약 조사 발표 인슐린 제조와 플라스미드를 이용한 유전자재조합기술 인공감미료 3d프린팅을 이용한 약품제조 머리이식수술 쥬라기공원과 유전자조작

지원동기와 진로계획

[조금 일찍 깨닫게 된 건강의 중요성]
'당뇨'라는 가족력, 아빠를 비롯한 친가에 가족력이 있었지만, 언니들에게 아무런 이상이 없기에 외가를 닮은 줄 알고 당뇨에 대해 깊이 생각하지 않았었습니다. 이상하리만큼 피로감과 무기력감을 느끼던 고등학교 2학년, 저는 소변검사를 통해 당뇨 진단을 받게 되었고 그때 이후로 생활이 완전히 바뀌었습니다. 아침마다 시간에 쫓기며 인슐린을 투여하고 알약을 먹는 것은 일상이 된 것은 당연하였고, 체육시간 오래달리기를 하다 탈진해 쓰러질 뻔하며 건강이 중요함을 절실하게 깨닫게 되었습니다.

[천연물 신약의 메카에서 내 꿈을...]
저는 이에 생명공학기술은 인슐린의 대량생산을 가능하게 한 세기의 기술임에도 인슐린의 부작용을 완전히 없애지 못했다는 점에 놀라움을 느꼈습니다. 이에 저는 안전한 약에 대한 관심을 갖고 KOCW사이트에서 약학대학 교수님의 천연물 신약과 신약개발이라는 전공강의를 듣게 되었습니다. 강의를 통해 기존의 합성의약품이 단일 작용점을 표적으로 하는 것에 비해 구성성분이 다양하고 다수의 작용점을 가지고 있는 천연물신약을 사용하면 복합적 병인을 가지고 있는 당뇨와 같은 만성, 난치성 질환에 대한 효율적 치료가 가능하다는 사실을 알게 되었습니다. 동시에 경희대학교의 천연물신약개발연구 논문이 110편으로 국내에서 연구가 가장 활발할 뿐만 아니라 관련 분야 연구에 최고의 인프라를 갖추었다는 사실을 알게 되었습니다. 이런 경희대학교 약과학과의 체계적인 시스템과 함께 '약학'에 대해 공부하고 싶다는 꿈을 갖게 된 저는 약학과 의생명과학의 융, 복합연구를 통해 신약개발과 제약 산업 발전을 선도하는 약과학과의 인재가 되고자 학교에서 '생명과학기술'과 '신약개발'이라는 큰 주제와 관련된 과학 탐구 발표를 진행하고 인슐린과 같은 약품제조에 사용되는 유전자 재조합 기술에 대한 실험과 논문을 작성해 보며 꿈을 키워나갔습니다.

[적어도 부작용에 대해 걱정하지는 않기를...]
약과학과에서 물리, 화학, 생물 등 학문의 기초가 되는 과목뿐만 아니라 의약품과 관련된 다양한 학문을 접한 후 전공과목으로 편성되어 있는 '생약학' 및 '천연물신약'과 선택과목으로 편성된 '바이오신약개발'을 이해하여 천연물신약의 복합적인 약효와 안정성이라는 장점을 제가 지금까지 관심을 갖고 있던 생명공학 기술의 유전자 추출 및 조작 방법과 융합하고 싶습니다. 또한 이 과정에서 ○○대학교 약과학과에서 제공하는 제약회사 및 연구소 현장 실무실습 교육을 통해 연구원으로서 기초 자질을 갖추어 자대 약학대학원에 진학하여 이를 실생활에 활용하는 방법을 비롯하여 원하는 연구에 참여하고 싶습니다. 이후 제약회사 및 연구소의 연구원이 되어 저를 비롯하여 질병으로 평생을 약과 함께하는 많은 사람들이 부작용에 대한 걱정 없이 일상생활을 영위하도록 도와주고 싶습니다. 또한 저의 일을 즐기며 저의 건강 또한 관리하며 질병은 꿈을 이루는 데 장애물이 아니라는, 오히려 동기를 부여한다는 희망을 모든 사람에게 알려주고 싶습니다.

진로활동	진로활동
대학전공강의 수강하기에서 평소 당뇨병에 대한 관심을 바탕으로 생명공학기술을 적용한 신약개발이라는 꿈을 갖고, '소리 없이 다가오는 당뇨병', '천연물신약과 신약개발' 등을 시청하고 신약연구에 유전체학, 세포생물학과 분자생물학에 관한 지식이 더 필요함을 깨달음.	진로탐색활동으로 신약개발에 관한 내용을 찾던 중 천연물신약을 알게 됨. 기존 약은 한 개의 작용점을 가지고 있는 것에 반해 천연물신약은 여러 개의 약물작용점을 가지고 있어 복합적으로 작용할 수 있는 다양한 성분들을 함유하는 천연추출물로 된 약을 사용하여 더 효과적으로 질병으로 치료하고 부작용도 줄일 수 있다는 것에 높은 관심을 가짐.

물리 세특	생명과학 세특
특정 의약품에 방사성 동위원소를 결합한 형태인 방사성 의약품에 대해 알게 되어 기존의 항암-약물치료의 정상조직과 종양조직을 구분하지 않고 모두 손상되는 단점을 극복할 수 있는 방사면역 치료에 대해 알아봄.	'당뇨와 식품' 분야에 관심을 가지고 당뇨환자로서 식이요법을 하면서 섭취한 식품의 혈당 상승 정도와 인슐린 반응을 유도하는 정도를 비교하여 혈당지수를 수치로 표시하는 번거로움을 느끼게 되면서 유전자공학을 통해 당뇨식을 만들어 당뇨환자들에게 먹는 즐거움을 줄 수 있도록 기여하고 싶다고 함.

 화장품 관련 학과 자소서

의미 있는 활동

교내 R&E활동에 철의 부식을 주제로 참가했었는데, 활동을 진행하다가 카민 지시약을 이용하여 색 변화를 통해 산화환원반응을 알 수 있었다는 점에서 흥미를 느끼게 되었습니다. 이 신기한 경험을 토대로 양배추 지시약 실험을 추가적으로 제안해서 생활 속에서 쉽게 접할 수 있는 것으로 지시약을 만들어 보았습니다. 이를 통해 생활 속에서 스치듯 지나갔던 액체들의 성분이 화장품에 유용한 재료가 될 수 있겠다는 생각을 하게 되었습니다. 사소하게 느낀 것들도 때론 중요하게 쓰인다는 것을 알게 되어 지나가는 것들을 유심히 살펴보아야겠다는 마음을 가졌습니다.

간단한 실험들을 통해 지적 호기심이 생겼고, 제가 제안한 브로콜리 DNA 추출실험을 동아리에서 실험하였는데, 예상보다 간단하게 실험이 끝났고 정확한 DNA 구조를 관찰할 수 없어 아쉬움이 남았습니다. 그렇지만 친구들과 함께 했기에 제게 의미가 있었습니다. 겉보기엔 흐지부지하게 끝난 실험일지도 모르지만 친구들과 함께 가설 설정, 실험과정 설계 등을 하면서 책으로만 배웠을 때에는 알 수 없는 함께하는 즐거움을 느낄 수 있었습니다. DNA를 조사하면서 한국인 피부의 유전적 특성까지 반영한 퍼스널 화장품이 있다는 것을 알게 되었습니다. 한국인의 노란 피부로 평소 스트레스를 받는 친구들이 있어, 저는 퍼스널 컬러라는 개념을 알게 된 순간 희열을 느꼈습니다. 이것이 평소 타인의 행복을 함께 하고픈 저의 가치관과 일치하기 때문입니다. 그로 인해 저는 퍼스널 컬러를 알아볼 수 있는 방법에 대해 조사해 보았는데 정확한 진단을 위해 최대한 많은 판별자료가 있어야 한다는 것을 알았습니다. 특히, 퍼스널 컬러에 흥미 있는 여학생들을 대상으로 한, 자료를 제공해서 진단법에 대하여 설명했으며, 피부톤에 적합한 화장품을 알려주었더니 환호와 동시에 질문을 받게 되어 새벽까지 준비한 보람을 느낄 수 있었습니다. 제가 즐거워서 한 일이 남에게 유익한 일이 될 수 있다는 것을 느낀 후 제 진로에 대해 확신을 가지게 되었고 화장품과 관련된 일에 자신감이 생겼습니다.

아이들과 함께하고 싶은 생각에 지역아동센터 봉사활동 동아리에 들어갔습니다. 일주일에 한 번씩 만나 제가 자신 있는 영어를 가르쳐 주었습니다. 그런데 가르치던 겨울, 한 아이가 입술 주변이 부르튼 것을 보았습니다. 순간 저는 제가 항상 챙겨 다니던 바셀린이라는 화장품이 생각이 났고 가방에서 꺼내 아이에게 발라주었습니다. 그러자 아이가 환하게 웃었고 그 얼굴을 보니 저는 아이보다 더 행복해졌습니다. 시간이 지나자 아이의 피부는 진정이 되었고, 저는 이 조그마한 화장품에 대해 '아, 이 조그마한 성분의 집합체가 큰 도움을 줄 수가 있구나!'라는 생각이 들었습니다. 그리고 그 친구에게 화장품을 선물로 주었습니다. 그리고 언젠간 저도 이러한 화장품을 만들어 사람들의 삶에 소소한 행복을 주는 것에 이바지하고 싶다는 각오를 다지게 되었습니다.

자율활동	동아리활동
교내 R&E활동에서 '철의 부식'을 지시약의 색깔 변화로 확인할 수 있다는 것을 알게 되면서 산화환원반응에 관심을 가짐.	브로콜리 DNA추출실험에서 DNA를 볼 수 있을 거라 생각했는데, 염색체 덩어리만 보여서 아쉬워함. 하지만 DNA를 통해 유전자의 특성을 추가적으로 조사하면서 피부 유전자를 조사하여 유전자에 기반한 화장품이 가능하다는 것을 알게 됨.
봉사활동	생명과학 세특
2년간 지역아동센터에 적극적으로 참여하면서 영어를 재미있게 배울 수 있도록 영화를 기반으로 교육해 아이들이 잘 따르게 되었다고 함. 입술이 튼 아이들에게는 바셀린을 발라주면서 조그마한 화장품으로 기쁨을 줄 수 있음을 알고 화장품연구원에 확신을 가짐.	단일인자 유전, 복대립 유전, 다인자 유전을 공부하면서 피부색은 AABBCC유전자의 대문자 수에 의해 결정되는 다인자 유전임을 알게 됨. 피부에 영향을 주는 유전자에 관심을 가지고 조사하여 색소침착, 기미, 주근깨, 탄력, 보습, 항산화 등을 통해 적합한 화장품을 추천할 수 있음을 알게 됨.

학습경험

계면 활성제에 대한 조사와 k-mooc강의를 통해 수업시간에 배운 내용이 실생활에 활용되고 있다는 것을 새롭게 배울 수 있었습니다. 화학 수업 중 극성분자와 무극성 분자의 판별을 배우는 과정에서 분자가 친수성과 소수성을 모두 가질 수 있다는 것을 배웠습니다. 이러한 분자들이 빨래 과정에서 비누가 때를 벗겨낼 때 쓰인다는 것을 알게 되었고 실생활에서 비누와 같은 작용을 하는 폼클랜징, 치약, 세제도 비누와 같은 원리로 이물질을 제거하는지에 대해 의문을 느껴 이에 대해 조사하여 발표하였습니다.

조사를 통해 이러한 제품에도 공통적으로 라우릭애씨드, 코카마이드엠이에이 등의 계면활성제의 역할을 하는 물질이 함유되어 있다는 것을 알게 되었습니다. 이에 대한 내용을 '분자의 구조'라는 단원과 연관 지어 발표하였는데 이때 친구에게 거품은 무슨 작용을 하기 위해 생성되는가에 대한 질문을 받았지만 정확한 대답을 하지 못했습니다. 저에게도 의문을 남기고 싶지 않아 답을 얻기 위해 k-mooc에서 "계면현상의 이해와 적용" 이라는 강의를 듣고 내용을 정리 했습니다. 처음에는 거품에 대해 배우려고 시작했지만 강의를 들으며 계면 활성제에 대한 것뿐만 아니라 계면 현상이라는 것을 배우게 되었고, 덕분에 보다 정확하고 심화된 내용을 준비하여 질문한 친구에게 답변해 줄 수 있었습니다.

강의 내용 중 아직 배우지 않은 용어와 내용이 더러 있어 완벽히 이해하지는 못했지만 콜로이드, 에멀젼 등의 계면활성제와 관련된 전체적인 개념을 이해하는 데 많은 도움이 되었습니다. 교과 학습을 보조하기 위한 탐구 활동을 통해 교과시간에 배운 이론이 실생활에도 적용된다는 점에 흥미를 느껴 교과 수업시간에 능동적으로 학습하는 습관을 가지게 되었습니다. 뿐만 아니라 스스로 탐구를 통해 내용을 배운 것이 동아리에서 보다 적극적인 활동의 주체가 되는 계기가 되었습니다. 이후 화장품 연구 분야에 진학하여 실생활에 적용하는 생활 밀착형 제품을 만들고 싶은 포부를 품게 되었습니다.

진로희망	자율활동
피부에 흡수가 잘되는 화장품 재료와 천연화장품의 종류와 효능을 연구하면서 피부에 미치는 영향을 조사하면서 피부를 먼저 생각하는 연구원을 희망함.	학급특색활동으로 천연화장품의 성분을 규제하는 국제기관에 대해 조사하여 급우들에게 소개해줌. 규제 범위를 한눈에 볼 수 있도록 표로 정리하여 판넬을 제작한 점이 인상 깊었음. 유기농 화장품과 천연화장품을 구별할 수 있는 방법을 쉽게 설명하고 친구들의 궁금증을 해결하는 데 기여함.
화학 세특	**동아리활동**
극성분자와 무극성분자를 구분하는 방법에 대해 조사하면서 쌍극자모멘트로 판별할 수 있다는 것을 알게 됨. 계면활성제가 무극성 분자와 극성분자를 모두 가지고 있다는 것을 알고 급우들에게 이중세안을 알려줌. 또한 합성계면활성제를 이용한 화장품이 인체에 미치는 영향을 효과적으로 인지시켜주기 위한 동영상 자료를 활용함.	피부 부작용이 덜한 환경친화적 천연 식물성분을 기초로 한 화장품을 개발하고자 함. 화학교과 시간에 비누화 반응에 대해 발표조사로 계면활성제를 이해하고자 '계면현상의 이해' 강의를 듣고, 〈콜로이드 과학 및 표면화학〉 책을 읽으며 보고서를 제출함. 일상생활에서의 계면현상, 에멀젼의 정의와 생성과정 등에 대해 알게 됨.

부작용이 적은 천연 아토피 완화제를 만들어 보았습니다. 아토피 치료제로는 스테로이드제 성분이 대부분이었습니다. 하지만 이 성분은 지속적으로 사용하면 심각한 부작용을 동반할 수 있다는 기사를 접해 '스테로이드제를 사용하지 않고 아토피를 치료 할 수는 없을까?'라는 의문을 가져 부작용이 적은 천연 완화제를 만들고 싶었습니다. 아토피의 주원인이라고 알려진 포도상구균을 제거한다면 아토피가 완화될 것이라는 가설을 세워 항산화 효과가 있는 천연 식물을 추출하기로 했습니다. 하지만 학교에는 사용할 수 있는 추출기구가 없어 에탄올을 이용한 증류추출의 이용을 제안했습니다. 증류추출이 값싸다는 점과 학교에서 간단히 할 수 있다는 점이 구성원의 공감을 얻어 제안이 받아들여졌습니다. 선정한 식물 추출물 중 솔잎 추출물을 떨어뜨린 배지에서 가장 적은 콜로니가 발견되어서 이를 이용하여 아토피 완화제를 만들었습니다. 실험을 준비하고 실행하는 과정에서 아토피를 치료제의 성분을 공부할 수 있었습니다. 하지만 예상 부작용은 다양했고 개발된 천연 연고들은 많지 않았습니다. 이 활동을 통해 화학제품에 대한 위험성을 인지해야 한다는 필요성을 다시 한번 느꼈고, 피부에 도움을 줄 수 있는 천연성분을 활용한 천연화장품분야 연구원이라는 목표를 구체화할 수 있었습니다.

실험의 실패를 통해 연구원이 자세와 실험 설계의 중요성을 배웠습니다. 계속해서 증가하는 산성비의 피해를 완충용액이 완화할 수 있을지 실험해 보았습니다. 고추, 토마토, 상추를 키우며 산성비의 농도, 비의 양, 완충용액의 양을 달리한 실험군을 만들어 실험했습니다. 실험 공간을 마련해 부원들과 날짜를 정해서 쉬는 시간을 포기하고 실험에 임했지만 계속되는 폭우와 태풍으로 인해 더 이상 실험을 진행할 수 없게 되었습니다. 의기소침한 부원들에게 함께 해온 노력을 위해서 좀 더 힘을 내자고 용기를 북돋워 서로 응원하며 자신감을 되찾았습니다. 느리더라도 정확한 실험결과를 위해 노력했고 끝내 완충용액이 식물에게 산성비가 미치는 악영향을 완화할 수 있는 효과성을 입증했습니다. 더 나아가 이 사실이 실생활에 상용화 될 수 있는 방안에 대해 탐색해 보았습니다. 그중 오호라는 친환경 물병을 알게 되었고 이를 이용하여 보급하는 방안이 가장 경제적이며 환경오염 정도가 가장 적다고 판단했습니다.

실험을 통해 예상되는 가설을 세운다고 해서 모든 것이 순조롭게 진행되는 것은 아님을 배울 수 있었습니다. 왜 실험실에는 항상 소화기가 몇 개씩 배치되어 있을까의 의미를 실험과정에서 발생할 수 있는 변수를 겪으며 이해할 수 있었습니다. 또한 앞으로 무엇을 연구하든지 포기하지 않고 최선을 다하고 얻은 결과여야 만족할 수 있다는 교훈도 얻게 되어 앞으로 아무리 힘든 상황이라도 끈기를 갖고 앞으로 조금씩만 나아간다면 언젠가는 좋은 결과를 얻을 수 있다는 것을 경험한 기회였습니다.

1학년 동아리활동	2학년 동아리활동
'솔잎 추출물의 항균성을 이용한 아토피 완화제의 가능성 탐구'라는 주제로 아토피 질병의 의학적 측면과 생물학적 측면에서 융합적으로 탐구함. 연구에 필요한 기본 지식을 습득하기 위해 논문 발췌, 교수님 자문 메일, 인터넷 자료조사를 진행하여 문제를 해결함.	완충용액을 이용하여 산성비의 피해를 완화시킬 수 있는지에 대한 실험을 진행함. 또한 완충작용을 실생활에 적용하기 위해 인체 및 식물 등에서 쓰일 수 있는 방법을 구상해보며 창의적이고 융합적인 사고력을 증진시키는 계기가 됨. 완충작용의 쓰임에 대한 논문인 김치의 숙성에 산도와 완충용액의 영향에 대한 논문 등을 직접 찾아보면 지식을 습득함.

화학 세특	독서
수업 중 '비누의 세정원리와 비누화 반응'이라는 주제를 정하고 비누의 기원부터 세정원리, 단점 등을 적절한 그림 자료를 제시하면서 알기 쉽게 발표함. 또한 세안제품의 액성이 피부에 미치는 영향을 설명함. 이를 위해 미셀구조 속의 성분 미셀구조의 세정작용에 대한 영상을 시청하고 이를 활용하여 알려줌.	재밌어서 밤새 읽는 생명과학이야기 재밌어서 밤새 읽는 화학이야기 루이스가 들려주는 산, 염기 이야기 내가 사랑한 화학이야기 유전자는 네가 한 일을 알고 있다 화장품이 피부를 망친다 깐깐한 화장품 사용설명서 콜로이드 과학 및 표면화학 놀라운 피부 제3의 뇌 New 피부과학

아토피 치료제를 제조해보며 생긴 화장품에 대한 관심이 있어 친구들의 화장품에 대한 고민을 상담해주곤 했습니다. 화장품을 바꾼 뒤 피부가 급격히 안 좋아졌다는 친구들의 고민을 조사해보니 친구들의 화장품에는 위험물질이라고 알려진 파라벤, 벤조페논 등의 화학물질들이 함유되어 있었습니다. 이 물질은 알레르기, 유방암 등의 질병을 불러일으키는 경우가 많은 것으로 알려져 매우 위험할 수 있는데 이런 성분이 피부에 바르는 화장품의 사용된다는 게 믿기지 않았습니다. 유해한 화학 물질 중 가장 잘 알려진 계면 활성제에 대해 조사를 한 결과 합성 계면 활성제는 탈모, 아토피 등의 피부질병을 야기할 수 있다는 사실을 알게 되었습니다.

또한 후천적 피부병인 알레르기성 접촉성 피부염과 아토피 등의 피부 질병이 다양한 화학물질로 야기된다는 사실과 이 질병들의 증상에 대해 알아봄으로써 화학물질에 대한 위험성을 인지하게 되었습니다. 이러한 화학물질로 인한 문제가 주변에서 빈번하게 일어나고 있음을 접하며 심각성을 인식하고 해결 방안을 조사해 보았습니다. 그 과정에서 최근에는 피부를 위해 천연화장품을 선호하는 소비자들이 많다는 것을 알게 되었습니다. 실제로 천연화장품으로 바꾸고 피부고민을 해결한 소비자의 의견도 접할 수 있었습니다. 천연화장품이라면 누구든지 피부 손상을 걱정하지 않고 안전하게 사용할 수 있을 것이라고 예상되어 천연화장품에 대한 관심이 높았습니다.

이후 국내의 천연화장품의 필요성과 장점을 알리기 위해 지역 화장품 박람회에 참가하였습니다. 부스를 운영하며 살펴본 결과 오히려 천연화장품과 피부와의 거부반응 때문에 화학 물질로 된 화장품만을 사용하시는 분들도 계셨습니다. 이분들의 경험에 따르면 천연 팩이나 화장품을 사용했는데도 피부가 좋아지지 않았고, 오히려 피부 염증과 가려움에 시달리기도 한다고 하셨습니다. 또한 천연화장품에 대한 효과도 보지 못한 경우도 있었습니다. 이에 대한 원인을 조사한 결과 아주 소량의 천연물질이 함유되어 있어도 천연화장품이라고 승인받을 수 있다는 사실을 알았습니다. 뿐만 아니라 천연물질이 함유된 화장품이라고 해도 모두 안전하게 쓰일 수는 없다는 것을 알았습니다. 오히려 피부로 흡수되지 않고 모공을 막아서 염증으로 발달하는 사례도 있었습니다. 이 사실을 접하고 난 후 기존의 천연화장품이라고 모두에게 좋은 것은 아니며 유해성을 덜어낸 화학물질이 사용된 화장품이 피부를 위해서는 더 도움이 되는 경우도 있음을 확인할 수 있었습니다. 안전한 화장품을 만들기 위해서는 화장품과 피부에서 일어나는 화학 반응에 대한 이해와 화장품에 대한 넓고 깊은 지식의 필요성을 박람회에서의 다양한 의견 청취로 느꼈습니다. 그래서 화학을 전공하기보다는 화장품학을 직접 배우는 것이 좋을 거라는 생각을 했습니다. 그중 건국대학교 화장품공학과에 국내 최고의 향장분야 최고의 교육기관으로서 저는 화장품 개발 연구뿐만 아니라 피부공학, 임상평가학을 공부할 수 있어 제 꿈을 이루기 위한 최선의 선택이라고 생각하여 지원하게 되었습니다.

📋 화장품공학과 면접

아토피를 치료할 수 있는 화장품은 어떤 성분이 들어있나요?

현재 아토피를 치료하거나 개선하는 화장품은 없습니다. '여드름성 피부에 사용하기 적합', '가려움 개선' 등의 표현을 사용하여 화장품을 사용해야 합니다. 병원에서 아토피 피부염 치료를 위한 히스타민 억제와 면역세포 활성 억제물질을 사용하거나 아토피 피부염 개선을 위한 프로바이오틱스 유래물질로 개선효과를 얻을 수 있습니다.

계면활성제가 인체에 미치는 영향은 어떻게 되나요?

피부를 자극시켜 접촉성 피부염이나 알레르기, 비염, 결막염, 기관지 천식 등을 유발할 수 있으며, 여성호르몬과 비슷한 구조를 가지고 있어 생리통이 심해집니다. 특히 만성중독으로 간 장애, 신장 장애를 일으킬 수 있습니다.

천연화장품으로 승인받을 수 있는 조건은 어떻게 되나요?

천연화장품은 중량 기준으로 천연 함량이 전체 제품에서 95% 이상으로 구성되어야 합니다. 또한 자연에서 대체하기 곤란한 합성원료는 5% 이내에서 사용할 수 있으며, 석유화학 성분(petrochemical moiety의 합)은 2%를 초과할 수 없습니다.

부록

학과별 면접
기출문제

인성면접 이해

💬 약학 관련 학과

약학과 평가항목	1	2	3	4	5
연구약사에게 필요한 자질에 대해 설명해주세요.					
미적분과 생명과학 점수가 안 좋은데 약대 진학 후 어떻게 공부할 것인가요?					
4차 산업혁명 시대 약사로서 갖춰야 할 자질에 대해 설명해주세요.					
빅데이터 기술이 약학에 미치는 영향을 설명해주세요.					
당뇨병 환자는 모두 인슐린이 부족해서 발생하나요?					
휴먼게놈 프로젝트란 무엇인가요?					
유전자칩(DNA칩)이란 무엇인가요?					
단일클론 항체는 무엇이며, 이를 만드는 과정과 기술을 설명하세요.					
암이란 무엇인가요? 방사선, 자외선이 암을 일으키는 이유를 설명하세요.					
생태계에서 물질은 '순환한다'고 표현하고 반면 에너지는 '흐른다'고 표현하는 이유는 무엇때문인가요?					
노인병원에서 봉사활동을 많이 했는데, 봉사활동에서 본인이 배우고 느낀 점이 있다면 무엇인가요?					
2학년 토론대회에서 상을 받았는데, 그 이유는 무엇 때문이라고 생각하나요?					

동아리발표대회에서 상을 받은 기록이 있는데, 구체적으로 어떤 활동을 했는지 설명해주세요.					
과제연구에서 상을 받은 기록이 있는데, 맡은 역할은 무엇이고, 어떤 연구를 하였으며, 그 활동을 통해 배운 점은 무엇인가요?					
인터뷰를 통해 새롭게 알게 된 사실은 무엇인가요?					
학교생활을 하면서 친구들과 불화를 겪은 적이 있나요? 이 불화를 해결하기 위해 어떤 노력을 했나요?					
동아리활동에서 뇌 과학 신경계와 심리학을 연구했다고 하는데 어떤 내용의 활동을 진행했나요?					
EBS다큐멘터리의 내용 중 운전할 때 화를 내는 남자에 대해 토론했다면 쟁점은 무엇이었나요?					
심리학이 실생활에 미치는 영향이 무엇이라고 생각하나요?					

💬 제약 관련 학과

제약학과 평가항목	1	2	3	4	5
질병의 원인이 뭐라고 생각하나요?					
질병의 환경적 요인은 뭐라고 생각하나요?					
단백질 특성연구를 위해 논문을 읽었다고 했는데, 어떤 경로를 통해서 찾아봤나요?					
논문을 참고하는 것과 책을 참고하는 것과의 차이점은 무엇인가요?					
곰팡이 종류 동정을 위한 형태학적 DNA 염기서열 분석을 수행했다고 나와 있는데 내용을 설명해주세요.					
교내 창의과학대회에서 입상한 청국장과 낫토의 혈전용해 효과 비교 실험에서 설정한 실험군과 대조군에 대해 설명해주세요.					
자신이 치명적인 병에 걸렸을 때, 일정 확률로 병을 고칠 수 있는 약이 있다면 부작용을 감수하고 그 약을 복용할 것인가요?					
질병을 더 빠르고 쉽게 진단하고 예방할 수 있는 기술들을 개발하고 싶다고 했는데 구체적으로 설명해주세요.					
유용미생물에 대해 언급했는데 그것의 장단점에 대해 설명해주세요.					
아스피린 용액으로 장내 미생물 약의 부작용을 알 수 있다고 했는데, 약의 부작용과 어떤 관계가 있나요?					

	1	2	3	4	5
자외선에 의해 사람에게 발생할 수 있는 돌연변이는 무엇이 있나요?					
노인이 잘 걸리는 질병에는 무엇이 있을까요?					
우리 몸도 면역체계가 있는데 항체를 만드는 림프구는 무엇인가요?					
아스피린 용액 장내 미생물 실험으로 약의 부작용을 알 수 있다고 했는데, 약의 부작용과 어떤 관계가 있는지 설명해주세요.					
질병을 더 빠르고 쉽게 진단하고 예방할 수 있는 기술들을 개발하고 싶다고 했는데 구체적으로 설명해주세요.					
최근 사회적 이슈인 낙태죄 폐지 논란에 대해 본인의 의견과 그 이유를 말해주세요.					
태아의 선천성 기형이 발견되었을 경우 어떻게 대처할 것인지 말해주세요.					
유전병의 예시와 유전자 기술을 이용한 그 질병의 치료과정에 대해 설명해주세요.					
우리 몸속으로 들어오는 병원체에 대하여 어떠한 수단이 있는지 설명해주세요.					

💬 생명과학 및 생명공학 관련 학과

생명과학 및 생명공학과(줄기세포공학) 평가항목	1	2	3	4	5
줄기세포가 만능세포라고 동의했는데, 그 근거가 무엇인가요?					
동아리에서 DNA메틸화 분석에 대한 기사를 작성했는데, 어떤 자료를 참고했나요?					
아토피에 대한 고민으로 재생공학에 관심이 생겼다고 했는데, 아토피가 생기는 이유에 대해 설명해주세요.					
질병을 더 빠르고 쉽게 진단하고 예방할 수 있는 기술들을 개발하고 싶다고 했는데 구체적으로 설명해주세요.					
유용미생물의 장단점에 대해 설명해주세요.					
생체모방 연구활동 중 흰다리 새우를 모델링한 시뮬레이션을 했는데, 자세히 설명해주세요.					
유전자 재조합 식품인 GMO의 장단점에 대해 설명해주세요.					

	1	2	3	4	5
수학과 생명과학을 연계할 수 있는 내용에 대해 기술하였는데, 자세하게 설명해주세요.					
아스피린 용액으로 장내 미생물 실험으로 약의 부작용을 알 수 있었다고 했는데, 약의 부작용을 어떻게 알 수 있었나요?					
아미노산의 기본 단위는?					
핵산의 기본 단위는?					
오토파지에 대해서 탐구했는데, 오토파지에 대해 설명해주세요.					
오토파지와 파킨슨병과 무슨 관련이 있나요?					
우리 몸속으로 들어오는 병원체에 대하여 어떠한 수단이 있는지 설명해주세요.					
자가면역질환이 발생하는 원인에 대해 설명해주세요.					
실험을 좋아한다고 하는데 화학실험, 생명과학실험 성적이 낮아요. 그 이유는?					
최근 사회적 이슈인 낙태죄 폐지 논란에 대해 본인의 의견과 그 이유를 말해주세요.					
태아의 선천성 기형이 발견되었을 경우 어떻게 대처할 것인지 말해주세요.					
유전병의 예시와 유전자 기술을 이용한 그 질병의 치료과정에 대해 설명해주세요.					

💬 화학생명 관련 학과

화학생명공학과 평가항목	1	2	3	4	5
화공에서 화학생명공학과로 진로가 변경된 이유를 설명해주세요.					
연구자로서 가장 중요한 덕목이 무엇이라고 생각하나요?					
세포호흡 중 산화적 광인산화에 대해 설명해주세요.					
지방산 구조에 대해 설명해주세요.					
과학탐구연구부활동을 했다고 하는데 그 활동에 대해 자세히 설명해주세요.					

	1	2	3	4	5
화학II에 대한 전반적인 지식이 뛰어나다고 하는데 산화환원반응의 정의에 대해 설명해주세요.					
생명과학캠프에서 한 실험을 소개해주세요.					
소논문쓰기 활동에서 자료조사는 어떻게 했나요?					
켐벨의 생명과학을 읽었는데, 고등학교 생명과학과 다른 차이는 무엇이라고 생각하나요?					
고등학교 생명과학이 더 어려워야 한다고 생각하나요?					
유전적 원인의 수면장애의 한 가지 질병을 알고 있나요?					
DNA의 유전자 이상에 의해 발생하는 질병에 대해 설명해주세요.					
바이러스는 비세포 구조인가요? 그 이유는?					
바이러스는 어떻게 돌연변이가 일어나는지 설명해주세요.					
현재 사용되고 있는 항암제는 어떤 부작용이 있는지 알고 있는 것을 설명해주세요.					
TiO2안전성에 대해 논문을 읽어봤다고 했는데, 본인이 생각하기에 안전하다고 생각하나요?					
4차 산업혁명에서 화공생명공학자가 할 수 있는 일을 소개해주세요.					
수학과 생명과학을 연계할 수 있는 내용에 대해 기술하였는데, 자세하게 설명해주세요.					
나노의 정의와 나노연구의 필요성에 대해 구체적으로 설명해주세요.					

💬 한약 관련 학과

한약학과 평가항목	1	2	3	4	5
한약학과에 지원하는 구체적인 이유에 대해 설명해주세요.					
DNA재조합 실험을 했다고 되었는데, 실험과정에 대해 설명해주세요.					
연수에 이상이 있는 환자의 장기이식에 대한 찬반의견에 대해 설명해주세요.					
대장균을 통해 인슐린 대량생산 방법에 대해 설명해주세요.					
인간에 대한 생명공학기술을 사용하는 것에 대해 어떻게 생각하나요?					

	1	2	3	4	5
한약학과에 진학하기 위해 노력한 점을 소개해주세요.					
한약과 양약은 서로 경쟁하는 관계에 놓여있는데 이에 대해 어떻게 생각하나요?					
한약을 먹어본 경험이 있나요?					
생강차를 친구들에게 만들어줬다고 했는데, 친구들에게 도움이 되었나요?					
모기 퇴치제를 만들었다고 했는데 어떤 재료를 사용했나요?					
모기 퇴치제가 정말이 인기가 많았나요?					
한약을 발전시키기 위해서는 어떻게 하면 좋을지 설명해주세요.					
한약의 과학화하고 싶다고 했는데, 그 말은 한약은 비과학이라는 전제가 깔려 있다는 말인가요?					
〈항암치료란 무엇인가?〉 책을 읽고 느낀 점을 말해주세요.					
생명과학 시간에 의료사고에 대해 토론하였다고 되었는데 어떤 입장에서 발표했는지 소개해주세요.					
〈우리가 몰랐던 암 자연치유 10가지 비밀〉 책을 읽었는데 그 비밀에 대해 설명해주세요.					
〈우리가 몰랐던 암 자연치유 10가지 비밀〉에 관한 책을 읽고 느낀 점을 말해주세요.					
생명과학II를 배우지 않았는데 어떻게 공부할 것인가요?					
체내 종양성장 분석이 무엇이며, 왜 공부하게 되었는지 설명해주세요.					

💬 화장품 관련 학과 자소서

화장품공학과 평가항목	1	2	3	4	5
화장품연구원 진로를 결정한 이유에 대해 말해주세요.					
발효화장품을 제작하고 싶다고 했는데, 발효의 원리에 대해 설명해보세요.					
발효화장품에 대해 알고 있는 것이 있으면 소개해주세요.					
천연 에센스를 만들었다고 했는데, 어떤 재료들이 들어갔나요?					
천연화장품이 갖는 장단점에 대해 설명해주세요.					
천연계면활성제로 어떤 것을 사용했나요?					

화장품 진로를 위해 노력한 과정에 대해 소개해주세요.					
화학실험동아리 활동 중 가장 흥미로웠던 실험이 있다면 그 이유를 설명해주세요.					
본인이 사용하는 화장품의 종류와 어떤 성분이 들어있는지 설명해주세요.					
기능성 화장품에 대해 알고 있는 것을 설명해주세요.					
일반화장품과 한방화장품의 차이에 대해 설명해주세요.					
조향과 향수의 기원에 대해 설명해주세요.					
피부에 잘 흡수될 수 있도록 하는 방법을 설명해주세요.					
화학실험 동아리 활동 중에서 가장 흥미로웠던 실험이 있다면 그 이유를 함께 설명해주세요.					
색조 화장품을 퍼스널 컬러로 활용할 수 있는 방법에 대해 설명해주세요.					
계면활성제의 특징에 대해 설명해주세요.					
콜로이드와 에멀전을 비교 설명해주세요.					
아토피를 완화시킬 수 있는 화장품 성분에 대해 설명해주세요.					
피부에 적합한 pH는 어떻게 되는지 설명해주세요.					

심층면접 이해

Q 최근 인간의 활동에 의해 여러 물질들이 대기 중으로 배출되면서 심각한 환경문제를 일으키고 있다. 인위적으로 배출되는 대기오염 물질의 배출원 중, 운송 분야가 차지하는 비율이 전체의 46%로 가장 크며, 특히 노후 경유차는 미세먼지의 주범으로 여겨진다. 미세먼지 농도와 같은 기상 상황에 따라 노후 경유차에 대해 강제적인 운행 제한을 정부정책으로 시행한다고 할 때, 이에 대한 찬반 의견을 말하시오.

A 노후 경유차 운행 제한 찬성

최근 고농도 미세먼지 상황이 발생하면서 서울시에서는 대중교통 무료 승차나 자발적 승용차 2부제 실시 등 특단의 조치를 시행하였습니다. 하지만 이러한 자발적인 동참을 유도하는 정책만으로는 대기오염물질의 배출 저감효과에 한계가 있었습니다. 따라서 상대적으로 대기오염원의 배출량이 많은 노후 경유차에 대한 운행 제한은 현재 심각한 대기 환경문제의 해소를 위해 필요하다고 생각합니다. 또한 경유자동차 매연은 농도에 비하여 훨씬 큰 발암 위험성을 가지고 있는 것으로 알려져 있습니다. 따라서 노후 경유차 운행 제한은 단순한 대기오염물질의 농도 저감 그 이상으로 시민의 건강에 매우 중요하다고 생각하여 노후 경유차 운행 제한에 찬성합니다.

노후 경유차 운행 제한 반대

국내에서 발생하는 대기오염, 특히 미세먼지의 주원인은 국내보다는 중국 등과 같은 국외 요인이라는 발표가 많습니다. 우리나라 지역 중 서해안 지역의 미세먼지 농도가 더 높은 것이 그 근거가 될 수 있습니다. 따라서 노후 경유차 운행 제한을 하는 것이 효과가 있을지 의문입니다. 더욱이 소형 화물차는 대부분 경유차인데 강제적인 운행 제한을 하려면, 소형 화물차로 생계를 이어가는 영세한 자영업자의 생존권 보장 대책 마련이 먼저 되고 시행되어야 한다고 생각됩니다. 또한 이미 환경개선부담금과 정밀검사 등의 규제를 받고 있는 경유차 소유주에게 강제적인 운행 제한은 중복 규제의 성격이 있기 때문에 형평성에 어긋난다고 생각합니다.

Q 컴퓨터 바이러스 확산을 방지하기 위해서는 불법적으로 유통되는 소프트웨어를 사용하지 않고, 주기적으로 백신을 활용해야 한다. 이들 방법을 생물학 바이러스에 의한 전염병 확산 방지를 위한 방법과 연관시켜 설명하시오.

Q 황사 현상과 같이 대기 중 민세먼지의 농도가 높은 경우, 빛이 먼지에 의하여 산란, 반사, 흡수되기 때문에 먼지의 농도가 낮은 날에 비하여 가시거리가 짧아지고 시정이 악화된다. 이러한 현상을 줄이기 위한 방안을 설명하시오.

Q 동아리, 조모임 등 같은 집단 내부의 동질성이 의사소통 양상과 성과에 미치는 영향을 측정한 결과이다. 동질성은 구성원 간의 성향이나 특성이 비슷한 정도를 뜻한다. 조모임이나 동아리 등의 성과를 높일 수 있는 방안을 제시하시오.

Q 자연재해에 효과적으로 대응하기 위해 한 연구팀은 트위터에 올라오는 글들을 관찰하여 자연재해 발생여부를 실시간으로 파악하는 협업시스템을 개발했다. 연구팀의 실험결과 협업시스템에 참여하는 인원수가 늘어남에 따라 1인당 평균 재해 파악도는 좋아지는 반면, 1인당 들이는 노력은 줄어들었다. 성공적인 협업을 도모할 수 있는 방안을 제시하시오.

Q 음식에 포함되어 있는 비타민과 정제 형태의 인공비타민 사이에는 어떤 차이점이 있는지 설명하시오.

Q 개미는 냄새를 이용해 의사소통을 한다는 말이 있던데, 개미의 언어가 무엇인지 설명하시오.

나만의 학생부에서
면접문제 뽑아보기

자소서 기반 면접문제

학업역량

Q 고등학교에서 배운 교과목 중 가장 흥미 있었던 교과목과 공부하기 어려웠던 교과목은 무엇이었는지, 그 이유와 함께 설명해주세요.

Q 고등학교 생활을 하면서 애증의 과목이 수학이라고 하였는데, 그 과목을 위해 한 노력과 느낀 점은 무엇인지 설명해주세요.

Q 교과 외 활동 중 가장 의미를 부여하고 수행한 활동은 무엇이며, 그렇게 의미를 부여한 이유를 설명해주세요.

전공적합성

Q 고급화학을 선택해서 수업을 듣고 느끼고 배운 점을 설명해주세요.

Q 공동교육과정으로 과학과제탐구(또는 생명과학 실험 등)를 선택하여 수업을 들은 이유에 대해 설명해주세요.

발전가능성

Q 진로를 결정하는 데 큰 영향을 준 책(또는 롤모델)이 있다면 설명해주세요.

Q 자신의 진로에 관심을 가지고 수행한 활동은 무엇이며, 경험하고 난 후 자신에게 생긴 변화에 대해 자세히 설명해주세요.

Q 탐구활동을 수행한 후, 어떤 점이 성장했다고 생각하는지 설명해주세요.

인성

Q 공감능력이 필요한 이유에 대해 설명해주세요.

Q 연구원으로서 가장 필요한 소양(또는 직무윤리)은 무엇이라고 생각하는지 설명해주세요.

Q 학급임원으로서 가장 필요하다고 생각하는 덕목은 무엇인지 설명해주세요.

Q 자신이 수행한 활동으로 가장 보람이 있었다고 생각하는 대표적인 사례를 설명해주세요.

💬 학업에 기울인 노력과 학습경험

Q 연구원으로서 어떤 자질이 필요한지 설명해주세요.

Q 시그모이드 함수(곡선)에 대해서 왜 관심을 가지게 되었고 그 특징을 이해하였다는데, 어떤 방식으로 또는 어떻게 이해하였는지 설명해주세요.

Q 외골격 로봇의 작동방식과 인간 관절과 비교했는데 어떤 차이점이 있는지 설명해주세요.

Q 수학이 자신의 전공에 어떤 도움을 줄 수 있는지 설명해주세요.

공통문항	학생부 기록사례	소재 확장 및 연계
학습경험		

💬 지원학과와 관련된 의미 있는 교내 활동

Q 아스피린 용액 내 장미실험으로 약의 부작용을 알 수 있었다고 했는데, 약의 부작용과 어떤 관계가 있나요?

Q 시사토론 동아리활동을 하면서 어려웠던 점과 극복과정, 인공지능의 개발 제한에 관한 토론에서 어떠한 주장과 근거를 제시하였나요?

Q 수학과 생명과학을 연계할 수 있는 내용에 대해 기술하였는데, 자세하게 설명해주세요.

Q 주제발표에서 산성비와 황사의 상호작용의 원리를 알게 되었다고 서술하였는데 그 원리에 대하여 설명해주세요.

Q 생체모방 연구 활동 중 흰다리 새우를 모델링 한 시뮬레이션에 대해 자세히 설명해 주세요.

Q 도마뱀 발이 반데르발스와 관련있다고 했는데 반데르발스 힘이란 무엇이고 접착성의 원리는 무엇인가요?

공통문항	학생부 기록사례	소재 확장 및 연계
의미 있는 활동		

💬 해당 전공(학부, 학과)에 대한 지원동기 및 진로계획

Q TED 강의에서 나노의 정의와 나노연구의 필요성을 알게 되었다고 했는데 구체적으로 설명해주세요.(화학과)

Q 장차 식용곤충 사업을 하고 싶다고 하였는데, 소비자의 심리적 거부를 어떻게 해결할 것인가요?

Q 유용설 미생물(EM)에 대하여 언급하였는데 그것의 장단점에 대하여 설명해주세요.

Q 질병을 더 빠르고 쉽게 진단하고 예방할 수 있는 기술들을 개발하고 싶다고 했는데 구체적으로 설명해주세요.

공통문항	학생부 기록사례	소재 확장 및 연계
지원동기		

학생부 기반 면접문제

공통문항	관련 질문	예상 문항
진로 동기	• ~이 무엇을 하는 직업인가요? 그 직업에 대해 알게 된 경로는? • 3년 동안 꿈이 ~인데, 그 꿈을 가지게 된 계기는 무엇인가요? • ~이라는 직업을 위해 노력한 것은 무엇입니까? • ~이라는 직업인의 자질은 무엇이 있는가? • 지원자가 꿈꾸는 직업에서 존경하는 사람은 누구인가?	
	• 교내 심폐소생술대회에서 1등을 하고, 효과적인 심폐소생술에 대한 논문을 작성했는데 어떻게 실시해야 가장 효과적인가요? • 반장으로 활동하며 친구들과의 갈등, 힘들었던 점을 극복했던 경험은? • 반장이 된 이유가 무엇인가? • 의미 있게 한 학교활동에 대해 말해주세요.	
창의적 체험활동	• 동아리에서 ~에 관해 연구했네요. 기억나는 이론이 있나요? • 동아리 기장으로 활동했는데, 어떻게 뽑혔나요? • 동아리를 창설했던데, 그 과정에서 어려웠던 점은 무엇인가요? • 동아리에서 실험을 했는데, 어떤 과정으로 실험했나요? • 생물학습 동아리에서 비타민C의 항산화효과에 대한 실험을 하였다고 했는데, 이러한 실험을 하게 된 동기와 실험방법을 설명해주세요. • 발효식품과 유산균을 주제로 연구활동을 하였는데 주제선정 이유와 준비하면서 배운 점은 무엇인가요?	
	• 자신의 진로를 바탕으로 한 발표대회에 나갔다고 했는데, 무슨 내용으로 발표를 하였나요? • 지원학과에 관심을 갖게 된 계기(책, 사람, 기사 등)가 있다면, 소개해주세요. • 지원학과에 입학하기 위해 준비한 가장 대표적인 노력이 있다면, 하나만 소개해주세요.	

공통문항	관련 질문	예상 문항
교과 세특	• 기하와 벡터 실생활의 예를 하나만 들어보세요. • 2학년 미적분I 세특내용에 모둠대표로 논리적인 수학적 기호를 자신만의 언어로 수학화하여 친구들에게 설명하였다고 하는데, 설명한 내용 중 기억나는 수학적 기호를 설명해주세요.	
교과 세특	• 화학과목에서 어느 파트가 흥미 있었나요? • 실험을 좋아한다고 했는데 화학실험, 생명실험 과목의 성적이 낮은데, 이유는 무엇인가요? • 과제연구 과목에서 탐구활동에서 맡은 역할과 실험 과정에 대해 설명해주세요. • 생명과학II를 이수하지 않았는데, 생명과학과 진학을 위해 정규교과 이외에 어떤 노력을 기울였나요?	
	• 과제연구 과목에서 탐구활동에서 맡은 역할과 실험 과정에 대해 설명해주세요. • ~탐구보고서를 작성했는데, 이 보고서의 내용과 결론을 간단하게 설명해주세요. • 본인의 과제탐구 활동의 구군별 불평등 상황을 장하준 교수의 나쁜 사마리아인과 연결시켜 설명할 수 있나요?	
독서	• ~의 저자는 무엇을 알려주려고 책을 썼다고 생각하는가? • 3년 동안 읽었던 책 중 가장 인상 깊었던 책은 무엇인가? • ~학과 지원 시 가장 영향을 준 책을 소개해주세요. • 전공과 관련된 책 중에서 가장 기억나는 책이 있다면? • 독서활동에서 〈영화 속의 바이오테크놀러지〉를 읽었는데 내용과 느낀 점에 대해서 설명해주세요. • 〈요리로 만나는 과학 교과서〉를 읽었는데, 책의 사례를 들어 교과 시간에 배운 과학 개념에 대해 설명해주세요.	

국가 바이오 전략사업 이해하기

송도 바이오클러스터

송도 소재 주요 바이오시밀러 제조기업(셀트리온, 삼성바이오로직스)은 지속적인 시설투자로 생산능력을 2005년 5만 리터 수준에서 2017년 32만 리터 수준으로 크게 확대되었습니다. 2021년에 삼성바이오로직스와 셀트리온은 총 67만 리터의 생산설비를 갖추게 될 예정입니다.

송도 바이오메디파크는 바이오의약품 제조, 의료기기, 바이오 서비스 분야 등의 기업 및 연구소·학교 등을 유치하였습니다. 제조기업의 경우 셀트리온, 삼성바이오로직스, DM바이오, 바이넥스 등이 있으며 이들 업체는 바이오의약품을 위탁생산(CMO)하거나 독자적인 기술력을 바탕으로 바이오시밀러를 개발, 생산하고 있습니다. 특히 머크, GE헬스케어, 올림푸스 등 다수의 글로벌 의약서비스 기업이 국내 전문인력을 양성하고 체계적으로 공급할 목적으로 송도에 바이오 인력 교육센터를 설립하였습니다.

분야	회사명	주요사업
제조업	셀트리온	바이오의약품 제조 및 연구
	삼성바이오로직스	바이오의약품 제조
	DM바이오	바이오의약품 제조 및 연구
	얀센백신	B형 간염, 독감백신 등 제조

제조업	아지노모도제넥신	세포배양배지 제조
	베르나바이오텍코리아	소아백신 제조 및 연구
	바이넥스	바이오의약품 위탁생산
의료기기	아이센스	혈당기기 제조
	케이디코퍼레이션	의약품분리기기 제조
연구소	삼성바이오에피스	바이오의약품 연구개발
	이원의료재단	검사진단 기법 연구
	극지연구소	극지 관련 기초 및 응용과학 연구
	이원생명과학연구원	검사진단 기법 연구
	유타인하DDS연구소	신의료기술 연구개발
	제이씨비과학연구소	생명공학분야 기초연구
	이길여 암당뇨연구원	암, 당뇨치료제 연구개발
	가천대 뇌과학연구소	뇌 관련 연구개발
	길병원암센터	암예방 및 치료 연구개발
관련 서비스	올림푸스 한국	의료기기 교육 및 관련서비스
	찰스리버래보래토리즈	비임상시험 서비스
	생물산업기술실용화센터	바이오 위탁생산서비스
	한국건설생활환경시험연구원	비임상시험 서비스
	GE헬스케어	바이오공정 교육 및 기술서비스
	M.Lab 협업센터	바이오공정 교육 및 기술서비스
	Bio Research Complex	바이오개발 및 생산단지 조성
	IFEZ바이오분석지원센터	바이오 공동장비 구축
	IBITP 바이오산업지원센터	바이오 공동장비 구축

출처 : 인천지역 바이오클러스터 구축 현황 및 향후 과제, 한국은행(2017.06)

오송 바이오클러스터

구분	주요역할
식품의약품안전처	식품/의약품 등의 안전관리 및 정책개발
식품의약품 안전평가원	식품/의약품 등의 심사, 위해평가 시험분석, 시험방법, 허가심사법 개발 및 실험동물 관리
질병관리본부	질병 퇴치, 예방사업, 전염병 대응
국립독성과학원	바이오 보건제품 독성연구 및 사업화 지원
한국보건산업진흥원	보건산업육성·지원, 시장정보 등 제공
바이오정보센터	보건산업·기술·시장 등 정보제공
보건 의료생물자원 정보관리 센터	생명정보, 생물자원정보 등 제공
의약정보센터	의학정보(임상정보, 논문), 원격진료 지원
보건의료산업센터	바이오 신기술창업 프로그램 개발, 신기술혁신 기업 육성, 기술혁신 사업화·제품화 지원
보건 공정센터	글로벌GMP 시설 하에서 임상시험용 신약을 위탁 생산하는 서비스 제공
신약개발지원센터	신약개발 R&D 지원 및 장비, 기술 등 제공
첨단의료기기개발지원센터	시제품 제작 및 시험검사 집중 지원, 정밀/소재/특수 가공 및 시제품 소량 생산 지원, 인허가 필수 안전성 시험/성능평가
실험동물센터	신약 및 의료기기 제품 개발의 동물실험 지원, 첨단 영상장비 활용 비임상 평가 지원
임상시험신약생산센터	글로벌 GMP[1]기준에 적합한 임상용 약품의 시료 제조, 바이오 의약품 위탁생산 지원, 품질관리 및 허가등록 지원

---

1) GMP(Good Manufacturing Practice) : 의약품의 원료 구입, 제조, 포장, 출하 등 의약품 생산공정 전반에 걸쳐 지켜야 할 요건을 규정한 제도를 말합니다.

대구경북 바이오클러스터

구분	주요역할
대구식약청	입주기업 R&D, 임상, 인허가, 사업화 등 원스톱 서비스 제공
한국뇌연구원	뇌기초, 뇌질환, 뇌공학 중점 연구
한국한의학연구원 한의기술응용센터	천연물 신약개발 특화, 신약센터 및 한의학 관련 연구기관, 임상시험기관과 연계
3D융합기술지원센터	의료, 3D융합 기술개발 및 사업화
첨단의료유전체연구소	유전자 정보분석, 개인맞춤형 진단 및 치료 기술개발, IT·BT 융복합 연구
국가바이오이미징센터	첨단 바이오이미징 인프라 구축 및 분석 서비스 개발
신약개발지원센터	화합물신약 표적치료제 후보물질 개발 지원을 위한 통합 지원
첨단의료기기개발지원센터	융합의료영상지원실, 시제품제작실, 전자파평가실 등 첨단 인프라 및 연구인력을 통해 제품화 지원 및 인·허가 서비스
임상시험신약생산센터	글로벌 GMP기준에 적합한 임상용 약품의 생산 및 허가 지원

바이오헬스 기술혁신을 위한 5대 빅데이터 플랫폼 구축

- (바이오 빅데이터) 100만 명 규모 '국가 바이오 빅데이터'를 구축, 유전체 정보 등을 활용한 신약개발로 질병극복·산업발전 기반 마련
- (데이터 중심병원) 현행법 내에서 단일 병원 단위의 의료정보 빅데이터 플랫폼을 구축, 신기술개발에 활용되도록 지원
- (신약 후보물질 빅데이터) 인공지능 플랫폼 등을 활용한 신약 후보물질 탐색 등 지원으로 개발기간 단축 및 비용 절감
- (바이오특허 빅데이터) 바이오헬스 분야 특허 빅데이터 분석 및 개방
- (국민건강 공공 빅데이터) 건보공단 등의 빅데이터 개방·활용체계 마련

바이오헬스 기술혁신을 위한 제약·바이오 전문인력 양성

- (생산 전문인력) 선진국형 제약·바이오 교육체계 구축, 바이오공정 인력양성센터 설립 및 인력양성 마스터플랜 수립
- (핵심 연구인재) 융합형 의사과학자 양성, 실험실 연구 지원인력 확대
- (4차산업혁명 인재) AI 대학원 확대 및 데이터 인력 양성, 인공지능 신약개발 등 바이오메디컬 글로벌 인재 양성

면접 전날
정리할 사항

- 통학방법 : 지원대학까지 통학 방법 및 소요시간 등을 대략 알아 둘 것
- 가치관 형성에 도움을 준 독서(책제목, 저자, 독후감)
- 학과를 결정하는 데 도움을 준 독서(책제목, 저자, 독후감)
- 특기, 자격증에 대하여
- 생활신조, 좌우명
- 존경하는 인물 또는 롤모델
- 최근의 관심사에 대해서 정치, 경제, 사회문제(최근 10대 뉴스 정리)
- 오늘자 신문 중 전공과 관련된 이슈 정리
- 지역과 고등학교 생활 소개
- 고등학교 시절 가장 기억에 남는 추억
- 잘하는 교과목, 부진한 과목
- 지망 대학에 대해서
  - 교육이념, 건학정신, 교육방침,
  - 지원동기(이 학과를 선택한 이유는 무엇인가?)
  - 이 대학에서 무엇을 하고 싶은가?(학업계획)
  - 졸업 후 진로에 대해서(희망, 포부)(진로계획)